教育部人文社会科学重点研究基地

云南大学西南边疆少数民族研究中心文库·应用民族学丛书

云南大学民族学一流学科建设经费资助

云南少数民族
乡村振兴调查研究
2017—2018

Investigations and Researches on
Rural Revitalization of Ethnic Minority Villages in Yunnan

何明 郑宇 ◎主编

人民出版社

主　编

何　明　郑　宇

撰　稿

高志英　郑　宇　冯　瑜　陈学礼　张振伟　张雨龙
和晓蓉　李继群　刘　彦　和肖文　韩伯宁　沙丽娜
张　宁　勾　涛　郭冬月　李云芬　汪玫珺　郑佳佳
罗　丹　高　源　姜兰英　马晓雯　马青云　臧思沅
杨　成　马秀艳　罗万成

序

  《云南少数民族农村发展报告》从 2018 年开始编撰并出版。该系列报告以云南大学现有的 14 个民族学田野调查基地为依托,由云南大学民族学一流学科智库建设小组负责组织撰写和编审。与已出版的"中国边疆地区民族调查研究联盟"(CBER)①2017—2018 年年度发展报告相呼应,本发展报告同样服务于在云南大学成立的"中国民族问题智库"的建设目标,即形成突出问题导向、具有深度研究的高质量系列研究报告,为边疆民族政策的不断完善和实施措施的精准化提供事实基础、科学依据和思想依据,共同促进民族团结进步和边疆繁荣稳定,铸牢中华民族共同体意识。

  云南大学少数民族调查研究基地建设从 2004 年全面启动。在何明教授的倡导及带领下,第一批 8 个基地在云南随即建立,到目前基地已经扩展至 14 个,广泛涉及彝族、白族、哈尼族、纳西族、苗族、回族、傣族、怒族、景颇族、傈僳族、布朗族、独龙族等少数民族。在基地的具体工作方面,主要开展了影像记录、村民日志撰写与出版;组织撰写反思民族志丛书、重返民族志丛书;连续 10 多期的"教育部研究生教育创新计划项目全国研究生田野调查暑期学校";本校本硕博不间断的学生田野调查实训,部分基地的"民族文化进课堂";为全世界各研究机构、各高校的民族学、人类学工作者提供调研和办公场所等。通过长时间的跟踪调查,各基地积极尝试探索将话语权还给少数民

---

  ① 联盟成立于 2018 年 4 月,由云南大学西南边疆少数民族研究中心发起,成员包括延边大学民族研究院、内蒙古师范大学民族学人类学学院、广西民族大学民族学与社会学学院、石河子大学政法学院、西藏大学经济文化研究中心、西藏民族大学西藏文化传承发展协同创新中心共 7 家单位。

族主体,包括由村民自己撰写日志、自己拍摄照片和影像民族志,以及各基地反思民族志丛书的撰写等,由此探索、创新民族学理论方法。在 2017 年公布的第四轮学科评估结果中,云南大学的民族学成为全国两个 A+学科之一。基地的建设,为云南大学民族学学科发展做出了重要贡献。

　　作为其中的重要组成部分,本发展报告是对各基地长期跟踪研究的一个整体和集中的展示。我们研究的主题统一聚焦为习近平总书记 2017 年 10 月 18 日在党的十九大报告中提出的"乡村振兴"战略,选择乡村振兴中的某一具体领域,即产业振兴、文化振兴、人才振兴、生态振兴、组织振兴中的某一具体事项展开深入调查和探讨。

　　本发展报告共包括五大板块:第一部分为"总报告",第二部分为各基地的"分报告",第三部分为"专题报告",第四部分为"案例分析",第五部分为"大事记"。其中的总报告是对全省民族乡村振兴状况的总体说明和阐述。分报告旨在叙述与概括各基地乡村振兴中的发展状况,强调整体性、概况性、研究性。在基于基地建成以来历史发展回顾基础上,总结各基地少数民族群体阶段性发展情况,在此基础上分析未来乡村振兴的方向和前景。专题报告强调专题性、深入性、理论性、事实性,重视突出问题意识,聚焦民族乡村振兴中面临的突出现象、重大问题、发展难题,如各基地所涉及的以农业发展创新、民族旅游发展等为代表的产业振兴,民族民间文化传承与发展等为主的文化振兴,乡村人才回流及其发展为代表的人才振兴,追求绿水青山的生态振兴,以及乡村治理创新展开的组织振兴等方面展开了专题深入研究。案例分析部分强调运用民族学人类学参与式观察、个案访谈,以及调查问卷、深度访谈等多种田野调查方法,注重个案的具体性、鲜活性和深入性,在事实描述中揭示其问题根源。最后的大事记目的在于搜集、整理、记录基地建立以来村落相关重大事件,特别是侧重于乡村振兴相关的重要事项,相关重要政策、措施的推进及其效果等。

主　编

2019 年 10 月 1 日于云南大学

目　录

Ⅰ　总　报　告

Ⅱ　分　报　告

Ⅲ　专题报告

IV 案例分析

V 大 事 记

I 总报告

云南少数民族地区经济发展报告

刘　彦[*]

一、云南民族地区经济发展沿革

地处中国西南边陲的云南,国境线长 4061 公里,占全国陆地边境的 1/5,跨境少数民族 16 个,特有少数民族 15 个,人口较少民族 8 个,是中国少数民族成分、跨境民族、民族自治地方等最多的边疆省份。特殊的地缘政治,众多的跨境民族,使得云南的民族经济发展在我国多民族统一国家建设、筑牢中华民族共同体意识、实现中华民族伟大复兴中具有重大的战略意义和现实意义。

(一)云南省民族经济发展历史精述

云南自元代设立行省,历经明清两代经略以来,就渐次纳入王朝国家统一的历史进程中得到逐步发展。可是受制于云南自身特殊的山地环境、地缘政治、强弱的民族政治生态,新中国成立以前,云南民族地区的发展十分缓慢,差异性很大。

云南经济发展差异性突出表现在地势上。明清以来,居住在坝区的汉族、回族、白族、傣族等主要从事农耕业,有相对发展的市场体系,兼有各种手工业、采矿业和饮食业等,生活较为自足;定居山区的彝族、哈尼族、纳西族、傈僳族等民族主要以狩猎、采集与锄挖农业并存的农耕业,兼有手工业、采矿业等,

---

*　作者简介:刘彦,法学博士,云南大学民族学与社会学学院,讲师,主要研究方向为历史人类学、西南少数民族中的汉人研究、台湾族群研究等。

初步的市场体系与体系化的劳动分工并未出现;定居在高寒地区的少数民族,如迪庆、维西等地,历史上长期以封建领主经济占主导地位,以传统农业为主,兼之一定的畜牧业、游牧业,市场得到一定的培育。

新中国成立后,在"民族平等、民族团结和共同发展"这一宪法基础上,在云南实施了涉及少数民族经济、政治、文化宗教、语言文字等全方位根本性的民主改革,并在政策、人力、物力上给予全方位的支持,促使民族地区的生产关系和生产力得到极大的解放,为云南民族地区的经济发展和民族团结奠定了坚实的基础。

(二)云南省民族地区乡村产业及其发展概况

1. 第二、三产业稳定发展,结构调整成效大

据统计,2010 年以来,云南省民族地区的生产总值持续增长,在全省生产总值中比重日趋加重,第一、二、三产业从 2010 年到 2016 年连续稳固增长。其中第二产业发展较快,第三产业发展迅猛,形成第一、二、三产业比重较为合理,特色产业优势较为凸显的发展态势。[①]

2. 基础设施提升快,交通网络建设趋完善

2010 年以来,云南省全面启动"五网"建设工程,通过引入战略性合作伙伴,设立铁路建设基金和组建港航投资公司,多渠道筹措资金,有效地改善了民族地区交通、信息、物流、水利等基础设施条件。至 2016 年,实现了民族地区县县通公路,民族自治州、自治地方县、边境沿线、重点口岸以及对接城乡和乡村的交通网络贯通。[②]

3. 精准扶贫力度强,贫困人口有保障

2010 年以来,云南省扎实推进兴边富民政策和"民族团结示范省建设",着力实施精准扶贫和精准脱贫政策,加大对边境民族、人口较少民族、特困民族、散居民族的扶贫力度,使民族自治地方贫困人口从 2006 年的 380.23 万人

---

① 参见云南省统计局:《云南统计年鉴 2018》,中国统计出版社 2018 年版。
② 云南省人民政府办公厅:《2016 年政府工作报告》,《云南日报》2016 年 1 月 31 日。

减少到 2016 年的 189 万人,农村居民最低保障支出 49.8 亿元,民族地区职工平均工资持续增加,民族地区新型农村合作医疗参与比例达到 99%。①

二、2017 年省(自治区)民族经济形势分析

(一)民族地区经济总况

1. 民族地区经济发展呈平稳发展态势

据统计,2017 年,云南省民族自治地方地区生产总值 6696.71 亿元,占全省生产总值比重为 40.9%;民族地方一般预算收入 537.69 亿元,占全省比重为 28.5%;民族地方一般公共预算支出 2242.61 亿元,占全省比重为 39.3%;云南省民族地区农村常住居民人均可支配收入 9862 亿元,占全国比重为 73.4%,各项指标增速走势向好。②

2. 社会固定资产投入比例不均衡

2017 年,云南省固定资产投资额为 18474.89 亿元,地方固定资产投资额为 17672.97 亿元,其中:农林牧渔业投资额为 1209.03 亿元,制造业投资额为 1838.50 亿元,电力、热力、燃煤气生产和供应业为 631.25 亿元,信息传输、软件和信息技术服务业为 136.02 亿元,住宿和餐饮业为 358.32 亿元,房地产业为 4483.38 亿元。③ 由此可见,云南产业结构不均衡,第一、二产业比重大,第三产业发展不足,这意味着第三产业发展投资空间大,加快云南省经济增长方式转型升级刻不容缓。

3. 社会消费总额持续增高

据统计,2015 年至 2017 年,云南省民族地区社会消费额总额分别是 5103.15 亿元、5722.90 亿元、6423.06 亿元;城镇消费总额分别是 4405.81 亿

---

① 国家民族事务委员会经济发展司、国家统计局国民经济综合统计司编:《中国民族统计年鉴 2017》,中国统计出版社 2017 年版。

② 云南省统计局:《云南统计年鉴 2018》,中国统计出版社 2018 年版,第 490 页。

③ 云南省统计局:《云南统计年鉴 2018》,中国统计出版社 2018 年版,第 434 页。

元、4936.70 亿元、5534.07 亿元；农村消费额分别是 697.34 亿元、786.20 亿元、888.99 亿元；餐饮收入分别是 744.10 亿元、836.50 亿元、947.80 亿元。由此来看，全社会消费总额都有增长，但相比而言，农村消费总额增长速度慢，增长额并不高，这说明农村消费空间潜力巨大，有待进一步开发。

4. 扶贫攻坚曾取得重大进展

据贫困监测数据显示，2017 年，云南省贫困地区农村居民人均可支配收入为 8695 元，比上年增加 848 元，增长 10.8%，增速高于全省农村居民平均 1.5 个百分点；人均生活消费支出 6809 元，比上年增加 534 元，增长 8.5%；社会事业快速发展，贫困地区主干道道路硬化处理的自然村比重为 63.2%，同比提高 4.6 百分点。① 由此说明，中央和地方精准扶贫、精准脱贫方略和政策实施成效较大。

5. 对外贸易发展升降并存

据统计，2010 年至 2017 年，云南省进出口贸易总额有增有减，差额分别是 18.43 亿美元、28.93 亿美元、-9.69 亿美元、60.88 亿美元、79.82 亿美元、87.25 亿美元、31.65 亿美元、-5.33 亿美元，呈现由高到底和由低到高的发展态势。其中 2017 年贸易出口额为 114.3 亿美元，进口额为 119.64 亿美元，差额为-5.33；边境贸易进出口总额为 34.23 亿美元，出口总额为 19.32 亿美元，进口总额为 14.90 亿美元。② 由此可见，云南省对外贸易额升降并存，贸易顺差、逆差并存，贸易顺差是常态；而边境出口总额大于进口总额，反映出边境进出口贸易口岸成效大，但全社会出口总额小于进口总额，说明云南省民族地区出口商品缺乏竞争力。

6. 旅游业收入持续稳步增加

据统计，2016 年至 2017 年云南全省游客总人数（万人次）43119.71 万人次和 57339.81 万人次，其中国内游客为 42519.33 万人次和 56672.12 万人次，外国游客为 600.38 万人次；旅游总收入分别是 4726.25 亿元和 6922.23

---

① 国家统计局住户调查办公室：《中国农村贫困检测报告（2018）》，中国统计出版社 2018 年版。

② 云南省统计局：《云南统计年鉴 2018》，中国统计出版社 2018 年版，第 105 页。

亿元,国内旅游收入 4536.54 亿元和 6682.58 亿元;国际旅游收入 30.75 亿美元和 35.50 亿美元,折合人民币 189.71 亿元和 239.65 亿元。[①] 由此可见,旅游业发展态势整体向好,但从国内外游客客流量来看,国外游客人次所占比重低于国内游客人次,这说明云南省旅游业发展主要靠国内游客带动,国外游客有待进一步挖掘。

7. 三大产业就业总数不均衡

2015 年至 2017 年按产业就业数量看,2015 年全省就业人数为 2942.50 万人,第一产业为 1576.53,第二产业为 382.09 万人,第三产业为 983.88 万人,分别占 53.6%、13.0%、33.4%,至 2017 年,全省就业人数 2992.65 万人,第一产业为 1518.72 万人,第二产业为 402.33 万人,第三产业为 1071.60 万人,分别占比重为 50.8%、13.4%、35.8%。[②] 由此可见,第一产业就业数量比重依旧占绝对优势,但呈下降趋势;第二产业就业人数有所增长,但增幅较小;第三产业就业人数持续增加,在一定程度上说明云南民族地区产业结构调整成效较大,但三大产业就业人数不均衡,表明云南第二产业和第三产业发展还有待进一步加强。

(二)民族地区产业、特色产业发展概况及其经验

1. 第一、二、三产业结构调整日趋合理

据统计,2017 年,云南省 8 个少数民族自治州实现 GDP 共计 5382.56 亿元,增长 10.3%。其中,第一产业实现增加值为 985.58 亿元,增长 6.1%;第二产业实现增加值为 2070.40 亿元,增长 12.1%;第三产业实现增加值为 2326.58 亿元,增长 10.5%。[③]

2. 特色产业高度集群化

云南省立足民族地区气候、生态、生物、旅游、民族文化等独特优势,以科技创新为动力,不断改革传统农业、林业、畜牧业,提升基础设施建设,推进乡

---

① 云南省统计局:《云南统计年鉴 2018》,中国统计出版社 2018 年版,第 299—300 页。
② 云南省统计局:《云南统计年鉴 2018》,中国统计出版社 2018 年版,第 381 页。
③ 云南省统计局:《云南统计年鉴 2018》,中国统计出版社 2018 年版,第 492 页。

村新型商业中心建设等,培育壮大了民族地区特色的优势产业,形成了极具特色的普洱茶产业集群、云南糖产业集群;丽江、大理、香格里拉、西双版纳等旅游产业集群;云南白药、文山三七、灯盏花、天麻系列及藏药、彝族、傣药、南药等系列特色医药产业。

3. 民族地区特色产业发展经验

中央和地方政府对民族地区的制度和政策支持是重要保障;依托特殊的地缘优势和民族文化优势是云南民族地区产业结构调整、突破融资瓶颈、带动民族地区社会文化发展的必然选择;发展新兴、高能、绿色的高原特色集约型产业是云南民族地区发展的必经之路,协调好民族地区与非民族地区区域不平衡经济社会发展是云南省经济起飞、建成东南亚辐射中心的关键,也是筑牢中华民族共同体意识的战略要义。

(四)民族地区经济中存在的突出问题

1. 生产力水平低,主体性发展能力弱

在经济全球化、市场化发展的过程中,云南省民族地区由于缺乏应对现代市场体制的社会制度结构、经商观念和科学技术知识,其发展多半是在政府主导、外来企业的共同参与下发展起来的外源式发展模式,导致民族地区经济发展的内生性力量较弱,社会转型的内生动力不足,极大地阻碍了主体性的发展,影响了生产力水平的提高。

2. 贫困人口规模大,贫困程度深

在云南全省 88 个贫困县中有 61 个县是民族县,分别占云南省贫困县总数和总县数的 69.32% 和 47.29%。其中少数民族贫困人口有 204.31 万人,占贫困人口的 45.65%。11 个"直过民族"和人口较少民族贫困人口为 46.83 万人,占全省贫困人口总数的 10.46%。[1] 此种情势必定在很大程度上阻碍了云南民族地区经济社会发展。

3. 民族经济总量小,区域发展不均衡

民族地区经济总量不但偏小,且经济实力和区域竞争力明显较弱。据统

---

[1] 宋媛:《云南省扶贫开发报告》,《新西部》2018 年第 15 期。

计,2017年,全省十六个州(市)GDP超过2000亿元的仅有昆明市(4857.64亿元),排在倒数几个州县的多是民族地区,如德宏州(356.97亿元)、丽江市(339.48亿元)、迪庆州(187.65亿元)、怒江州(141.50亿元)。① 由此可见,这样的现实势必会全方位影响民族地区的经济社会发展。

4. 产业结构单一,发展较为滞后

云南省民族地区产业结构单一,产业内部结构也不够合理,第一产业在三大产业中依然占很大比重,80%以上的劳动力从事传统农业生产,农民家庭收入主要以传统种养业为主;第二产业和第三产业发展不相协调,支柱性产业效益不高,加上产业链长、带动性强的新兴特色产业又培育不足,创新能力较弱,使得产业结构失衡问题依然成为制约民族地区经济发展的关键性因素。

三、云南省民族地区经济发展趋势和建议

(一)民族地区经济发展趋势判断和预测

继国家精准脱贫后,乡村振兴战略将全面而有力地推行,在该阶段,云南省民族地区将面临巨大的机遇与挑战。

其机遇与挑战主要表现在:1.继国家精准脱贫后,乡村振兴战略将逐步实施,云南省经济发展将有望得到整体改善;2.国家"一带一路"战略实施步伐加快,大湄公河次区域和长江经济带向纵深发展,云南省面临百年不遇的重要发展期,但云南省经济发展融入和对接方式有待创新;3.对外贸易发展势头向好,但受到新冠疫情的严重影响,进出口贸易形势严峻;4.民族地区社会消费潜力巨大,消费层次和消费文化环境有待进一步改善和打造;5.基础设施建设存有空白,未来投资空间大;6.旅游产业发展迅猛,旅游市场秩序建设、管理服务意识有待加强;7.生态环境承受能力强,生态污染防范治理、重大生态风险规避能力建设将是一个长期的历史过程。

---

① 云南省统计局:《云南统计年鉴2018》,中国统计出版社2018年版,第509—513页。

（二）民族经济发展建议

基于上述对云南省民族地区经济发展的预判,决定了云南经济发展应该突出以下几个方面。

第一,充分利用中央各项优惠政策,加快推进民族地区经济社会发展。云南要充分利用中央制定的各项惠民族政策,协调好中央与地方的关系,加大民族地区的投资力度,以人的主体性发展为纲,以区域平衡、协调、可持续发展为维,全方位推进云南民族地区经济发展。

第二,加大对外贸易支持力度,以边境经济发展助推全省经济起飞。云南省要借助国家"一带一路"战略倡议,积极融入长江经济带、大湄公河次区域等,着力发展临边经济、大通道商贸、口岸边贸和物流业,将云南省民族地区打造成为东南亚、南亚经济文化贸易的前沿地带,将云南省建成东南亚、南亚的辐射中心。

第三,增强民族地区社会消费能力,打造民族地区特色消费文化。民族地区消费潜力巨大,要不断调整产业结构,规范市场主体责任,改善人民生活水平,提升民族地区社会的消费层次,打造民族地区特色消费文化,以消费升级带动转型升级。

第四,改善旅游市场环境,推动旅游业转型升级。云南地区旅游业发展迅猛,但市场优势并没有充分体现出来,要加大力度整顿旅游业市场,规范行业行规,加强市场监督监测,提升管理服务水平,强化旅游服务业意识,改善旅游者居住环境,推动旅游业向国际化、高端化、特色化和服务化转型。

II 分报告

赤恒底村产业振兴发展报告

高志英　沙丽娜　马青云[*]

　　党的十九大报告对"三农"工作提出诸多新概念、新表述,并首次提出实施乡村振兴战略;强调坚持农业农村优先发展,并提出了"产业兴旺、生态宜居、乡风文明、治理有效、生活富裕"的总要求。在国家乡村振兴与脱贫攻坚、精准扶贫等一系列政策的扶持下,怒江傈僳族自治州福贡县鹿马登乡赤恒底村也走上了乡村产业振兴、全面发展的道路。

赤恒底村全貌

　　* 高志英,云南大学特聘教授,云岭学者,博士生导师,主要从事中国西南与东南亚民族文化研究;沙丽娜,民族学博士,云南民族大学社会学院在站博士后、助理研究员,主要从事中缅北界跨境民族文化的互动与变迁研究;马青云,云南大学民族学与社会学学院民族学专业在读博士生,主要从事中国西南边疆民族文化研究。

赤恒底傈僳族研究基地

一、靠山临江赤恒底——村落概况

赤恒底村隶属福贡县鹿马登乡,坐落于怒江西岸,高黎贡山东麓。村落位于鹿马登乡西南部,南为福贡县政府驻地上帕镇,北上可达贡山县、察隅县,往西翻越高黎贡山可进入缅北,往东过怒江翻越碧罗雪山达怒江州兰坪县、迪庆州维西县。

通往赤恒底村的怒江吊桥

赤恒底村距离福贡县城 10 公里,距乡政府驻地鹿马登车站、集市有 6 公里。地处怒江大峡谷中段高山峡谷间,日照充足,雨量充沛,温暖湿润,自然资源丰富,生态植被良好。从江边沙滩到山腰村落房舍、果树、竹林、梯田,再到茂密山林,垂直多样性景观旖旎壮丽,是一个集峡谷风光与民族传统文化为一体的边疆傈僳族村寨。

人口构成。赤恒底行政村辖娃底(一组、二组、三组)、干老布(阿兰甲新村)、亚朵、旺然、密丁戈、王咀、念坪 7 个自然村,共 9 个村民小组。截至 2018 年底,全村农户 517 户,共计 2110 人,傈僳族占总人口的 99%以上。另有少数怒族与 1 户勒墨人(白族支系),怒族与勒墨人也使用傈僳语,其生活习惯与傈僳族无异。[1]

生计方式。赤恒底村民种植水稻、玉米、豆类、蔬菜、草果等作物,养殖猪、鸡、黄牛、马等畜禽。所产农副产品除了自给自足之外,也在附近农贸市场与县城出售,近几年草果成为了该村主要的经济作物。另外,赤恒底村妇女手工织布早就远近闻名,近年还衍生出男女共同参与的傈僳服饰加工业。运输业、建筑业、小商品业、手工业、草果种植以及乡村旅游等是近年来赤恒底村的新兴产业。

赤恒底村制作的傈僳女子服饰

---

[1] 《2018 年赤恒底村情》,赤恒底村委会提供。

脱贫情况。历史上，赤恒底村因自然与社会文化诸因素，家家户户缺吃少穿，甚至连盐巴也难以为继。国家从 20 世纪 80 年代开始对我国西部边疆民族地区的长期扶贫努力，逐渐改变了村民的贫困状态。但从根本上改变村民贫困状态的，是进入 21 世纪后的一轮又一轮的扶贫攻坚高潮。特别是自 2017 年 6 月，福贡全县开展精准扶贫工作以来，赤恒底村工作组对 9 个村民小组进行入户调查，并做了精准扶贫识别工作。据驻村工作组统计数据显示，2014 年至 2018 年，全村共有建档立卡户 252 户，共计 1029 人；安居房建设户 249 户，共计 1025 人；进城安置户 2 户，共 4 人。2018 年初，在档预脱贫户 9 户，34 人；未能脱贫户 2 户，4 人；全村享受低保户 201 户，共计 705 人，实现了建档立卡户整户施保全覆盖。截至 2018 年 1 月 30 日，按照贫困户脱贫六条标准、贫困村退出十项标准，经相关政府部门的严格考评，赤恒底村实现了脱贫户脱贫、贫困村出列，摘掉了贫困村的帽子。

二、以精准扶贫促进地方特色产业振兴

直至 20 世纪 90 年代初期，赤恒底村民仍然以粮食种植业为主。由于缺乏科学种植技术的指导，再加上自然地理条件受限，粗放、低产的玉米、水稻等农作物收成仅能勉强维持生计，现金收入极少，村民自然也就没有存款。这一时期，尽管一些青壮年每年季节性上山采重楼、白芨等中草药出售，一些老年人和小孩也力所能及地放牧牛羊，但皆是投入多产出少。所以，全家人辛苦一年，也仅能勉强维持温饱。如遇天灾、疾病，生活便难以为继。许多人家住在四面透风的篾笆房里，靠终年不息的火塘取暖。一个三角架加一个罗锅、一个铁锅与一些粗陋碗筷，便是全部的炊事用具。一件由自家织布、缝制的麻布衣服从新穿到烂，也没有可换洗的，还要从老大穿到老小。吃的是少油寡盐的苞谷稀饭就山茅野菜，老人小孩因长期营养不良而引起多种疾病也无钱医治，有的就不得已请基督教牧师祷告或原始宗教巫师祭"尼"来"治病"。加之交通、语言、技能、网络等多种因素限制了村民与外界的交往，农产品卖不出去，村民外出打工更是难以适应。

进入 21 世纪以来,随着国家对少数民族地区扶持力度的增大,赤恒底村的经济状况发生了根本性的改变。特别是赤恒底村大桥修通之后,有部分村民以运营三轮摩托车载人,或将傈僳土布与服饰等出售给村外的傈僳族,获得了一定的经济收入。自 2012 年至今,赤恒底村经济进入高速发展时期,村民的生产生活发生了翻天覆地的变化。特别是从 2017 年实施精准扶贫项目以来,村民的生产生活条件方方面面都有了显著的改善。其中,以推动赤恒底乡村产业振兴为基础与特色。

(一)2017 年赤恒底村精准扶贫具体工作与成效概述

赤恒底村傈僳族的贫困,是整体性、系统性的贫困。因此,精准扶贫工作也从整体性、系统性出发。

1."找问题、补短板、促攻坚"的精准扶贫专项行动①

2017 年,结合赤恒底村实际情况,精准扶贫工作组与村委会领导班子紧紧围绕"两不愁、三保障"②的扶贫目标,集中精力查找赤恒底村在贫困识别不精准、驻村帮扶不到位、脱贫举措不扎实、贫困退出走形式等突出问题,确保扶贫成效。具体内容如下。

(1)赤恒底村精准扶贫工作小组按照对象、项目安排、资金使用、措施到户、因村派人、脱贫"六个精准",对赤恒底村 2016 年脱贫的 65 户 258 人及 2017 年新纳入的 28 户 93 人进行逐一摸底核实,避免了以往存在的错评、漏评现象,保证扶贫工作"精准"有效。

(2)赤恒底村已完成基本医疗与兜底保障、安居房、义务教育、产业发展四项"全覆盖"。所有农户已完成土地改造,并种植农业局下发的草果苗、茶叶苗、金银花等经济作物。同时,有机种植草果与农家乐食材的生态建设项目业已于 2017 年底完成。紧紧围绕村民脱贫、乡村发展而启动的"五个一批"③,保障了

---

① 福贡县鹿马登乡赤恒底村村委会 2017 年的《赤恒底村"找问题、补短板、促攻坚"专项行动汇报》,赤恒底村村委会提供。

② "两不愁",即不愁吃、不愁穿;"三保障",即义务教育、基本医疗、住房安全有保障。

③ "五个一批"是指发展生产脱贫一批、易地搬迁脱贫一批、生态补偿脱贫一批、发展教育脱贫一批、社会保障兜底一批。

精准扶贫得以持续开展。

（3）精准扶贫工作组对 2016—2017 年度精准识别工作进行再回顾,对 2016 年脱贫的 65 户 258 人,2017 年初系统在册的 48 户 179 人建档立卡贫困户进行全面排查,严格按照"三评四定"和"五查五看"程序,逐户调查。发现不存在财政供养人员,并无不符合贫困退出条件人员错退问题。同时也对因病因灾因学致贫返贫人员和新增贫困人员进行动态管理,做到了应纳尽纳,[①]使精准扶贫落实到每一户、每一人。

2. "零漏评、零错评、零错退"精准识别入户调查工作[②]

赤恒底村精准扶贫驻村工作小组在入户调查进行精准识别时,以小组为单位先后召开小范围贫情分析会和村民参与的贫情分析会。首先,由驻村工作小组以组为单位召集所有财政供养的村"三委"、森管员、村医与德高望重的村民代表召开贫情分析会,锁定漏评、错评、错退农户目标。其次,由村干部、小组长对采集的数据进行核实,统一漏评、错评、错退农户名单后,再召开有村民参与的贫情分析会。会议之前,公布举报电话、受理人。最后,将第二次贫情会的结果与对首次贫情会锁定的目标进行对比。如产生的误差较大,工作组再次重复以上工作程序,直至做到完全"精准识别"。

3. 实施"6+3"精准扶贫工程[③]

所谓"6+3",包括"六覆盖"工程和"三项工作"。"六覆盖"工程指全面实施以"产业发展、安居房建设、生态建设、劳动力转移、社会保障、结对帮扶"为内容的精准扶贫。"三项工作"指切实加强"基础设施建设、资源整合、组织保障"工作。"6+3"精准扶贫工程加快了 2017 年赤恒底村精准扶贫工作的步伐,使当地村民逐渐走上了乡村产业振兴的致富之路。

---

① 福贡县鹿马登乡赤恒底村村委会 2017 年的《赤恒底村"找问题、补短板、促攻坚"专项行动汇报》,赤恒底村村委会提供。

② 福贡县鹿马登乡"零漏评、零错评、零错退"精准识别工作组 2017 年的《鹿马登乡"零漏评、零错评、零错退"精准识别工作入户调查步骤》;鹿马登乡赤恒底村村委会 2017 年的《赤恒底村 2017 年建档立卡精准识别实施方案》,赤恒底村村委会提供。

③ 金色云岭:《全面实施"6+3",精准扶贫见成效——福贡县鹿马登乡赤恒底村走向美丽富裕新农村》,见 https://mp.weixin.qq.com/2017-02-21。

(1)"六覆盖"工程取得的成效:①产业发展有突破。2017年,全村有生猪4341头,黄牛356头,马42匹,山羊2400只,有草果地4527.5亩,核桃地9980亩。民族服饰加工、旅游接待等特色经济产业也得到了发展。②安居房建设有推进。通过就地安置和插花安置的方式,政府推进了113户建档立卡户安居房建设。其中,易地搬迁20户,享受国家建房补助4万元和国家贴息贷款6万元;就地安置93户,享受国家建房补助4万元。赤恒底村的住房面貌焕然一新,绝大部分家庭都住进了砖混楼房,告别了茅草房。③生态建设有加强。挂钩联系户有林地面积511.49亩,完成退耕还林54.9亩,发放退耕还林补偿金2.745万元;部分挂钩联系户还发展了核桃、草果等林果经济。既保护了"金山银山",又增加了村民收入。④富余劳力有转移。2017年,赤恒底村挂钩联系户有劳动力180人。其中,外出务工人员有19名,务工人员的人均年收入3万多元,远远高于在村生产的劳动力的收入。因此,政府正在动员与创造条件实现劳动力的异地转移。⑤社会保障有落实。赤恒底村挂钩联系户2017年均参加了新型农村合作医疗和农村养老保险,其中,有109户302人建档立卡户享受了国家低保政策中的减免医保费,避免因无钱交医保费而被排斥在享受低保群体之外。⑥结对帮扶有成效。截至2017年底,怒江州委老干部局挂钩联系21户、福贡县国土资源局挂钩联系66户、县人大挂钩联系5户、鹿马登乡政府挂钩联系21户。① 各挂联单位深入开展"思路帮扶、物质帮扶、文化帮扶、科技帮扶"等颇有成效的精准扶贫工作,受到贫困户的欢迎。

(2)"三项工作"得到落实。①加强基础设施建设。2017年,围绕怒江州"大峡谷国家公园"建设、"美丽乡村"建设和《福贡县鹿马登乡赤恒底村五年扶贫开发规划》等政策与机遇,赤恒底村的通村通组公路硬化工程有序推进,9个小组全部通公路。另外,建档立卡户安居房建设、饮水安全工程、农村电网、广播电视等覆盖率达到100%。村卫生室、农家书屋、党员活动室、村旅游公共厕所、民族文化活动场等规范化建设也得到了有效推进,呈现出设施与功能齐全的边

---

① 鹿马登乡赤恒底村委会工作队2017年的《实施"6+3"精准扶贫工程工作报告》,赤恒底村村委会提供。

疆少数民族乡村新貌。②加大扶贫资源整合力度。在精准扶贫过程中,各相关部门整合利用信贷、国土、交通、扶贫、林业、农业、水务、民政、旅游等各部门资源,有力地推动了赤恒底村基础设施、安居工程、旅游文化工程的全面建设与发展。③加强组织保障。自脱贫攻坚工作开展以来,怒江州、福贡县党委整合以州、县、乡三级挂钩干部与村委会、县基督教"两会"组织和当地教会组织等多重力量,积极协调对接,做到因户因人施策,保障"挂、包、帮"工作深入推进。①

通过上述努力,截至 2018 年底,赤恒底村实现水、电、路、电视、电话、网络全覆盖,靠近江边的自然村里部分道路两侧均已安装了太阳能路灯。移动电话使用率达 99%,②手机成为村民与外界沟通、出售土特产品与联系运输等业务的重要工具。全村共拥有汽车 45 辆,拖拉机 30 辆,摩托车 300 辆,成为福贡县有名的"客运村"。精准扶贫工作组和村民充分利用村落有利区位与交通发展,极大地提升了村落的交通条件与村民的经济收入,促进了赤恒底村乡村产业振兴。

(二)推行乡村产业振兴发展项目,走产业富村之路

自实施精准扶贫政策以来,当地政府和精准扶贫工作组结合赤恒底村自然生态环境特点,推广了特色种植业、养殖业、民族文化产业、乡村旅游等产业。

1. 发展种植业

在怒江,草果是改革开放以来各族农民增收的重要经济作物之一,草果种植已形成了一定规模。近年,怒江州委、州政府将草果种植作为扶持发展的重点产业项目之一,利用退耕还林还草政策,积极调整农业产业结构,引导村民加快转变经济发展方式,不断地做大做强草果产业。短短几年,怒江已成为云南省新兴的草果种植生产基地。

在此背景下,赤恒底村也积极开展草果种植业,并初见成效。十多年前,赤恒底部分村民通过福贡北部傈僳族亲友,了解到草果带来的可观经济效益后,从亲友家找草果苗试种。三四年后草果挂果,卖了好价钱,这让部分村民

---

① 鹿马登乡赤恒底村村委会工作队 2017 年的《实施"6+3"精准扶贫工程工作报告》,赤恒底村村委会提供。

② 鹿马登乡赤恒底村村委会 2018 年的《赤恒底村村委会统计数据》,赤恒底村村委会提供。

尝到了甜头。其他村民得知后,便也萌发了种植草果的想法。从2014年开始在当地政府的推广下,村民尝试了一定面积的草果种植,但因销售没有保障,村民不敢大面积铺开种植。2017年精准扶贫工作组驻村后,请技术人员考察了赤恒底村的土壤、植被、气候等自然条件,并为当地村民免费提供了草果苗,还请专业技术人员到村里进行种植示范与技术指导,村民种植草果的积极性就更高了。

培育草果苗

草果喜阴喜湿,赤恒底村民就在闲置的林地、箐沟边的水冬瓜树下种上了草果。每到摘草果的季节,本地与外地老板都到赤恒底村收购草果,新鲜草果与干草果价格不同,干草果的实际收入更高。为了多卖一点钱,村民建了多个烘烤草果基地,一部分村民专门种植草果,一部分村民专门加工草果,一部分村民专门负责销售,从而形成了一条较为成熟的产业链。截至2018年底,赤恒底全村草果种植已达5520亩,草果产业已然成为当地傈僳族群众脱贫致富的支柱产业。这样,外出务工的青壮年劳动力也返乡并在草果业中得到了可观的经济收入,村落不再是以老人、儿童为主的"空巢"。可见,因地制宜寻找、培育产业,对于乡村产业振兴至关重要。

2. 发展养殖业

养殖猪、鸡、黄牛、马,是赤恒底村传统生计方式之一。到目前为止,村民养殖的仍然是本地传统畜禽品种,不喂市场上的饲料,只喂蔬菜、草和玉米,而且都是放养,堪称绿色生态食品。为了契合当地的养殖特色,精准扶贫工作组依托当地村民畜养习惯和市场需求,积极寻找适合该村经济发展的绿色生态养殖业。

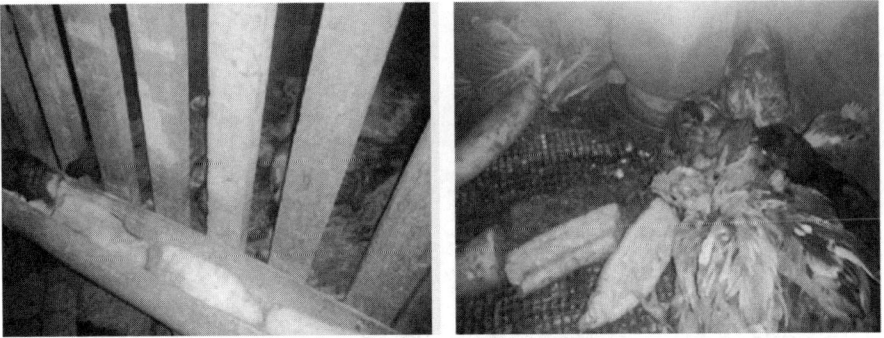

村民家中养殖的缅甸土鸡

赤恒底村主要养殖的禽畜品种有土鸡、猪、黄牛与山羊,近年引进了黑山羊、旱鸭与缅甸鸡。因有捆绑在精准扶贫项目的养殖与防疫技术支持,村民们再也不用担心瘟疫传染畜禽而损失惨重。自然地,村民对于宗教与宗教仪式"治病"的依赖也就越来越小了。截至 2017 年底,赤恒底全村共有生猪 4341 头,黄牛 356 头,马 42 匹,羊 2400 只。年出栏生猪超过 3000 头,年出栏山羊超过 500 只。新中国成立以前,村民只有在做祭祀仪式时才可以吃到肉食,而今村民除了随时可以杀鸡宰猪吃肉之外,养殖业还给村民带来了可观的经济收入。

3. 成立农民合作社

整合村民力量,结合国家的政策支持和各类惠民补贴,增强市场博弈能力的农民合作社,成为乡村经济发展的重要推力。近几年,在当地政府的支持下,赤恒底村先后成立了福贡县永发草果专业合作社、福贡县民族服饰加工专业合作社、福贡县赤恒底乡村旅游农民专业合作社等多种合作社。其中,以草果种植业、民族服饰加工业与乡村旅游业为主。合作社的成立,解决了部分村民在生产、销售过程中的资金、技术与法律知识短缺等问题,并提高了村民的市场竞争与抵抗风险能力。另外,合作社以为贫困户提供就业机会的方式,成为精准扶贫的新平台。如新成立的福贡赤恒底乡村旅游农民专业合作社就吸纳了社员9户共44人,其中建档立卡贫困户有7户共38人。

赤恒底村各类合作社的成立,标志着赤恒底村从之前的"小、散、缓"、农户各自为营、单打独斗的生存模式向依托特色资源,连点成线、以线带片的组织化、集约化、规范化发展模式的转变,标志着赤恒底村的产业发展迈上了一个新台阶,为乡村振兴打下了可持续发展的经济与结构基础。

4. 发展乡村旅游业

得天独厚的旅游资源是发展乡村旅游业的必要条件。赤恒底村不仅风景优美,而且民族文化资源独具特色。在怒江高山峡谷福贡县城与石月亮之间,大自然赐予了一块不甚陡峭的江西坡地,并被生于斯、长于斯的赤恒底村民开垦成了井然有序的梯田与山地。其间是散落并掩映在竹林与水冬瓜林间的民房,日出日落、月圆月缺、晴天雾日,各有风光。又因赤恒底村距离县城不远,大桥、沙滩、村落、竹林……吸引着城里人前来观赏。赤恒底村的民族文化特色浓郁,既有傈僳族农家乐、民族服饰加工厂、傈僳族民居特色房、民族文物陈列室,又有国家级非遗传承人、无伴奏傈僳语四声部农民合唱团、赤傈然组合,以及一批热衷于民族文化传承的民间艺人们所传承与展示的民族文化,对外界很有吸引力。每年的傈僳阔时节和春节期间,赤恒底村都在村活动场地或江边沙滩上举办春节联欢活动,以怒江峡谷高山江流为背景布幕,以沙滩为舞台,身着民族盛装的村民为客人展现傈僳歌、傈僳舞,并举行拔河、射弩、民族服饰展示与爬油竿等颇具民族特色的活动。这些活动的高潮是沙滩音乐会。在沙滩音乐会上,乡村各类艺术人才纷纷登场,傈僳乐器、汉族乐器与西方乐器目不暇接。游客们对既有现代气息,又有傈僳文化底蕴的乡村音乐盛宴赞不绝口。

赤恒底村所展示的省级"乡村文明示范村"、州级"文化惠民示范村"所蕴含的村风文明、文化敦厚的充满生机的边疆乡村旅游气象,同时也在改变着赤恒底人的收入构成。只要家里有年轻人,都送到昆明学习厨艺,当地政府也组织村民培训厨艺。赤恒底村农家乐厨师,多是经过培训又熟知傈僳传统美食烹饪技术者,其收入随着旅游业的发展而获得增加。各种合唱团、艺术团也在农闲时为游客表演歌舞,在获得一定收入的同时,也宣传了傈僳文化。

总之,村民的职业与经济收入越来越多元化,而且以立足乡村、振兴乡村为主要趋势,既解决了个人的生存与发展问题,同时也使中国西南边疆农村一度非常突出的"空巢老人""留守儿童"问题得到了有效解决。在此过程中,一批从事多样化生产、经营,并具有现代眼光与技术的年轻人成长起来,保证了赤恒底村的经济文化可持续发展。

三、对赤恒底村未来产业振兴的建议

所谓"乡村振兴",包括"产业兴旺、生态宜居、乡风文明、治理有效、生活富裕"五个方面。这既是内容,也是目标。因此,针对赤恒底村在乡村产业振兴中上述五个目标发展所存在的差距与问题,需要从以下几个方面加以改善。

(一)激发村民脱贫欲望,培养致富技能

脱贫攻坚工作是最大的民生工程,是造福于民的大好事,理应得到贫困村民群体的支持。但在实际的脱贫工作过程中,扶贫干部却遇到了很多难以想象的困难,首先就是贫困户的脱贫信心不足。一部分贫困户因疾病或其他意外事故而背上了沉重债务,他们深陷贫困的泥潭,认为脱贫致富是可望而不可即的事情,因此对脱贫抱有消极被动的心态。其次,部分贫困户参与脱贫行动不积极,对扶贫政策的响应仅仅停留在"等、靠、要"上。认为政府已经帮助他们解决日常生活困难,生活已有最低保障,所以懒于做长远打算,只想坐享其成而不思进取。就出现了"政策虽好,懒人犹在"的现象。因此,要想使围绕乡村产业振兴而实施的扶贫政策取得显著的成效,就必须"扶贫先扶智,治穷先治愚"。

要让村民了解以往的"一刀切扶贫""无偿扶贫"不可能永远持续下去。政府的扶贫措施不再以给钱物为主,而是以项目扶贫、技能扶贫与教育扶贫等方式,将村民们尽可能地吸引到乡村产业振兴过程中。具体而言,党和政府将

通过因地制宜、因人而异的扶贫项目激发人、锻炼人、培养人。因此,想致富、肯吃苦的人将有更多的机会融入乡村振兴中,个人得到发展,收入自然就能增加。反之,政府将不再将扶贫资金用于养闲人、懒人;同时通过这两类人明显的发展对比,将更多的村民吸纳到乡村产业振兴中。为此,扶贫干部和当地村委会干部一方面要主动入户与贫困人群进行面对面交流、沟通,并有针对性地做好引导工作,积极为其出主意、想办法,帮助其寻找致富门路。另一方面还要加强农村公共文化服务体系建设,加大公共文化服务投入力度,丰富村民精神文化生活,特别是以喜闻乐见的文艺节目激发其脱贫信心。也可利用节假日或者傈僳族节日,包括基督教节日与聚会,加大扶贫政策法规宣传力度和村民文化教育与技能培训力度,使其开阔视野、更新观念,从而增强脱贫致富的信心与能力,实现从"要我脱贫"到"我要脱贫"的根本性转变。不但有脱贫志愿,还要懂得寻找脱贫路径,掌握脱贫技能,并且努力加以实践,真正成为乡村产业振兴的主力军。

(二)拓宽产品销售渠道,避免增产不增收

对于村民而言,每年种植、养殖出来的农副产品,因各种原因而出现滞销或销路不畅等问题,这不但因增产不增收而严重打击其积极性,也阻碍着多种乡村经济类型的持续发展。因此,如何将农产品生产与市场有机结合起来,将农产品增长变成经济增收,也就成了首要解决的问题。为此,就需要想方设法地拓宽产品销售渠道,让农产品的销售变被动为主动。例如,赤恒底村虽成立了草果种植合作社,但其作用依然只停留于对种植技术的指导,而后续销售过程被外地老板垄断,利润空间被大幅压缩。因此,各种经济作物种植合作社除了要在种植过程中给予技术指导外,还要抽调一部分人手专门负责草果的销售,拓宽草果销售市场,把销售商的利润尽可能多地转移到农户手中,真正增加农民收入。

其次,充分利用网络媒体进行农产品销售。除了在倾向扶贫的报刊、电视台做无偿广告宣传外,手机微信作为目前使用人数最多的聊天软件,其信息传播影响力不容忽视。因此,要利用微信对"深藏闺中人未识"的产品的特色、

生态积极推广和销售。另外,农产品的公益策略也是一种重要的营销方式。例如,将农产品与体育项目相结合,赞助"中国怒江皮划艇野水国际公开赛",以国际体育赛事为平台,快速助推草果产业销售进入"快车道",提高产品知名度。还可以从会议、旅行、餐饮等诸多公益活动入手,将其与当地的农产品相结合,以此来达到使村民增收的目的。

最后,还可以采用小范围团购策略。农产品做团购的优势很大,家庭厨房的所有食材均可做成礼品进行销售。通过对特色、生态农产品的包装与贴牌,把多种农产品包装成富有民族特色的礼品来销售,以此来提高其产品附加值,并增加市场竞争优势。

(三)重点解决仍然遏制乡村产业振兴的交通问题

如今,虽然赤恒底村的交通条件得到了前所未有的改善,特别是大部分公路与桥的修通,既缩短了村民与外界交流的距离,也扩大了与外界交往的空间。然而,遏制乡村产业振兴的交通问题并没有从根本上得到解决。就村外交通而言,从赤恒底村北上与南下的交通只有一条沿边公路,只要有泥石流、塌方,全州各族民众就全部封在大峡谷里,时令经济作物更不能够按时运送出去。从村内交通而言,虽大部分自然村的道路基本已修通,但只能通行小型车辆。如果两辆小型车并驾行驶,就无法通行。一些自然村路况极差,基本是"雨天一身泥,晴天一身灰"。还有一些村落道路坡度太大,运载重物极易造成翻车。普通货车因路窄而无法通行之时,自然就增加了农副产品与建筑材料的运输成本。据调查,在福贡县城购买一包水泥的价格为 25 元,而运输到赤恒底山区村落后售价可达 55 元。

在党委政府的帮助和村民的共同努力下,如今赤恒底所有村民小组已通硬化路。目前,从怒江东岸进赤恒底村的桥有两座,一座是位于赤恒底村南面的原有老桥,即赤恒底桥,该桥已修缮,可供人、牲口、二轮摩托、三轮车通过;另一座是位于赤恒底村北面的京江大桥,于 2015 年竣工,该桥可通拖拉机、微型车、卡车等。这不仅方便了村民出行,使当地出产的农产品也能很快运送到销售点,而且村民从集市采购日用品或建材时,也可以直接用车运回家。此外,由于特殊的地理位置与政府的规划设计,有了这两座桥,赤恒底村与怒江美丽公路融为一体,便于村民搭上"大滇西旅游环线"顺风车,从而发展乡村旅游业。

(四)进一步调整产业结构,培养村民与市场对接能力

经过多年的努力,当前赤恒底村经济发展方式呈现多样化趋势,种植业、养殖业、运输业、旅游业、服饰生产及销售等都有不同程度的发展。但各种产业的发展,都存在着规模较小、品牌效益与收入有限以及预防风险能力弱等问题。目前,赤恒底村虽然已经成立多个合作社,但基本不参与后期的市场开发和产品销售,收入的大头归外地收购商与销售商所有,村民的收入很有限。阻断了村民与市场的直接联系,也就丧失了发展种养殖业的市场需求预判能力。所以,所谓发展特色养殖业与种植业,基本仍然处于在政府安排与外地老板预订下的盲目苦干。

鉴于此,首先,应合理调整、优化产业结构,适当扩大产业规模。其次,应充分利用合作社的发展优势,邀请有识之士积极参与市场竞争,并对社员进行市场应对能力培训。以草果产业为例,从种植、采摘、加工、运输、销售等方面都要有当地村民的参与,从而抢占规模效益,实现农民增收最大化。最后,应结合赤恒底村的实际情况,探寻适宜本地发展的产业结构新模式。

(五)劳务输出和培养乡村产业振兴人才相结合

据统计,截至2017年底,赤恒底村挂钩联系户有劳动力180人,其中有剩余劳动力160人。对这一群体,要将劳务输出和培养乡村产业振兴人才结合起来。充分利用福贡县和珠海市对口帮扶协作的契机,把农村劳务输出作为加快赤恒底村经济发展的重要举措和农民增收致富的重要项目来抓,并与人社部门等协作,制定各项措施解决劳务输出人员的后顾之忧。但剩余劳动力的脱贫问题,其根本问题还要将其培养成乡村产业振兴人才。村"两委"要发挥其政治引领功能,将村民公认的能力强、政治素质高、有担当的致富领路人,推选为村委会主任或村支部书记,为致富领路人创业提供组织平台,使其能够

发挥联系企业、熟悉市场、抓经营、抓管理的作用。另外,要积极培养村级致富带头人,为其提供更好的学习机会和锻炼平台,同时也吸引优秀人才返乡发展,以振兴乡村产业,实现可持续发展。

四、赤恒底村傈僳族调查基地介绍

怒江傈僳族自治州福贡县傈僳族调查基地,是云南大学 2004 年开始建设的最早的"云南少数民族调查研究基地"。该基地建成于 2005 年 11 月 20 日,占地面积 530 平方米,主体建筑总建筑使用面积为 185.4 平方米,是一幢二层楼房。包括会议室一间、住房五间,厨房一间、独立卫生间一间,能够同时提供约 10 人的调查团队驻站进行较长时间的调查生活。

历经 14 年的发展,在云南大学相关部门与领导的支持下,在基地负责人与村民日志记录员、影像记录员的共同努力下,克服了各种困难,为云南大学民族学学科建设做出了重要贡献。

在教学实训方面,2010 年至 2019 年期间,共先后参与 4 届云南大学全国研究生暑期学校,每次调查 10 天,共 50 多人累计完成约 30 万字的调查资料。其间多数年份都有硕士生、博士生的短期或长期调研,共计约 300 多天,基地已成为培养傈僳族研究人才的重要平台。在科研成果方面,在本基地调查基础上产生了论文 6 篇,其中 CSSCI 刊物 4 篇;获得相关国家社科基金重大项目一项,国家社会科学基金项目一项,教育部基地重大项目一项,以及省级、校级科研项目多项;获得相关省部级科研奖励一等奖一项,三等奖三项,以及其他级别奖励多项;完成博士学位论文一篇,硕士学位毕业论文一篇;咨询报告多篇,出版专著两部,并分别获得各级别科研项目资助。在村民实验民族志方面,拍摄影像数百小时,照片上千张;目前已出版村民日志两部;计划剪辑较高质量的村民影像志 2 部,共 120 分钟。在对外接待交流和社会贡献方面,先后接待北京大学、浙江大学、中央民族大学与云南民族大学等高校专家 20 余人,学生 30 多人,产生了较广泛的社会影响,有力推动了傈僳族历史文化的研究。

　　基地负责人与曾在基地完成傈僳族研究的学者和基地村民长期保持密切联系,并在基地教育与文化事业发展、非遗传承等方面给予了热心的帮助,赢得了村民的良好口碑。

迪政当村乡村产业振兴发展报告

高志英 和肖文 杨成[*]

产业振兴,是乡村振兴战略的重要组成部分,它结合扶贫政策实施、生计转型,是少数民族聚居村落现代化的一种重要途径。在云南省怒江州贡山县独龙江乡迪政当村,有关产业调整、升级和发展工作于 2010 年开始的整乡推进整族帮扶,以及 2014 年的扶贫攻坚与 2017 年的精准扶贫和乡村振兴,持续推动着独龙族社会经济的跨越式发展,并在短期内实现了整族脱贫。本报告以迪政当村的产业振兴为个案,探究边疆人口较少民族的产业振兴的背景、内容、特点,以及与乡村振兴之间的关联性。

一、村落基本概况

迪政当村位于独龙江乡最北部,距离乡政府所在地孔当村 42 公里,距离贡山县城 150 公里,东靠贡山县丙中洛乡,北接西藏自治区,南邻独龙江乡龙元村,西与缅甸克钦邦葡萄县相接壤。下辖迪政当、冷木当、普尔、木当、熊当、向红 6 个村民小组。2017 年总人口 611 人,迪政当小组共 132 人,冷木当小组共 138 人,熊当小组共 121 人,向红小组共 110 人,普尔小组共 59 人,木当小组共 51 人。除了 5 个是内地来此上门的傈僳族与汉族外,全部都是独龙族。

迪政当村依山(东面的高黎贡山与西面的担达立卡山)临水(独龙江)平

---

* 高志英,云南大学特聘教授,云岭学者,博士生导师,主要从事中国西南与东南亚民族文化研究;和肖文,云南大学民社学院民族学专业硕士研究生,主要研习中缅北部跨境民族文化;杨成,云南大学民社学院民族学专业硕士研究生,主要研习中缅跨境民族历史文化。

30

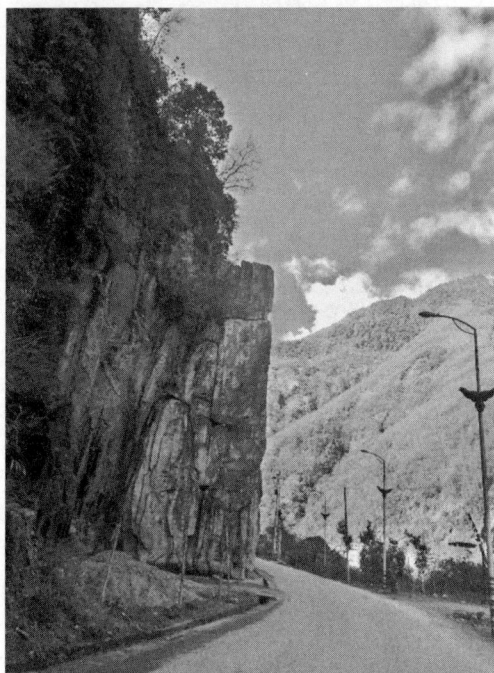

独龙江乡入口处石刻

均海拔 1585 米,国土面积达 601.22 平方公里,年平均气温 16.7℃,年降水量 2856—3800 毫米,以种植玉米、薯类、小麦等农作物为主。迪政当村村民以纯农户为主,其中,迪政当小组农户共 37 户,冷木当小组共 36 户,熊当小组共 29 户,向红小组共 28 户,普尔小组共 15 户,木当小组共 15 户;非农户很少,迪政当小组 1 户,冷木当小组 1 户,熊当小组 2 户。从事农事劳动者占村民的绝大多数,迪政当小组共 78 人,冷木当小组共 77 人,熊当小组共 49 人,向红小组共 89 人,普尔小组共 35 人,木当小组共 32 人。外出务工劳动力仅 17 人,大部分村民还是在村里生产生活。

迪政当村的农用地总面积不多,迪政当小组共有 85 亩,冷木当小组共 70 亩,熊当小组共 65 亩,向红小组共 70 亩,普尔小组共 67 亩,木当小组共 71 亩。从农户经营耕地规模情况看,经营耕地 10 亩以下的农户数,迪政当小组共 37 户,冷木当小组共 36 户,熊当小组共 29 户,向红小组共 28 户,普尔小组共 15 户,木当小组共 15 户。无一经营耕地 10 亩以上的农户,说明迪政当村村民还是在有限的土地中获取粮食从而满足自家需求。

虽然迪政当村的耕地资源有限,但是,其林地资源相当丰富,迪政当小组共 74356 平方米,冷木当小组共 71918 平方米,熊当小组共 69878 平方米,向红小组共 83021 平方米,普尔小组共 69859 平方米,木当小组共 89055 平方米。除了木材用以建房、做饭、取暖之外,还有野兽野禽与野蜂,以及可采食的叶类、果类与块茎类野菜野粮。因此,历史上迪政当村村民每年有很多时间用于采集与射猎,以满足人工种植与饲养生产的不足。同时,也依靠出售贝母、黄连、兽皮、熊胆、麝香等名贵药材与外界交换生产生活必需品。不过迪政当村村民以前虽然可以依靠资源,但并不能从根本上改善生活条件,他们的生存状态在过去仍然是食不果腹、衣不蔽体的。从 1949 年以来,党和国家一直给予独龙江独龙族各方面的照顾、扶持,但因发展基础薄弱,交通险阻、社会封闭诸因素限制,独龙族的贫困状态并没有从根本上得到改善。

从 20 世纪 80 年代至 20 世纪末,党和政府在独龙江开始实施扶贫项目,农民收入主要来源于种植业与饲养独龙牛、牦牛、黑山羊和鸡为主的家畜家禽饲养业,以及采挖野生重楼、贝母、黄金果、熬香樟油,找野蜂鱼、养殖独龙蜂。进入 21 世纪,随着一波波扶贫项目的实施,独龙江老公路、新公路修通,行政村到乡政府,以及村与村之间通了硬化路,4G 网络、广播电视信号覆盖全村,村民都搬进了独龙新村,村民的收入不再仅仅依赖于种植、养殖,各种产业的兴起使得他们

迪政当村

的经济收入大幅度增加,于 2018 年底整族实现脱贫。

村里的公共建筑主要是行政村村委会与 6 个村民小组活动中心,还有迪政当村、熊当村与向红村 3 个教堂。因为要种山地,村民依据山地远近按季节住进独龙新村的新房子与山上老房子,也习惯将鸡、猪放养在人户不多的老寨子。

二、迪政当村的产业振兴历史背景及过程

（一）产业转型的初步阶段

20 世纪 50 年代之前，迪政当村独龙人主要以刀耕火种的方式生产和经营山地，①家族集体成员共耕同享劳动成果。耕作的土地有四种类型，分别是园地（分布在住房四周，连年栽种，不抛荒，不轮歇）、熟地（连耕三四年，轮歇一二年，再连种三四年，然后又轮休一二年，如此周而复始）、火山地（通常种植一年之后要抛荒五年至七年之后再次栽种）、水冬瓜树地（富有地方特色智慧的一种耕地，即在火山地上种速成林水冬瓜树，可以连续耕种三年）。主要种植玉米、四季豆、旱谷、荞子等。②此外，采集与射猎也是独龙族重要的传统经济门类，以弥补粮食生产的不足。③修补铁质农具与编竹器、织独龙毯等家庭手工业并没有形成独立的产业。采集、射猎与编织所产，除了满足家庭所需外，也用来与外界交换生产生活用品。

1952 年，为了让独龙人吃上自己种的大米饭，当地政府投入大量的人力物力在独龙江各村开展开挖水田种水稻运动。从龙元村以上，一直到向红、麻必洛都种上了水稻。但由于气候、地形等自然条件所限，水稻收成并不好，后来逐渐地没有人再种水稻，因此主食仍然是玉米、荞面与旱谷。④1981 年以后，独龙江实施家庭联产承包责任制，并划分出责任山、自留山，土地归农户使用，自主经营、包交提留。迪政当村又回到了以家户为单位的家庭自然经济，传统的血缘与地缘互助关系又得到了加强。⑤

---

①　夏瑚：《怒俅边隘详情》，方国瑜：《云南史料丛刊》（12 卷），云南大学出版社 2000 年版，第 146 页。

②　《民族问题五种丛书·独龙族社会历史调查》（二），云南人民出版社 1987 年版，第 5 页。

③　高志英、段红云：《1910 年以前独龙族社会经济文化略论》，《云南民族学院学报》2002 年第 4 期。

④　参见高志英：《独龙族社会文化与观念嬗变研究》，云南人民出版社 2010 年版。

⑤　何大明主编：《高山峡谷人地复合系统的演进——独龙族近期社会、经济和环境的综合调查及协调发展研究》，云南民族出版社 1995 年版，第 18 页。

独龙江江景

玉米是独龙人的传统农作物之一,也是种植面积最多的粮食作物。20 世纪 90 年代,政府在独龙江开展科技农业,1991 年独龙江乡首次推广地膜玉米 103 亩,平均亩产 360 公斤,比该乡同期耕地亩产提高 3. 59 倍。① 一些人家开始逐渐摆脱对采集的依赖,逐渐转向以农作物产品为主的饮食结构。同时,因为有一部分玉米与高产、耐病虫的新品种蔬菜的塑料薄膜种植,以及猪、鸡与独龙牛从以前的完全野放到喂一部分粮食、蔬菜,加之政府对家畜家禽防疫工作的加强,村民对于射猎获取肉食的依赖也减少了。但总的来看,这一阶段独龙族家庭的粮食、肉食、蔬菜等产量有明显增加,但现金收入仍然很少。只有采药与产量并不多的鸡、鸡蛋的出售换取少量的现金,用于购买盐巴以及供家人就医、孩子读书。因此,产业门类单一、经济收入极少,仍然是这一阶段独龙族面临的主要困境。

(二)产业转型及多元化发展的第二阶段

独龙江土壤肥沃,雨量丰沛,自然资源丰富而地广人稀,按一般常理要养

---

① 郭建斌:《边缘的游弋:一个边疆少数民族村庄近 60 年变迁》,云南人民出版社 2010 年版,第 208 页。

活、养好 4000 多村民并不是难事,交通却成为独龙江独龙族发展的重大阻碍。1949 年以前,独龙族到贡山怒江边单程就需要披荆斩棘地走十多天。1964 年,政府修建了独龙江人马驿道,路程缩短为三天,但是仍然受困于大雪封山,一年只有 5 个月可以通行。1999 年,江泽民亲笔题词的独龙江公路修通,90 多公里的翻山公路可以在一天之内就到达贡山。由于这条公路仍然要翻越高黎贡山山峰,使得独龙江人依旧在冬季面临大雪封山之困,所以,独龙江"死胡同"的状况并没有得到彻底改变。2014 年,独龙江新公路,以及长达 6.68 公里的高黎贡山公路隧道修通,独龙族终于迎来了与外界交往突破性变化的时代,也迎来了专业转型与多元化发展的良好契机。①

自 1999 年修通了独龙江乡到县城的四级公路后,越来越多的游客深入独龙江探险旅游,一些村民开起了农家乐,并为外地游客提供食宿、向导和背包等服务,以此增加新的收入。2002 年,国家实施"天保工程"(天然林的保护工程)和"退耕还林"政策,改变了独龙族靠山吃山的传统生产方式,独龙族不得不寻找新的经济门类,高德荣等一批独龙族精英们试种适合独龙江自然条件的经济作物如草果等,而更多的农民将更多的时间和精力投向熬香樟油与采挖野生药材,如重楼、贝母、黄连等以增加经济收入。至 2010 年,"独龙江乡整乡推进独龙族整族帮扶"工程得以实施,以国家力量推广和引种适合当地地理气候条件中药材,开展特色旅游服务业,促进了产业转型和向着多元化发展。特别是南部地区的草果种植已经大见成效,同时北部地区的因气候制宜而种植的重楼也长势喜人。

具体到迪政当村,因其地处独龙江与西藏察隅、察瓦龙交界地,有不少游客选择从贡山县城、迪政当到察瓦龙,再回贡山的旅游探险环线;文面女多分布在独龙江北部,为考察文面文化而来的学者、记者也多集中到迪政当来,这就给村民带来了发展旅游业的条件与机遇。另外,可以采挖野生重楼的机会日渐减少,村民就将野生重楼幼苗移植到家里,这为政府开展规模化种植奠定了技术基础。封闭千年的山门虽然打开了,但怒江这个大胡同还堵在前面,且

---

① 严自华、王静然:《让独龙江乡不再孤悬边陲》,《中国公路》2013 年第 13 期。

世世代代靠山吃山的村民的产业转型也不是一朝一夕之事。所以说,目前迪政当村的产业转型虽有起色,但还处于初步发展阶段。

三、2017 年度迪政当村经济与产业发展情况①

笔者从 20 世纪末开始跟踪调查至今,无论是整个民族,还是各个家庭,在其经济与产业方面都发展迅速。甚至隔年进去,变化都很明显。主要体现在以下几个方面。

(一)经济收入与消费从单一到多元

曾经有乡干部跟笔者说,请不要因为自己的同情心或被感动而给村民现金。要给的话,就给吃的、穿的、用的。因为有独龙族五保户给了令狐安书记一只鸡,书记很感动,回馈了 200 元给村民。没有卖过鸡的村民就认为一只鸡价值 200 元,长年累月下乡的干部买鸡或去村民家就餐就不堪重负了。1998年,独龙江没有任何小食店可以吃饭,跟村民购买吃的,或在村民家吃饭,除了鸡,也没有什么买的和可接待的。这也表明当时独龙江村民的经济收入、消费方式都是非常单一的。而到 2017 年,笔者带北京学者在独龙江调查时,独龙江的消费方式开始多元化起来,当时就在迪政当村的小卖铺买了昆明单山蘸水辣子作为特产带回北京,从小卖铺这个小小的窗口,透视出的是迪政当村村民收入、消费,以及产业的多元化。

1. 经济收入中呈现出产业多元化趋势

2017 年,迪政当村农村经济总收入比往年明显增加。迪政当小组的农民家庭经营收入共 63.2 万元,冷木当小组共 60.71 万元,熊当小组共 62.3 万元,向红小组共 55.21 万元,普尔小组共 33.65 万元,木当小组共 35.58 万元。需要注意的是,出现了几种新的经济门类。表明独龙族不再以农业兼采集、射

---

① 云南省怒江州贡山县独龙江乡迪政当村村委会 2017 年的《农村经济基本情况统计表》和《农村经济收益分配统计表》。

猎为主,而是向多种经营转化。可以从以下按行业来划分的收入统计中体现出来。

农业收入中的种植业收入仍然是独龙族村民收入的大头,迪政当小组共14.4万元,冷木当小组共14.4万元,熊当小组共12.2万元,向红小组共12.2万元,普尔小组共9.91万元,木当小组共10.2万元。

靠山吃山,林业总收入也仍然是独龙族家庭收入的重要部分。迪政当小组共6.1万元,冷木当小组共6.2万元,熊当小组共6.3万元,向红小组共7.3万元,普尔小组共5万元,木当小组共5.1万元。出售林业产品收入,迪政当小组共3.42万元,冷木当小组共3.37万元,熊当小组共3.39万元,向红小组共3.39万元,普尔小组共3.37万元,木当小组共3.38万元。

放养与圈养相结合的畜牧业,是20世纪末才发展起来的新兴产业,总收入也逐渐增加。迪政当小组共5.2万元,冷木当小组共3.95万元,熊当小组共3.55万元,向红小组共2.82万元,普尔小组共1.72万元,木当小组共1.77万元。出售牧业产品收入,迪政当小组共2.275万元,冷木当小组共2.275万元,熊当小组共2.375万元,向红小组共1.175万元,普尔小组共0.575万元,木当小组共0.975万元。

渔业总收入因独龙江水流湍急,加之捕鱼受季节影响,而且多不用于出售,但因鱼价不菲,因此,个别擅长捕鱼的家庭还是有一定的渔业收入。平均起来,迪政当小组共1.41万元,冷木当小组共3.42万元,熊当小组共2.4万元,向红小组共2.43万元,普尔小组共0.3万元,木当小组共0.5万元。出售渔业产品收入分别为:迪政当小组共0.9万元,冷木当小组共0.91万元,熊当小组共0.8万元,向红小组共0.95万元,普尔小组共0.2万元,木当小组共0.3万元。

由于独龙江没有任何冒烟工业,无烟工业也很少,因此独龙族工业收入也很少。迪政当小组共1.53万元,冷木当小组共1.51万元,熊当小组共1.5万元,向红小组共1.52万元,普尔小组共0.92万元,木当小组共0.94万元。

另外,独龙族村民很少有本地村民为主的建筑业,所以收入也很有限,迪政当小组共1万元,冷木当小组共0.92万元,熊当小组共0.92万元,向红小组共0.92万元,普尔小组共0.93万元,木当小组共0.91万元。

但是,运输业在近些年收入明显增加,迪政当小组共 7.5 万元,冷木当小组共 6.53 万元,熊当小组共 9.6 万元,向红小组共 5.5 万元,而仍然受困于公路不通的普尔小组与木当小组就没有任何运输收入。

商业收入也是新兴的,而且是增加很快的门类。其中,迪政当小组共 6.6 万元,冷木当小组共 4.5 万元,熊当小组共 5.4 万元,向红小组共 4.34 万元,普尔小组共 3.35 万元,木当小组共 3.3 万元。

服务业收入也在持续增加,迪政当小组共 3.71 万元,冷木当小组共 2.61 万元,熊当小组共 3.6 万元,向红小组共 1.5 万元,普尔小组共 0.21 万元,木当小组共 0.31 万元。

因语言、生活习惯、劳动技能等因素,外出务工人数并不多,务工收入也很有限。迪政当小组共 2.71 万元,冷木当小组共 2.52 万元,熊当小组共 2.61 万元,向红小组共 2.51 万元,普尔小组共 1.51 万元,木当小组共 1.51 万元。

从上述各行业统计数据看,独龙族从传统的种植与采集、射猎转向多种经营,并使家庭经济收入明显增加。由此可以看出培育多种产业,以产业促进脱贫,以产业振兴乡村,是非常重要的。

2. 消费也呈现多样化特点

据统计,比之以往的独龙族除了盐巴与铁质生产生活用具为主要消费,而今其消费名目越来越繁多。可以分为以下几类。

生产性消费,因生产门类增加,消费也自然增加。消费统计情况为:迪政当小组共 6.79 万元,冷木当小组共 6.83 万元,熊当小组共 7.9 万元,向红小组共 7.53 万元,普尔小组共 6.7 万元,木当小组共 6.81 万元。据调查,主要是购买生产工具、农作物与经济作物种子、化肥、农药以及请工等,一般农户每月平均 1000 多元。

生活性消费是独龙族 2017 年消费的大宗。基础设施基本上由国家全包,不用村民承担,但衣食住行的消费却逐年增加了,还有购买家用电器、电费、手机费,以及交通费等。生活改善了,消费增加了。如 2017 年我们调查组食宿的陈永群家,有一辆二手越野车,每年的车险、修理、加油需要一大笔钱,一家五口人平均每人五套冬衣与夏衣、五双鞋(实际上不止),购买电视、DVD、电饭煲、电热水器等各一,两口子各人一部手机。饮食消费上虽然大米由国家供应,但是还得买油盐酱醋等。加上三个孩子在贡山县城读书的零花钱,妻子还要买一些护肤品。这样平均下来,一个月没有三四千元就过不下去了。①

生产性消费与生活性消费加起来,数额在逐年增加。特别是那些会网购的小媳妇,每隔三五天就在晒网购的衣物、化妆品等。不过,收入的增加也是一个总的趋势。扣除各种消费费用,农民所得总额为迪政当小组共57.41万元,冷木当小组共54.9万元,熊当小组共55.74万元,向红小组共48.92万元,普尔小组共26.98万元,木当小组共29.06万元。农民人均所得:迪政当小组为4349元,冷木当小组为3978元,熊当小组为4607元,向红小组为4447元,普尔小组为4573元,木当小组为5698元。这样的经济收入,别说十几年前,就是在五六年前也是想也不敢想的。②

截至2018年底,独龙江乡6个行政村整体脱贫,已实现整族脱贫,标志着独龙江在怒江傈僳族自治州率先实现整乡整族脱贫摘帽。但是独龙族脱贫主要支撑产业是草果种植业,而地处独龙江北部的迪政当村由于气候比较寒冷,不适宜种植草果,而适宜重楼种植,由于起步较晚,从2017年才开始规模化种植,尚未见成效。而实施已久的独龙牛、黑山羊与牦牛饲养项目,因管理不善病死、山陡跌死、气候不适宜(主要是牦牛)病死等原因,因此并没有带来多大的经济效益。所以村民的经济收入明显低于南部种植草果的村落,这也表明找到适合因地制宜的产业作为乡村振兴、可持续发展的支撑与突破口极为重要。

(二)产业发展从靠山吃山向多种经营发展

乡村产业振兴要求之一,便是第一、第二产业与第三产业的合理布局、均衡发展。从目前整个独龙江,特别是从迪政当村的情况看,比以往有很大变化,但离合理布局还有很大差距。

---

① 2017年2月18日,笔者在迪政当村对陈永群的访谈。
② 2017年2月18日,笔者在迪政当村对陈永华的访谈。

1. 第一、二、三产业有齐头并进端倪，但发展仍然失衡

受国家退耕还林政策影响，独龙族可以耕种的土地大多是面积不大的园地类型。因此，独龙族在有限的园地内种植玉米、荞子、土豆、黄豆等传统农作物。作为退耕还林的补偿，国家给村民每月定量的大米与油脂，所以村民的主食已经变成大米，油脂也不再依赖射猎。但是，因可种土地面积减少，不得不考虑从其他途径转移多余的劳动力，同时增加经济收入。在这个过程中，政府在其中发挥了重要作用，主要表现在改善交通与住宅条件，便利接待游客；更主要的是推广规模化经济作物，以动员更多村民摆脱对农业种植的依赖。

从 2017 年开始，由政府提供重楼、草果种子，开展合作社模式种植。目前迪政当村培育了 563 亩重楼，草果种植 146 亩。但因为草果不适宜迪政当村的寒冷气候，产量很低，村民们种植积极性并不高。重楼种植虽然有因地制宜促进了村民种植积极性的因素，也和之前就有移苗种植的经验与成功案例有关。就目前来看，重楼产业在迪政当村是多途径发展的，有的村民从山上移植重楼幼苗种植，有的从内地购买种苗种植，三五年待价而沽。可见，外界市场与市场经济已经开始冲击独龙族的传统观念，并使其商品观念逐渐萌发。

在养殖业方面，虽然乡政府积极推广独龙牛、牦牛与土猪、独龙原鸡的养殖，但效果不佳。牦牛因气候不适应而多病死。村民就说，今天死一头，明天死一头，都是国家的钱，太可惜了。但因为是上面下来的项目，所以，村民还是得接受。[①] 独龙牛生长繁殖良好，走在路上随时可以看到独龙牛在觅食，山林里的独龙牛群更多。但是因为价高，游客少，外界也不了解独龙牛的肉质比其他牛好，所以没有市场，就形成了增产不增收的状况。养的鸡、猪，一是数量不多，二是在独龙江销路不广，花费 300 多元来回路费销到县城，也得不偿失，所以以自用与待客为主，还没有形成规模养殖，也没有很好的市场收益。

特色手工艺品中，一床棉线手工独龙毯价格 400—500 元，麻布独龙毯则卖到 1000 多元，这倒是一项不错的家庭收入来源。但主要是由家庭妇女在地里与山上劳作回来的空闲时间织布，半个月最多也只能织一床。刨除买线与

---

① 2017 年 2 月 18 日，笔者在迪政当村对陈永华的访谈。

劳动力成本,实际上也没有多少收入。加上独龙毯之外衍生的产品很少,用途不广,这也限制了该产业的更大发展。

另外,政府积极组织和引导青壮年到省外沿海地区务工,每月有固定收入,只要能坚持和吃苦耐劳,可以极大帮助村民快速改变经济生活状况。但由于语言、学历、生活习惯、气候等因素,能够长久外出务工的并不多,目前这一项收入也还很有限。

同时,迪政当村也有4户村民经营农家乐,开旅馆和餐饮店,同时兼导游与司机。但由于迪政当村偏远,交通不便等因素,目前游客较少,导致这方面收入也有限,还需想办法吸引更多游客进来。而且,游客在迪政当村可以购买的旅游特色产品并不多,也是旅游市场不成熟的一个表现。为此,政府组织木雕与刺绣培训,组织厨艺培训,为的是村民有更多的技能投入旅游业。但是,由于项目并没有与独龙族文化结合起来,所以欠缺民族特色。如木雕培训接受的剑川木雕的技术与文化体系,刺绣培训的是楚雄彝族的刺绣技术与文化体系,厨艺培训接受的是昆明饭店的滇味烹调技术与饮食体系。其结果是,游客来到此时,并没有感受到"独龙族"的文化特色,一方面吸引不到更多游客来,另一方面有限的游客进来也就是看看风景,或是与文面女拍拍照。既留不下来,也没有带走旅游产品。目前开客栈的4家人,很早就有带探险旅游与文化考察的经历和经验,收入比较可观且稳定,但毕竟从业者数量有限,对整个村落经济的推动并不明显。总之,以前以第一产业为主,到目前的第二、第三产业的从业人数稍微有所增加,虽然发展还不够明显,但是标志着迪政当村开启了三个产业之间的合理布局并逐渐走上均衡发展之路。

2. 传统与新兴特色产业并存

迪政当村产业转型以发展地方特色产业为主,具有以下动力、经验与特点。

一是由政府主导自上而下的推广模式。政府提供重楼、草果等种子,提供技术培训和相应的资金保障,这是当地发展特色产业最主要的动力。2017年冬天,笔者在迪政当村进行田野调查时,参与了村民种植重楼。笔者在这一过程中得知重楼籽与种植技术指导均由政府免费提供,村民以合作社的方式划出一片地,集体种植、集体管理,将来收益也由集体分成。种植重楼时可以看到男女老少全部出动,有的挖土,有的整沟,有的平地,有的撒种,有的施肥,有的盖土,一副热火朝天的景象,可以看出村民对这一产业的期待。

村民陈永华三弟兄与媳妇,甚至年老的母亲也力所能及地在地里帮忙。他说,独龙江南部村民因种植草果丰收,每家收入五六万到几十万不等,全部脱贫了,希望他们北部的独龙族也可以通过种植重楼实现脱贫致富。[①] 在合作社重楼地不远处,是陈永华弟弟陈永群岳父岳母的老房子。在老房子前的一块一亩多的地上,陈永群早两年就在自行实验种重楼,重楼幼苗破土而出,给全家人带来了希望。而在老岳父房前屋后,陈永群夫妇移植了山上的重楼幼苗,再过两三年就可以卖到好价钱。

目前,市场上一根成熟的野生重楼可以卖到 1000 多元,运气好时一天能找到一根就有千把元的收入。但是野生重楼、贝母、黄金果等越来越难找,村民只有把希望寄托在人工种植上。也正因为政府乡村产业振兴政策的扶持,使得重楼人工种植代替了传统的对自然野生重楼的挖掘。所以,重楼也就成了种植业中增加的一项极为重要的经济作物。

迪政当村重楼合作社种植重楼场景

---

① 2017 年 2 月 19 日,笔者在迪政当村对陈永华的访谈。

二是发展新兴、特色产业还处于初始阶段。像种植重楼等新兴产业还没给当地村民带来红利,暂时难以形成规模效应。据了解,重楼从育苗到成熟,至少要五年时间。而且,待这样规模化种植的重楼都上市时,价格是否会仍然很好,也是个未知数。独龙江南部与整个怒江峡谷都种植,并且在初产期给村民带来增产、增收的草果,就是因为供大于求而价格暴跌,使村民收入减少。因此,这种尚孕育在深土里的希望对村民来讲是遥远的,但是没有其他更好的渠道,只能耐心等待。

迪政当村村民为重楼培育田堆肥

三是当地一些家庭能够参与到旅游服务项目中去,但影响面仍然较小。整个迪政当村村委会只有 4 家规模较小的简陋客栈,直接从业与间接从业者不过二三十人。加之旅游产品的短缺,旅游所带来的收益虽然有所增加,但也极为有限。

四是经济收入仍然依赖传统的采挖药材。每到 6—11 月,年轻的村民们都背几个月的干粮上山到西藏、印度与缅甸边界采挖重楼、贝母与黄金果等,一直到粮食吃完,药材晒干才回来,每个人可以有几千元到上万元的收入,既是目前家庭的主要经济收入,也是开销的主要来源。

另外,也有一些季节性零星打工、捕鱼,以及出售农副产品的收入。人口较为集中的村民小组如迪政当村、熊当村有的村民开了几家小卖铺,但因村民购买力有限,销售收入也有限。还有一户人家晚上卖烧烤,但也不过是不下雨时断断续续的小本经营,一晚上也只有两三个人光顾,所以并没有成为稳定的收入。

总之,迪政当村正走在从单一的农业、射猎与采集并存经济向多元化经济转变的路上,其中,已经有一些读过初中、中专,会讲汉语、见过一定世面的年轻人及其家庭收入来源比较多元。其原因在于他们更容易接受新理念,因而是政府推广各种项目的积极分子,也因此成为自行发展旅游等新产业的主力军。

（三）当前经济与产业发展中存在的主要问题

通过持久的扶贫政策实施及各种产业项目的推进,迪政当村基础设施建设发展迅速,经济生活发生了一些变化,主要表现为从传统的单一化传统经济门类向现代多元产业并举转变,特别产业扶贫的重点重楼药材种植,以及与探险旅游相关的旅游业从无到有。但作为典型的边境、山区少数民族贫困地区,迪政当村致贫原因复杂,素质型贫困问题尤为突出,发展的内生性不足。具体表现如下。

第一,从发展养殖业来看,独龙江北部的迪政当村地处高黎贡山与担当力卡山之间北部的峡谷地带,山高谷深,山势陡峭,气候寒冷,限制了独龙牛、山羊等养殖业产业规模化的发展。跌死的独龙牛、山羊,损失很大,又没有开辟出相应的市场,独龙牛与山羊有价无市,需要政府搭桥出售。牦牛养殖项目,则因气候不适宜而以失败告终。因此,需要发展适应独龙江北部的养殖业。

第二,由于海拔较高,相对于独龙江南部村子,迪政当村种植草果产量不高,需要寻找类似重楼这样因地制宜的经济作物产业。目前只有一种重楼种植业,市场需求与年际气候变化将影响重楼的收成与村民的经济收入,所以有必要开发更多适应迪政当自然环境的经济作物。同时,还要培养有市场预测与博弈能力的村民,将经济作物种植业的收益最大化。

第三,虽然有独龙江国家级保护区、独龙江独龙族传统文化保护区,独龙族文面女唯一生存地等头衔,但是,因地理位置比较偏僻,道路较窄、歪道多、坡度大,而且雨季塌方、泥石流、冬季雪封山等现象仍然存在,一方面限制了旅游业的发展;另一方面交通导致的生产和运输成本,使独龙族家庭开销增大。如进出独龙江坐车单边就要一百多元,有两三个孩子在贡山读书的家庭,一个月接孩子回家一次,就要花费千把元。这对独龙族家庭而言是一笔不小的开支,因此,只有待迪政当村的重楼收入也像南部村落的草果收入之时,才能够从容地支出各项开销。

第四,大部分村民读书不多,会讲汉语的也只有读过初中以上的年轻人。这样就造成大部分村民接受新生事物比较缓慢,理解与接受国家扶贫政策的能力也比较差,因而在政府实施产业扶持项目时缺乏积极主动性、适应性。

第五,由于以上原因,产业结构还比较单一,大多数家庭依然是主要依靠种植玉米、土豆为生,第二三产业还没形成规模效应。政府已经从基础设施扶贫转向了教育扶贫,除了提高学校教育之外,还开展多种类型职能技术培训。但其中对于独龙江、独龙族传统文化的挖掘还不够,因此,没有形成富有独龙族特色的旅游产品,也限制了当地旅游业的发展与旅游收入的提高。

四、迪政当村未来产业振兴的对策建议

由上述可知,迪政当村产业振兴已初具规模,并且有了一定的效益,但是比起独龙江南部村落,还有一定差距。为了实现可持续性产业振兴,有如下建议。

(一)外源性与内源性发展动力互动式的产业振兴

高德荣曾经说过独龙族民众观念陈旧,难以融入现代社会,发展的内源性动力不足。[①] 因此,在以后产业振兴中真正落实"精准扶贫"区分出民政救济对象和扶贫对象,以榜样的力量去动员和培养产业振兴主体的积极性,变输血

---

① 2011 年 11 月 12 日,笔者在孔当村对高德荣的访谈。

式发展为造血式发展,培养一批主动发展型队伍。

具体的做法是,可以从目前已经开办了客栈、小卖铺、小食店与跑运输的这批回乡的见过世面的青年做起。他们虽没有得到政府更多的资金扶持,却是最早走上脱贫致富之路的一批人。

如陈永群的客栈是政府独龙新村建设后的多余房子,二手越野车是从经营客栈、当导游与挖药材积攒的钱。如今,他们两口子从食宿、导游、司机、背夫、采药材、种植重楼、养鸡养猪,总之,只要能够挣钱,什么都做。而且把哥哥、弟弟、弟媳与母亲、岳父、岳母都吸纳进其旅游业中了。他还有一批跟他交往十几年的学者、探险家、记者、游客作为固定客源,又通过他们的介绍而扩大了客源。每个季节、每天都忙得不亦乐乎。与此同时,党和政府大力扶持、鼓励类似陈永群这样的具有实干精神与能力的年轻人发展旅游合作社等各色产业,将更多的村民团结其中,化外界的扶贫力量为自力更生的发展动力。具体而言,就是积极发挥村落能人、社会精英的引领作用。采取以强带弱、以富带穷、以大带小的方式,结合独龙族社会家族合作与互助的传统理念,助推产业合作社的发展。如今,在迪政当村,出现了一批在陈永群一家致富经历的感召下勇于学习、把握国家政策探索发展道路的村民。他们通过政策利用,了解外界需求,分别从事农林业、运输业、旅游业,并销售土特产品,为村民树立了发展乡村产业就是实现自我就业的致富观念,也为产业振兴积累了经验,奠定了技能与经济基础。

(二)进一步夯实基础设施建设以促进各项产业振兴

独龙江的交通、住房、通讯、照明一跃跨千年,非新中国成立前甚至非 20 世纪末可比。这得益于党和政府长期的无偿扶持与帮助,使得独龙族在短期内进入了具有现代物质条件的社会。但是,从交通而言,由于独龙江与贡山县城有高黎贡山相隔,与昆明有怒江大峡谷相隔,中间还要经过大理、楚雄等地,只有一条道通往贡山、通往内地,没有火车与飞机,交通运输还是很困难。加上特殊的地形地貌与地质,以及气候原因,导致泥石流、塌方、雪封山频发,依然阻碍独龙族与外界交往。从照明来看,独龙江内的发电厂装机容量小,一是难以满足全乡村民生产生活用电,二是发电机经常因为洪水、泥石流而被冲坏。并且简单架设的电线,也经常被这些自然灾害损毁。一旦无电,手机用不成,电视看不成,与外界的信息交往就完全中断。

没有良好的基础设施,乡村产业振兴便是一句空话。因此,在以后的精准扶贫与乡村振兴中,首先还是得继续加大对基础设施建设的投入,别再因为基础设施不足而影响村民的生活,同时也影响产业振兴与发展。

如今,天堑变通途,让独龙江独龙人得以与外界联通,在时间和空间上都与外界实现同步,这是独龙江完成蜕变的首要因素。随着独龙江公路隧道的贯通和美丽公路的顺利通车,独龙族群众再也不用忍受以往半年一次的大雪封山。马库村、巴坡村、献九当村、龙元村、迪政当村、孔当村6个行政村都通了柏油路,电线杆、自来水管、电话线、电视线延伸到了全部26个自然村,以农村信用社为代表的金融网点也在独龙江乡有了站点。此外,值得庆贺的是,如今独龙江乡的每一个村落都连接上了4G网络,甚至连云南省的首个5G电话也于2019年5月14日在独龙江乡打通。这一切都在告诉我们,随着乡村振兴战略的持续推进,独龙江乡的基础设施建设已经到达了较高的水准。

(三)挖掘民族文化资源,发展民族文化旅游产业

独龙江独龙族独特的民族历史文化,是得天独厚的旅游资源。但是,目前只是浮光掠影式与猎奇式旅游,并没有将独龙族真正的文化特色与内涵呈现给游客。因此,可以通过与高校和科研机构合作,开展文化研究,助推特色旅游产业的发展。在此过程中,也要注意发挥产业振兴主体的传统与智慧。

在迪政当村,大部分妇女都拥有自己的织机,并在农闲时节织造独龙毯,一块样式精美的独龙毯市价约为人民币500元,在日后的旅游业助推下定将成为广大独龙族妇女的一项重要经济收入来源。相关领导应加强引导,培养独龙毯织造技术人才,并适时建立独龙毯织造合作社,衍生产品种类,开拓购买市场。

此外,对村民陈永群一样具有客栈经营经验的独龙族村民,政府相关旅游部门和文化部门应该对其进行针对性指导,帮助其深入挖掘独龙族文化资源,

开设兼具独龙族特色的文化型客栈，尽可能地吸引游客，将现有旅游资源的利用最大化。

再者，独龙族现有的交通方式已不再是溜索，但对独龙族村民而言，溜索承载了历史，且对于外来游客是一项颇具吸引力的娱乐项目。如果当地有关部门和现存溜索的拥有者能够合作开发，将溜索加固，装载更为安全可靠的溜索护具，就可以发展过溜索，体验独龙族传统的交通方式。

独龙族曾经的渡江方式——溜索

另外，独龙族的建筑文化、饮食文化，以及歌舞文化、节日文化、民间口传历史等都颇具特色，每一种文化中都蕴含着独龙族人与自然、社会和谐相处的智慧，值得深入挖掘，突出文化旅游特色，使旅游产业上一个新的台阶。

（四）扩大因地制宜的畜禽与经济作物种类

迪政当村六个村民小组海拔不同，自然环境也有差异，在乡政府组织下开展的重楼种植业之外，依据不同的温度条件、水分条件还可以拓展不同的经济作物种植。此外，在大量养殖独龙牛、独龙蜂、独龙原鸡的情况下，可以根据不同村民小组的具体自然环境来拓宽养殖业范围。

对迪政当村不同村民小组进行因地制宜的发展，一方面可以扩大迪政当村的产业类型，另一方面分散财富流失风险，增强村民抵御自然灾害的能力，进而促进迪政当村种养殖业产业振兴。

(五)增加继续教育投入,提升人力资本

党和政府一直非常重视独龙族的学校教育发展。1949 年以来独龙族社会变迁最为突出的方面,便是学校教育的发展。从新中国成立以前只有 2 个读书人,到现在村村都有大学生、中专生,而且数量、比例也不少。[①] 可以估计,40 岁左右的中年人,可能有五分之一读过初中以上;而 35 岁左右的中青年人,至少有三分之一读过初中以上;30 岁以下的年轻人,读到初中以上的至少有一半。这对于独龙族与外界交流,接受外界信息,改变观念,尝试新的生产生活方式是极为重要的。因此,独龙江各个行政村、迪政当村各个村民小组领导基本上是到贡山读过初中、高中,或到州府六库读过中专的。但是,读过书、会讲汉语,不等于可以在独龙江当一个合格的农民。特别是当下新兴产业不断出现,要学习的东西越来越多。这样,国家扶贫项目中就需要增加继续教育投入,以提升人力资本。

为此,党和政府在独龙江地区推行了教育惠民政策,这是帮助独龙族群众脱贫的另一重要举措,是教育扶贫的主要形式,凝聚着党中央、国务院和省委、省政府对怒江各族群众的关心和厚爱。怒江州现阶段的教育惠民政策是面向全州开展的全民族、全地区惠民政策,通过具体政策惠及州内所有十四年免费教育阶段的学生、中等职业学校学生、大学生。这些政策主要向怒江州农村户籍中职学生、城市涉农专业学生、非涉农专业城市家庭经济困难学生倾斜,体现了教育惠民政策的精准性和针对性。这一系列举措减轻了迪政当村在读大学生家庭的负担,并通过这些有知识、见过世面、思想活跃的学生们推动了精准扶贫的实施,在独龙族实现整族脱贫过程中发挥了不可忽视的作用。

此外,在迪政当村推广重楼种植、发展民族文化旅游等特色产业,一方面可以先选派少部分村民到相关成人技术学校接受培训和教育,学成后回到村子扶持其为技术骨干和管理人员,带动其他村民提升种养殖技术能力;另一方

---

① 参见高志英:《独龙族社会文化与观念嬗变研究》,云南人民出版社 2010 年版。

面配合教育部门积极普及和推广普通话,扫除外出务工挣钱的语言障碍;还可以邀请适合独龙江发展产业的技术人员与学者,挖掘民族文化与技术培训并重,为旅游业的发展储备人才。

五、独龙江调查研究基地介绍

独龙江调查研究基地迪政当村位于云南省怒江州贡山县独龙江乡,是云南大学最后一批"云南少数民族调查研究基地"之一,于 2015 年 3 月 1 日签订协议,正式启动了独龙江调查研究基地工作。虽然基地成立时间不长,且因基地记录员聘请以及酬金难以保证正常发放而影响记录员的积极性等问题而屡经波折,先后有村民李林高、陈永华、陈建荣、李志忠、李富英等参与文本与影像记录工作,但坚持至今。科研成果、人才培养与社会影响等方面贡献突出。

在村民生产生活记录方面,该基地 2016 年 1 月配备了一台摄像机,开始摄录村民日常生产生活、节日仪式,以及"整乡推进整族帮扶"过程等的影像资料。截至 2019 年 10 月,该基地已积累 4 年的 26 万字村民日志将于年底出版;影像记录视频时长 50 小时,图片 1000 多张。内容丰富、翔实、细致,是难得的文化持有者自己记录的文本与影像资料,可为民族学、人类学、宗教学、社会学、经济学、艺术学等研究提供"独龙心语",为挖掘并保存独龙族丰富传统文化做贡献,还可为中国较少民族的帮扶脱贫政策实施提供咨询与参考。

在培养人才方面,先后有云南大学"人类学民族学暑期学校"及云南大学民族学与社会学学院"寒假田野调查实习"老师和学生,以及云南大学与其他兄弟院校民族学与其他专业进行田野调查研究。基地已然成为培养独龙族研究相关专业人才的摇篮。

在科研成果方面,已出版专著 4 本,完成 25 篇调查报告(共计 30 多万字,其中有 8 篇发布在"人类学之滇"微信公众号上)、2 篇学术论文与 2 篇硕士学位论文,2 篇咨询报告。其中,论文有高志英的《独龙文面女的图案阐释与文化建构》(《民族研究》2015 年 06 期)与高志英、沙丽娜的《整乡推进整族帮扶:独龙族整族脱贫实践研究》(《广西民族大学学报》2019 年 04 期)。硕士研究生学位论文有侯蕊的《社会变迁背景下的独龙族自杀问题研究》(云南大学硕士学位论文,2017 年 6 月)与桑坤的《独龙族通婚圈的当代变迁——以贡山县独龙江乡 D 村为例》(云南大学硕士学位论文,2017 年 6 月)。另外,近几年获得相关国家社科基金重大项目一项,教育部基地重大项目一项,以及省级、校级科研项目多项;获得相关省部级科研奖励一等奖一项,三等奖三项,以及其他级别奖励多项,有力推进了独龙族研究的发展。

南溪村生计发展历程与乡村产业振兴报告

李继群　和晓蓉　张宁*

一、南溪村概况

南溪行政村位于云南省丽江市玉龙纳西族自治县的南方,现丽江市玉龙县、鹤庆县、玉龙县拉市乡的交界处,北纬26度、东经99度附近。其东部与黄山镇的文华村相接壤,交界处为文笔峰下水泥路终点处;北部与太安的吉子村相接壤,以鸡冠山西麓为界;西部与太安汝南村相接壤;南部与七河白族乡的后山、前山两村相接壤。距太安乡的太安街12公里,七河街23公里,鹤庆辛屯街23公里,距玉龙县城24公里。

整个行政村地形以山地为主,间有地势稍平的缓坡地带,地势较平坦的有较大的"笃古坝"和较小的"旦都坝"。平均斜度为20—35度。平坝四周的主要山脉有:北面文笔山、南面母猪山、西面鸡冠山、东面阿雄山、火把山。整个南溪的平均海拔为3200米,属典型的山地高寒气候,中午最热时一般不超过25℃,无霜期为120天,平均气温为7—9℃。最低气温为-10—-8℃。冬天常下雪,常结冰。流传有"清明断雪,谷雨断霜"的谚语,素有"小香格里拉"之称。

南溪村隶属丽江玉龙县黄山镇,也是该镇唯一的一个高寒行政村,下辖金龙、文屏、满上、满中、满下、旦前、旦后、鹿子等8个自然村。满上、满中、满下

* 李继群,云南大学民族学与社会学学院讲师,主要从事生态人类学、纳西族历史与文化等方面研究;和晓蓉,云南大学民族学与社会学学院副研究员、硕士生导师,主要从事民族文化传承学及佛教等研究;张宁,云南大学民族学与社会学学院硕士研究生,主要从事民族宗教研究。

集中在笃古坝北部的鸡冠山下,满上位于满中的东北,相隔2公里,满下位于满中的正西边,相距半里多。且后与满下相距5公里,位于满下村的西南边,两村间有一宽约200米的山谷相连,村道从中通过。且前在且后的西南边,相距1公里。鹿子在且后正东边,相距3公里;与笃古坝隔山而邻,从鹿子走山路到村公所约有2公里。金龙则在笃古坝的东部,要从满上绕路往东北走4公里多,文屏的地理位置在金龙的东边,也可以从满中翻山而过。

南溪行政村的建制历史是从民国时期开始的。民国时成立过南山乡政府,除管辖现有的南溪村外,还包括现属太安乡的吉子、汝南以及七河的前山、后山。新中国成立后,沿袭了旧制;1958年成立南溪公社,辖区不变;1962年重新划分,撤销南溪公社,改为南溪大队,相当于村一级的行政单位,南溪由此隶属于黄山公社。20世纪80年代初撤销公社、大队的建制,设立区乡建制,南溪由大队改称为乡,仍为行政村级别。80年代后期,区乡又改为乡村两级,南溪乡又改为南溪行政村,属黄山乡。2002年10月6日,黄山乡撤乡改镇。黄山镇地处丽江古城西南郊,是典型的农业大乡,有"丽江粮仓"之称。黄山镇民俗风情淳朴浓郁,田园风光秀丽迷人,民居建筑、生活习俗、宗教信仰、饮食服饰、音乐舞蹈等都具有纳西族的典型性和代表性,与丽江古城为代表的城镇文化相得益彰,成为丽江西线民俗风情风光旅游的重要区域。

截至2017年底,南溪村共有382户1558人,耕地5485亩,林地61572亩。[①] 村民姓氏均为和姓。自称和他称都是纳西人。

南溪村的家族体系尚有较完整保留,但各家族从无族长之设。在每个家族内部皆有不成文的惯制和规约。家族是南溪村人社会交往的最重要组织和行为归属,在当今社会生活中仍然发挥着其基本的社会组织和社会协调作用。

得益于特殊的地理历史条件,南溪村现在仍然保留着相对完整的纳西族传统文化,表现在服饰、起居、娱乐、丧葬、婚恋、节庆、祭祀、歌舞、建筑、手工制作等各个方面。改革开放以后,我国社会经济的飞速发展,以及丽江旅游业的

---

① 《2017年云南省农村经营管理情况统计表:丽江市玉龙县黄山镇南溪村》,1-1、1-2、1-3表,南溪村村委会提供。

发展,对南溪村的社会文化变迁产生了深刻的影响。

鸡冠山下的笃古坝

二、民族生计发展沿革精述

（一）基于口述的南溪民族生计历史

1. 早期养马业

据满下自然村老人和福祥介绍,南溪最早居住者是普米族,现在满下村的水源地仍称为"崩若地","崩"即普米族,意为"普米居住地"。明代木氏土司在此开辟养马场,特从束河古镇迁来两户纳西族居民当养马人,这两户所属家族阿四吉家和阿五德家自古就是东巴世族,在丽江享有声誉,东巴世家因而成为南溪最早的纳西族居民和村寨环境建设者。此后大部分普米族人迁移他乡,仅留下的一户,与纳西族相互通婚,最后被同化成了纳西族,南溪的纳西族由此发展而来。清代木氏土司衰落,至雍正年间改土归流,木氏在丽江的统治结束,养马场子的历史也由此终结。但由于丽江马在明代时作为进朝廷贡马而享有盛誉,清代康熙年间朝廷下诏在北胜州开辟茶马互市,丽江马的交易增多,满上、满中、满下三个村也由牧马场变成了丽江马的供应地之一。由此不断有人从附近的太安、丽江坝子等地迁来,人口不断增长,逐渐形成了今天的南溪村。新中国成立后"大跃进"时期,倡导开垦山地发展农业,南溪村由此转向农业种植,养马业到此终结。

传统的饲养业

2. 传统种植采集业

南溪转型为一个典型的农业社区后,由于地处高海拔山区,气候寒凉,主要种植土豆、蔓菁和反季油菜,以及少量燕麦和青稞。与相对集中的居住方式不同,南溪村耕地的分布较为分散。土地的利用类型可以分为常耕地与轮耕地,常耕地分布在村子四周,轮耕地分布在山上。常耕地里一般种植燕麦、洋芋、蔓菁等,过去在山上种秋油菜、兰花子及麻,现已不种。不种的主要原因有:一为产量低,入不敷出;二为响应国家号召,退耕还林。如今,南溪行政村共退耕还林近 4000 亩,大力栽培松树林,效果显著。各村寨还普遍利用村边耕地或村内闲地开辟供自家用的菜园地,种萝卜、白菜、包包菜、大葱、蒜等,自给自足。村民对山村资源的利用,除日常的木材、石材的采取外,还采集山药材、山蘑菇、松子等。

历史上南溪与外界交通不便,村民以人背马驮的方式翻山越岭、徒步跋涉到丽江城区和鹤庆等地,主要以洋芋、柴薪,其次是青稞或采集的药材等来与周边村落交换自己所需的生活用品,属简单的物物交换。20世纪八九十年代,随着道路通达性改善,商品交易的物品也随之增多,主要以洋芋、牲畜产品和木材为主,而交易范围则扩大到邻近的大理州鹤庆县等区域,最主要的农产品洋芋甚至远销到了大理、楚雄、昆明、攀枝花等城市。

3. 当代综合生计

2000年以后,南溪进入历史上发展最快最好的时期。首先,在镇政府和村民的共同努力下,发奋修路,改善路面路况,彻底告别了困扰无数代南溪人的交通阻障问题。其次,实现管网供水和电力农网改造,水电使用便捷,电器的普及率快速提升。最后,通过国家广电总局和中国移动公司的"村村通"工程,无线广播电视信号和移动通信覆盖全村。2000年开始,承包出租车营运带动南溪人从乡村走向了城镇。由于交通条件的改善,以及城乡距离的相对近便,上山下山不再是难事,下山务工的南溪人并没有完全脱离土地,而是上山下山两头跑,城乡兼顾,并因此形成了我们在专题报告部分所讨论的成功"防空"景观。

(二)基地建成以来的民族生计发展脉络

1. 出租车营运兴起

20世纪90年代后期,外出务工成为乡村发展的重要途径。由于洋芋价格越来越低,而传统的木材交易又因"天保"工程的启动而被废止,而这一时期丽江旅游业逐渐升温,出租车生意也十分兴盛。当时在丽江城里开出租车的人基本上都只做白天的生意,晚上至多到10点。南溪人看准了市场,凭着山里人的吃苦耐劳精神,开辟了晚上承包营运出租车的新市场。2000年,南溪村出现下山承包出租车营运的第一人和尚贤(旦前组人),在其带动下,南溪村更多的人走下山去学驾照,承包出租车。几年后,不少人还以部分贷款或者合伙的方式买下了出租车营运执照。短短几年,南溪出租车运营几乎占据了丽江城出租车运营的半壁江山。这部分出租车运营人开始扶老携幼进城生活,成了城市里的新阶层——富裕农民工。这是南溪村一大历史性的转变。

此外,村中还有人在山下搞洗车业、修车业,女青年在外开饭馆或打零工。这一时期,大多数家庭的中青年劳动力都进入城里,只留下老人在家进行农业耕种和牲畜饲养。这批在山下城里的务工者不但以此成为家庭经济收入增长的有力推动者,也为村中的物产售卖提供了丰富的供求信息。玉龙县委领导对此十分赞赏,认为这是山区农村脱贫致富的一条新路子,是丽江农村经济发展的一面旗帜,号召坝区农村也要学习南溪人的这种搏击市场的勇气。

格林恒信公司的大型玛咖育苗基地

2. 玛咖种植的兴起与崩盘

南溪村还因为在我国最先引入玛咖种植而出名。由于其特定的海拔、气候和优良的生态环境条件,2005 年初由杨勇武三兄弟(丽江大研镇人)从南美引入玛咖籽在南溪育苗试种成功,随即在南溪建立了有机玛咖的培养和种植基地,开始带领村民首次进行玛咖的规模化培养和种植,南溪成为国内玛咖种植的发源地。

2007 年,杨勇武三兄弟成立格林恒信生物种植有限公司,在南溪村设立有机玛咖种植基地,并先后被中科院过程工程研究所、科技部高值特种生物资源产业技术创新战略联盟等单位挂牌为"玛咖规范化培育与种植实验基地",

开始把玛咖种植的范围扩大到满上村、满中村、满下村，面积在四亩左右，他们为农户提供玛咖苗，农户收成后，鲜玛咖由公司以 8 元每公斤的价格回购。该公司对外出售鲜果、玛咖，留大部分玛咖给加工厂加工成盒装，售到广州、深圳、苏州等地，初见收益。2008 年，玛咖种植开始扩大到南溪村 8 个村民小组，种植面积约 1000 亩左右。2008—2013 年，玛咖销售的范围扩大到北京、香港、上海、杭州等多个大城市，名声大噪。玛咖快速成长为丽江特色支柱产业，备受关注。南溪村的玛咖种植逐渐步入正轨，种植技术逐渐成熟，产量也逐渐上升，格林恒信生物种植有限公司将玛咖的价格增加到了 12—15 元每公斤。到 2014 年，玛咖的平均亩产量为 250 公斤到 300 公斤，每亩玛咖平均收入约 4000 元，农民收入多至五六十万元，少的也有二三十万元，较单纯洋芋种植有大幅度提高。

但好景不长，由于玛咖价值被国内旅游业和保健品市场人为虚高，玛咖种植以及销售市场管理混乱，南溪一些村民为获取更高收益开始自行育苗种植或出售苗盘，或将玛咖出售给外地老板，太安以及丽江以外地区如昭通等地也追风大面积种植，玛咖品质失控，市场日趋饱和。至 2015 年，玛咖的价格一落千丈，南溪村家家户户玛咖堆积如山，无人问津，玛咖经济完全崩盘。村民只好回归洋芋种植。

3. 药材种植逐渐展开

南溪是多种野生药材的天然温室。以野生药材引种和外苗栽培方式开展的药材种植，在玛咖种植兴起的同时也在南溪悄然铺开。药材种植的兴起有以下几方面的原因。首先是省内外市场对生态种植药材的需求日益增大，例如，云南白药集团对生态药材种植的扶持性供苗以及大量收购。其次是南溪村一些早期下山开出租车发家的村民，看到了药材市场的前景而主动开展药材种植，希望在出租车运营和传统洋芋产业之外找到新的经济增长点。例如，本研究专题报告部分涉及的旦前村民和尚贤等人及其"玉龙三音种养殖有限公司"。另外，还有很多村民，在和尚贤等人的带动影响下，也纷纷种植面积不等的药材，以期开辟新的收入来源。以重楼为主的生态药材种植，虽然增加了南溪种植业的多样性，但存在种植周期长、长期市场不可控等因素，因而在目前条件下尚无可能大面积推开。此外当归种植也初具规模,2017 年有 251 户共种植 132.8 亩。[①]

南溪村民挖洋芋

4."种子洋芋"带动传统产业振兴

可喜的是,玛咖崩盘并没有把南溪人带入绝境。因为南溪土地多,农户在种植玛咖的同时,并没有完全放弃洋芋的种植,并且还以其品质的不可替代性,不断赢得新的声誉和新的市场。在周边太安乡以"洋芋之乡"扬名在外的时候,南溪也开始种植以"丽薯 6 号"为代表的洋芋品种,品质在太安之上。

这个时期,南溪村的洋芋种植出现三个大的转变:一是半机械化耕种方式的强化,小型半机械化农机普遍使用,在大范围推进玛咖种植的过程中,旋耕机、拖拉机、除草机等已经开始进入南溪,2000 年前尚可见的"二牛抬杠""单牛拉杠"的耕地法,已经成为历史;二是受益于玛咖种植历程的科学种植观念的不断提高,使洋芋产量有了大幅度提高,单产 3000 斤是以前从来不曾有过的,个人种植能力也大幅度提高,人均种植 10 亩以上已成常事;三是其种子洋芋基地的地位不断凸显,洋芋种的选择和处理、各种肥料和药剂的使用等,不

---

① 该数据来源于《黄山镇南溪村村委会当归种植统计表》,南溪村村委会提供。

断科技化和规范化。所谓"种子洋芋",是指种植和出售作为种子的洋芋。德宏、红河、西双版纳等地的冬作物为洋芋,但是这些地区气候炎热,没有办法储存洋芋种子,每年 11 月种植前都需要重新购买洋芋种子,而南溪高海拔的气候环境出产的洋芋种子就成为热销产品。特别是以"丽薯 6 号"为代表的洋芋品种逐渐在德宏、版纳等地的农户中赢得了高产、高质的良好口碑。

(三)民族生计历史发展特征和存在问题

南溪村生计发展的特征可概括为:以独特生态环境为依托,以特色种植业为根本,依靠政策保障,兼顾城乡,城乡互益。

从村民生计和经济发展的角度看,所存在问题主要有以下有两个方面。

1. 生计的相对单一性

南溪因高寒山区的地理生态环境和相对闭塞的交通条件,其生计历经传统到当代并无根本性变迁。除了自 2005 年开始的将近 10 年的玛咖种植之外,洋芋种植一直是其根本产业,辅以药材种植;第三产业以出租车运营为主,产业多样性不足。

2. 分散经营,单打独斗

南溪村洋芋经济的一大制约就是包产到户后一直实行的家庭个体经营形式,包括个体耕种和个体销售。在种植、销售渠道、价格多方面缺乏集体统筹性和相应的市场风险应对能力。这一情况在 2017 年出现转变。以往有村里或村外中间商对外联系客商吃"带路费"、对内挑选农户吃差价。这些中间人不仅两头吃,还经常拖欠农户洋芋款,农户多有抱怨但又不敢得罪,害怕找不到销路导致洋芋卖不出去。现在外地农户也开始抛开中间商自行上门询价收购,开始实现农户间直接买卖,农户对此非常满意。但这并不能改变农户以个体应对大市场的弱势。

我们曾经就这个洋芋销路的问题咨询村委会领导,是否可以有农民合作社之类的组织,保障有稳定的销售渠道和价格。村委会领导说:关键的问题是买洋芋一方也没有合作社这样的组织,往往都是小家庭单独买,有些几户相约共同购买,也没有组织的约束和保障,是临时决定的。所以,南溪即使建立了合作社,也达不到保障销售渠道和价格的目的。而且,市场的不可控性是真实存在的,任何人也无法在其中把握什么。个体农民如何融入市场和应对市场风险是我国当前亟须解决的普遍性问题。

二、2017 年南溪村乡村产业发展形势分析

(一)第一、第三产业发展总况

南溪村的产业发展主要以第一、第三产业为主。全村 2017 年经济总收入 18826716 元,其中农业收入 6213939 元,林业收入 1230000 元,牧业收入 950000 元,剩余的 10432777 元收入则是以出租车运营为主的其他各种收入,这个收入约占了全村总收入的 55.4%。2017 年,南溪村可分配净收入总额达 17452716 元,人均所得 11202 元。①

(二)特色产业发展的主要动力、经验与新特点

南溪村产业特色在于传统特色种植业和出租车运营。

以洋芋为主的传统特色种植业而言,悠久的种植经验、独特地理生态环境下的品质优势具有相对的不可替代性,而当地和国内洋芋市场需求相对稳定且呈上升趋势。洋芋种植虽然很辛苦,但收入具有相对稳定性,环境亲和性显著,产业可持续性明显。

生态药材种植在南溪也有着得天独厚的条件,国内外日益旺盛的有机中药材市场对南溪的药材种植非常有益,发展前景值得期待。药材种植在南溪有逐步铺开的势头。2017 年,由村委会牵头成立"玉龙县岩攀排药材种植专业合作社",开展当归、重楼、附子、金铁锁等药材的种植和销售,并与丽江得一生物药业有限公司签署"当归种植供苗即产品回收管理合同",参与农户近 20 户。由村委会任法人的"玉龙县黄山镇南溪有机玛咖种植技术经济合作协

---

① 该数据来源于《2017 年云南省农村经营管理情况统计表:丽江市玉龙县黄山镇南溪村》2-1、2-2 表,南溪村村委会提供。

会"也于 2018 年变更为"玉龙县黄山镇南溪高山特色药材协会",此外还有农户自发组织的其他专业合作社,如旦前村和尚贤牵头成立的"玉龙三音种养殖有限公司"等。

就出租车运营而言,持续走红的丽江旅游业对其还有较长时段的带动性,颇具规模的南溪出租车运营业将继续承担过半的南溪年收入额。出租车运营业不仅大大提高了南溪村民收入,在南溪村反"两空"(乡村空壳化与空心化)过程中也承担着微妙的角色,详细分析见专题报告。

(三)当前产业发展中存在的主要问题

当前南溪产业发展中的主要问题依旧有三个方面:生计的相对单一性问题、农户经营的个体性问题,以及对不空景观的建构尚且停留在自然自发的层面,缺乏建构的主动性与自觉性的问题。

生计相对单一性问题由南溪的独特地理生态环境所决定,不易发生大的改变。但从乡村振兴的主旨出发,守住传统农业和发挥特色农业,不仅具有经济意义,还具有乡土文化振兴的意义,从这个角度来看,应当得到肯定。乡村振兴的主旨并非外来产业的粗暴性植入,抑或是外来资本的掠夺性和破坏性开发利用。正如习近平总书记所强调的,乡村振兴不是只有农村经济发展和农业的进步,而是要同时守护好中华文明传承的精神故土。因此,我们应当更多地从增加其内生性动力的角度去帮助其实现可持续性发展。

农户经营个体性问题在我国具有普遍性。村社共同体的不断建立和强化应当是一个相对有效的应对策略,需要国家政策和地方政府的扶持推进。

我们在专题报告中所讨论的乡村"两空"问题以及南溪村不空景观的形成,即是其内生性动力自发作用的表现,我们应该在这个方面更多着力。

三、民族乡村产业振兴的趋势判断和突破性建议

(一)南溪村产业振兴未来趋势判断

南溪乡村产业振兴的大致趋势应当包括以下几个方面。

其一,传统洋芋种植产业依旧占据基本生计地位,同时以特色药材种植以及少量外来经济作物种植为辅的农业产业不断发展。以出租车营运为主的第三产业将基本维持目前水平,大致占据村民总收入的半壁江山,不会有太大的增长,并且将会随着国家经济整体发展状况、相关政策的变动和丽江旅游业的兴衰而有所起伏。

其二,随着国家政策和地方政府的扶持推进,村社共同体的建设将会不断强化,以此应对经济全球化与市场变化风险,增强村民风险应对能力和权益保障能力。

(二)南溪村产业振兴发展建议

就上述存在问题及发展趋势判断,综合下面专题报告的研究内容和结论,特别地,从基于乡村振兴大局的乡村产业振兴角度,谨提出以下发展建议。

其一,坚守并强化传统种植业。如前所述,南溪农业的单一性有其脆弱的一面,但也有因独特地理生态环境而具有的品种优势、品质优势和不可替代性优势,应当继续发扬。如果扩大格局,从乡村振兴的高度来看,守住传统农业和发挥特色农业,不仅具有经济意义,还具有乡土文化振兴的意义。

有学者认为:"一个完整的生计维持系统包括能力、资产(包括物质资源和社会资源)以及维持生活所必须的活动。只有当一个生计维持系统能够应付压力和打击并可以从中恢复过来,它才是具有可持续性的。"①据此界定,依托于南溪特殊生态环境和社会文化系统的产业发展,从可持续性角度来看,是基本有保障的,在历史的可持续性和当下及未来的可持续性之间尚无中断的表现和趋势。

其二,在条件具备的情况下,开发村落旅游。我们认为,村落旅游应当是继传统旅游业和现代生态旅游业之后的"后现代旅游业"。其主要特征是生计—生态—旅游同构、村民自治体—政府—游客同构;这两个同构将相对有效

---

① Scoones Ian. *Sustainable rural livelihoods: a framework for analysis* (No. IDS Working Paper 72) , Brighton: IDS, 1998.

地保障村落在维系传统、发展生计和保护生态方面的均衡发展,并相互促进;保障村民在生计和旅游业发展当中处于主体地位、自治地位、自我良性发展地位。①

如此,则本研究专题报告中所提出的强化村校教育、促进传统文化复兴、强化农民工流动模式设计、强化或再建"农村主体性村社共同体"、大力培养年轻一代乡村振兴人才方面等思路,都将共同指向并服务于这一发展方向。

四、丽江南溪村纳西族调查研究基地介绍

云南大学南溪村纳西族调查研究基地位于丽江玉龙县黄山镇南溪行政村满中村,始建于 2004 年 5 月,2005 年 1 月通过验收。基建总投资 35 万元,为最早投建及投资额度最大的基地之一。基地占地面积约 706 平方米,主体建筑为一幢南北坐向的典型的二层楼纳西族民居式土木结构房屋,设置资料室、会议室、研究室、卧室等功能分区,室内装饰及家具配置体现出与纳西族民居的一致性。主体建筑左右两侧为砖木结构的耳房,分别用作厨房餐厅及洗浴卫生间。约 200 平方米的庭院左侧是一幢典型的纳西族传统木楞房,课题组采取到偏远山区收购典型的纳西族木楞房后拆装运输再复原的办法,使其外观及屋内布置都保持传统民俗风貌,作为纳西族传统器物文化的一个鲜活展室和生活体验场所。庭院右侧则辟作绿化和二期建设用地。建成后的纳西族调查研究基地工作站,将能同时接纳 10 人到 15 人左右的专家、学者、调查人员驻站工作。

据不完全统计,自 2005 年开始运作,到目前已经成功举办 7 期民族学/人类学研究生田野调查(包括四期民族学/人类学暑期学校),接待约 150 多名来自全国各大院校、国外院校的硕士生和博士生,以及若干国内外学者的专题调研。至少 5 名硕士研究生在基地完成学位论文,研究生发表论文 10 余篇,学者论文 8 篇。已出版专著《雅阁丽轮——玉龙县黄山镇纳西族村民日志》

---

① 具体论证需要更多的相关理论、国内外实践经验和政策内容支撑,本文不再展开。

（第一卷,2004—2005 年）及《溪村社会》两部,发表专题研究报告及论文《心灵之河——南溪村民族信仰文化的三十年变迁》《社会背景下的仪式变迁——南溪村的信仰传统研究》《流动于"中心"和"边缘"之间——云南丽江市"南溪帮"出租车司机劳工群体研究》等。

　　基地为学院信息库建设提供大量影视、图像和文字资料,并为南溪村的反思民族志的书写进行铺垫。为开展传统文化进学校工作,2008 年至 2013 年,基地聘请丽江东巴博物馆的东巴传人每月一次为南溪完小学生教授东巴文字和东巴绘画。2008 年至 2014 年,不定期聘请南溪村民间艺人为南溪完小学生教授纳西族民歌、打跳、本土知识。南溪完小学生在丽江市、县历次民族歌舞表演、民族传统文化知识比赛中均获得优良成绩。基地工作得到了南溪村干部的高度评价以及村民的认可与欢迎。

纳古镇党建发展历史及现状简述

冯瑜　马秀艳[*]

一、基地概况

纳古镇位于东经 102°45′1″,北纬 24°11′2″,居滇中通海县西北部,背靠狮子山,面临杞麓湖,离县城约 12 公里,镇辖面积 12 平方公里,地势北部依山较高,南部滨湖略低,平均海拔 1805 米。纳古镇东与二街村接壤,西与十街村毗邻,北与江川大街镇邻界,南与"秀甲南滇"的秀山翠峰隔湖相望,依山傍水,风光秀丽。

2017 年末,全镇总户数 3364 户,总人口 9599 人,少数民族人口 7776 人,占总人口的 83.2%。纳古镇是一个以回族为主体的建制镇,回族人口众多,民族文化历史悠久,一直是滇南主要的回族聚居地及伊斯兰教文化重地。

纳古镇是云南省著名的"侨乡"和"手工业之乡"。改革开放以来,个私经济长足发展,以建筑建材、五金刀具和清真食品为主要产业,主要产品有焊管、带钢、角钢、钢窗料、铝合金、工艺刀等。纳古镇历史文化浓郁,人才辈出,历史上知名的阿訇达 400 余人,将军、举人、进士 30 余人,享誉中外的阿拉伯文化泰斗、联合国教科文组织首届阿拉伯文化沙迦国际奖获得者纳忠教授和《一千零一夜》的译者、著名翻译家纳训先生都是纳古人。

现在的纳古,经济发展、社会稳定、民族团结、宗教和顺,人民安居乐业,先

＊ 冯瑜,云南大学民族学与社会学学院宗教文化研究所副教授,中国少数民族艺术专业博士,主要从事伊斯兰教、回族文化、海外华人移民等方面的研究;马秀艳,云南大学民族学与社会学学院宗教学专业 2018 级硕士研究生。

后被国家和省、市各级授予"全国民族团结进步先进集体""云南乡镇企业五十强乡(镇)""云南省体育特色乡(镇)""玉溪市发展工业经济先进乡镇"等荣誉称号。目前,纳古正紧紧围绕县委、县政府部署,实施"生态立镇、工业强镇、旅游兴镇、文化和镇"的发展战略,以"工业企业转型升级、旅游文化品牌打造、农村危房改造工程、基础设施建设"四个方面作为支撑,打造特色"旅游文化"小镇。充分开发伊斯兰风情民俗、历史文化等资源,打造伊斯兰特色精品乡村旅游,以旅游产业带动经济发展,真正把纳古打造成为一个生态环境优美、旅游发展成熟、产业结构合理、人民生活富裕、社会和谐稳定、民族宗教和顺的旅游文化小镇。

全镇辖 2 个村民委员会,其中纳古纳家营村民委员会下设 5 个村民小组,纳古古城村民委员会下设 2 个村民小组。纳古镇共有党组织 14 个,其中党委 1 个,党总支 2 个,党支部 11 个。农村党支部 9 个,非公企业党支部 2 个,机关事业党支部 2 个。纳古镇共有党员 275 人,其中女性党员 127 人,占党员总数的 46.2%。35 岁以下党员有 78 人,占党员总数的 28.4%;60 岁以上的党员 68 人,占党员总数的 24.7%。少数民族党员 176 人,占党员总数的 64%。大专以上的党员 72 人,占党员总数的 26.2%。支部类型主要有三种:农村党支部、非公企业党支部和机关党支部。

二、优势与挑战并存,党组织建设有待完善

2018 年 3 月 8 日,习近平总书记在参加十三届全国人大一次会议山东代表团审议时又提出五大振兴,即产业振兴、人才振兴、文化振兴、生态振兴、组织振兴。在笔者看来,组织振兴可以理解为农村基层组织重新焕发活力,在乡村建设中发挥应有的引领作用。能否弥补农村基层组织建设方面存在的薄弱环节,实现组织振兴,直接关系到乡村振兴战略最后的成败。

乡村振兴,组织先行。部分学者专门研究了社会主义新农村背景下的农村基层组织建设,吴爱军揭示了此背景下农村基层党组织建设面临的新情况,提出了五条改进对策:科学设置党组织,扩大党的工作覆盖面;加强乡村领导

班子建设,打造坚强领导核心;加大教育管理力度,建设高素质的党员人才队伍;以增强集体经济实力为重点,夯实物质基础;完善领导体制和工作机制,提供制度保证。①

纳古镇基层党建工作在发展过程中,努力发挥在乡村建设中的引导作用,呈现出具有纳古特色的发展路径。

1. 由于是少数民族聚集区,大部分党员是少数民族党员。在一定程度上方便了党的方针政策的传达,但是会形成工作思路单一,不能更好地从客观上去看待问题的现象。

2. 因地制宜。发展基层党组织,传达党的思想,不仅坚持了党的引导,并且能够根据纳古镇自身的情况进行方式方法的调节。

3. 与时俱进。随着时代的发展,在组织党员学习,发展党组织的方式上,积极进行更新,开拓新的方法,积极利用互联网等高效的行为方式进行组织学习。纳古镇的党组织主要是通过网站、微博、微信、手机信息等载体深入开展党建工作。例如,在制定党班子成员工作日报告制度中,纳古党政班子利用互联网的优势,在每日的工作报告中以短信、微信、照片、电子文档等方式向镇纪委汇报。

4. 积极发挥党组织在基层中的作用,党组织的作用不仅发挥在组织内部,而且还在纳古镇的经济、文化、教育和生态等领域都发挥着重大作用。在经济领域,政府招商引资,部分工厂与当地村民小组在租地问题上出现问题时,积极调节,时任纳古镇党委副书记的马恒骧介绍道,发展纳古镇的经济能够增加政府的税收,税收能够加大基础设施的建设,让纳古镇人民过上更舒适、更优质的生活,这样一来,对党和政府就更加有信心。在文化领域和教育领域,纳古镇党组织积极开展各类学习党的政策及其他方面的讲座,并且面向纳古镇两所阿文学校学生和村民开展抗日主题的讲座,让学生与村民对党更加亲近。在生态领域,党组织和政府组织村民发起"保护杞麓湖"和对纳古镇居民区进行垃圾清扫等活动,不仅美化了环境,还将党政工作深入人民群众的日常生活

---

① 张逸芳、陈国申:《乡村振兴背景下农村组织建设研究的新趋势》,《领导科学论坛》2018年第19期。

当中。

但是,在这个过程中,也存在着很多的问题和挑战,纳古镇基层党组织发展的问题不仅仅存在于组织本身,也存在于党员之中,还存在于工作方法及管理方面。主要有以下几个部分。

1. 纳古镇部分党组织干部往往身兼多职,工作任务繁重,无法较好地发挥党员干部核心作用。同时,在纳古镇党组织中呈现出部分干部相对年龄较大,工作积极性欠佳。另外,由于纳古镇经济发展相较于城市发展缓慢,因此,大部分基层青年储备干部外流,造成了纳古镇基层中后辈青年骨干人才不足。从而大大降低了基层党组织的创造力、凝聚力和战斗力。

2. 纳古镇基层党组织现有工作制度仍存在部分不完善,例如,在宣传方面,由于方法不够完善,纳古镇关于农村党建工作相关的信息有部分群众不了解,也有少数群众甚至根本不知道党组织情况。

3. 纳古镇部分党组织干部需加强自身素质修养,提升工作能力。由于纳古镇经济发展失衡,当地思想先进、动手能力强,具有创造能力的青年外出工作,从而使得纳古镇基层党建组织欠缺储备或后继干部。因此,在纳古镇当前的党组织干部队伍中,个别干部须加强自身素质。

4. 纳古镇基层党组织的号召力不足。农村基层党组织需要贯彻执行党的执政理念,但是开展工作的过程中会受到农村各种社会因素的制约。例如,当政府号召纳古镇村民加入"保护杞麓湖"的相关志愿服务中来时,群众的热情并不高。

三、发展纳古镇基层党组织要从方方面面入手

纳古镇深入贯彻"坚持发展是第一要务,坚持教育是第一希望,坚持稳定是第一责任,坚持团结是第一需要,坚持和谐是第一追求"的发展理念。[①] 新

---

① 马恒骧:《努力打造"云南民族和谐第一镇"——通海县纳古镇团结稳定和谐发展调研》,《今日民族》2018 年第 7 期。

纳古全景

的时期,在纳古镇不断发展的进程中,不同的因素分别影响着纳古镇的基层党组织建设,也为新时期的纳古镇党组织建设助力。

纳古镇结合实际,以巩固党在基层工作的组织基础和群众基础为核心,以发展便民服务为龙头,以提高村民生活质量和加强村民精神文明建设为宗旨,强化服务功能,加强基础政权和群众性自治组织建设,加强制定村民自治章程和《村规民约》等制度,扩大基层民主,开展好自治工作,密切党群关系,维护社会稳定,促进村民委员会经济和社会各项事业的协调发展。党的十九大报告对"加强基层组织建设"做了专门的阐述,并强调指出:"党的基层党组织建设成为宣传党的主张、贯彻党的决定、领导基层治理、团结动员群众、推动改革发展的坚强战斗堡垒。"党的政策一直在引领着纳古镇党组织的建设与发展,在不同的时期,都发挥着重要的作用。

一个组织所处的经济环境因素是指组织运行所处的经济系统的情况,农村基层党组织建设的成效受着农村经济发展水平的影响。① 在纳古镇经济发展良好的势头下,纳古镇政府通过"以镇招商、以商活市、以市富镇"的建设路子,吸引更多的资金参与城镇建设,进一步改善纳古镇的道路、绿化、排水、环境卫生等基础设施,逐步建设各种文娱体育设施,完善城镇功能,改善人居环境,其目标是把纳古镇建成"环境优美、功能齐全、生产发展、生活方便"的具

---

① 王云鹏、张照辉、桑庆敏:《乡村振兴战略背景下农村基层党组织的组织力提升路径研究》,《现代商贸工业》2019 年第 12 期。

有民族风格的工业型文明小城镇,按照玉溪市委和通海县委提出的要求,努力把纳古镇打造成为"云南民族和谐第一镇"。经济的发展推动了党组织的建设,人民对党和政府的信赖度更高,党组织的号召力也在不断增强。

管理技术提升是指管理方法、计划决策方法、组织方法及推销方法的改进与更新等。管理工作和管理方法在一定程度上都影响了纳古镇的党组织建设与发展。纳古镇引入"互联网+"的管理方法,能够加强党组织的活力与学习效率,丰富党组织的管理方法,使纳古镇的党组织能够更好地在新时期发挥作用。

与众不同的风俗习惯、文化传统和宗教信仰环境等构成了一个纳古镇党组织所处的社会环境。纳古镇是信教人数占绝大多数的地区,在这里不仅仅受中国传统文化的浸染,还受伊斯兰教文化的影响,在这样一个相对特殊的地区,党组织的建设与发展也是因地制宜,在坚持党的引领下,也发挥出属于纳古党组织的智慧。在信教人数占大多数的纳古镇,如何有效地传达党的精神以及引导人民群众正确信教成了纳古镇党组织的关键性工作之一。

四、未来纳古镇要"抓党建、重经济、抓管理、引人才"

纳古镇在发展经济的同时,也要注重党建工作的开展,坚持"从严治党"的观念,不能"重经济,轻党建",更不能让"一手硬,一手软"的现象出现。市场经济的发展应该为基层党建工作提供强有力的物质条件,虽然纳古镇的私营经济占绝大多数,但绝对不能因为这种原因使党组织在纳古镇失去话语权。新时期,应当充分认识到,党建工作和经济工作是相辅相成、互相促进,如"车之两轮、鸟之双翼",是辩证统一的关系。

不仅要理清二者的关系,而且在党组织的工作管理上也要进行改进,不能只是表面上完成任务,而不去注重完成的效果以及办事效率。面对党组织建设与工作中高学历人才不多这种情况,一方面要积极引进大学生来使党组织年轻化,吸收更多更新的想法与方法,优化农村干部的年龄结构和知识结构,提高农村基层组织发展经济的能力,推进基层民主建设,增强党的执政基础,储备农村基层组织建设所需要的人才。另一方面,在现有的党组织队伍中,大兴学习之风,提升党建的政治理论素养和法律法制素养。注重学习、善于学习是我党的优良传统。一些党员的政治敏锐性和政治鉴别能力不强;一些党员经不住物质的诱惑,从而导致世界观、人生观、价值观扭曲。大兴学习之风,提升政治理论素养和法律法制素养不仅具有深远的理论意义,更具有极强的现实意义。

基层党员的学习内容是很宽泛的,而且随着时代的发展以及党的工作重心的转移及自身条件的变化而发生相应的变化。但以下几个方面是不能变化的:一方面是学习党的基本理论。学习马列主义、毛泽东思想、邓小平理论、"三个代表"重要思想、科学发展观、习近平新时代中国特色社会主义思想;学习党的路线、方针、政策;学习党的纪律及反腐倡廉的相关规定等。

纳古镇政府开展党风廉政建设工作会

另一方面是学习《党章》,按照《党章》的要求严格要求自己。基层党员通过学习《党章》,明确自己的职责和义务,更明确自己作为一名党员应达到的要求和标准。能通过《党章》的学习,结合工作实际,提高工作实效。

还要学习法律法规,做到知法守法,做法律的模范遵守者,以身垂范,做群众的榜样和群众利益的坚定维护者。基层党建过程中,基层党建负责人学习法律法规,是全面依法治国在党建工作中的必然要求和应有之义。基层党建工作中,党建工作人员知法守法,对基层党建工作的开展及依法履职,同时对于处理基层党建工作中的矛盾和问题,均是意义深远而重大。

新时期,基层党建,不仅是一个理论问题,更是一个实践问题。社会主义实践没有止境,基层党建工作也就没有止境。基层党建工作没有完成时,只有进行时,加强和提升基层党建工作永远在路上。

五、纳古镇回族研究基地

云南省玉溪市纳古镇回族研究基地是云南大学2003年开始筹建的最早一批"少数民族调查研究基地"之一。2004年,纳古镇回族民族调查研究基地和示范基地正式投入使用,地点位于纳古镇文化站三楼,由纳古镇镇政府免费为云南大学提供工作场所,占地面积150平方米,包括一间会议室和一间图书室,配备有办公桌、电脑、会议桌以及上千册图书,能够容纳约20人的调查团队驻站进行较长时间的调查、生活。目前,工作站已经接待过来自美国、日本、埃及、沙特、缅甸、意大利、澳大利亚、马来西亚等国家和国内一些大学的研究者。冯瑜老师于2007年接手回族研究基地负责工作一直到现在。

2009年7月27—31日,国际人类学与民族学联合会第十六届大会在昆明召开,"纳古镇学术考察点"成为大会5个学术考察点之一。在纳古镇学术考察点,每天有120人次来自世界各地的人类学家参观,纳古镇回族研究基地承担了为期5天的接待工作。

现有村民日志记录员纳文群、纳瑞媛两名工作人员,每天坚持记录村民日志。纳古镇回族基地记录的日志,从2009年至今,一直坚持记录,没有中断过,每年记录量约在3万字左右。记录员在各种重大节日还进行影视拍摄记录,从2009年至今,已形成影视资料约1200分钟左右。基地每年固定接待一次云南大学民族学专业本科二年级学生为期3天的田野实习,截至2016年已经坚持了5年。同时,在暑假,承担来参加云南大学民族学暑期田野学校的学员田野调查任务,时间一般为 20 天。平时承担云南大学及其他高校老师、学生的田野调查接待任务,平均每月接待 2 人次。从 2009 年至今,每年有 1—2 篇本科生、硕士生或博士生撰写的与纳古镇有关的论文产出,从经济、宗教、社群治理、手工艺、教育、外来务工等各方面进行学术研究和讨论。

石林县大糯黑村乡村文化振兴报告

郭冬月　勾涛*

一、村庄概况

石林彝族自治县的大糯黑村,自从 2009 年被选定为民族学人类学联合会第十六届世界大会的学术考察点以来,就在民族文化资源的挖掘和整理、民间信仰仪式的恢复、民族文化的展演等方面,开始了民族文化保护与传承的路子。党的十九大以来,大糯黑村也开始了摸索如何实现乡村振兴的实践,并把乡村振兴的重点放在文化振兴上面,希望通过基于民族文化保护和传承的文化振兴策略,来带动村寨的产业振兴、经济振兴,最终实现村寨的整体协调发展。

大糯黑村位于石林彝族自治县圭山镇西北部,距坐落在老圭山脚下的镇政府所在地海邑 4 公里。石林县城与大糯黑相距 30 公里,大糯黑村与石林风景区相距 25 公里。如果从昆明出发,途径宜良、石林风景区,到大糯黑,共 93 公里。因为大糯黑村处于九—石—阿(昆明市宜良县九乡风景区—昆明市石林风景区—红河州泸西县阿卢古洞)旅游专线沿线,所以到大糯黑村可以不必经过石林县城,交通极为便利。大糯黑村之所以确定以文化振兴带动产业振兴、经济振兴的策略,一方面因为大糯黑村有相对深厚的民族文化积淀,另一方面因为大糯黑村地处九—石—阿旅游专线上的区位优势。在这样的基础上,大糯黑村可以把民族文化保护传承,乡村文化振兴和旅游相结合,促进村

---

* 郭冬月:云南大学 2016 级民族学专业本科;勾涛:云南大学 2015 级民族学专业本科。

寨的整体协调发展。

大糯黑村与相邻的小糯黑村,共同组成了糯黑村民委员会。糯黑村平均海拔1987米,土地面积约39.8平方公里,森林覆盖率约86%,属于亚热带高原季风气候,整个村寨处于典型的喀斯特岩溶地貌山区,水资源比较匮乏。由于水资源,尤其是地表水资源的极度匮乏,大糯黑村民主要种植玉米和荞麦这两种粮食作物,以及能够为家庭带来经济收入的烟叶。也正是这样的生态环境,让世代居住在大糯黑村的撒尼村民对水资源有着深刻的认识和理解。日常生活中如何培养节约用水的意识,如何利用门前塘子中储存的水来喂牛、洗衣、泡麻和消防,以及每年特定时间段的祈雨仪式等,都是大糯黑村撒尼人对水资源有着深度认识和理解的生动体现。

大糯黑,曾经也称为"藤子哨",即战争时期作为哨所的意思。也有"石古城"之称,说的是村民用石头作为建筑材料建盖住所的意思。"糯黑"是彝族撒尼语的汉语音译,"糯"是指猴子,"黑"是指水塘,如今大家都把"糯黑"解释为"猿猴戏水的水塘",或"猴子塘",所以外来者多把村里的大水塘想象成猴子戏水的地方。实际上,糯黑两个字所指的水塘,是村寨密枝林边上一棵公鸡树下面的水井。大糯黑村的先民并不住在如今村寨所在的位置,而是居住在一个距离村寨几十公里远、水源无法保证的地方。一年大旱,不仅庄稼无法下种,就连饮水都成问题,村民于是跟随猴子的足迹,找到了如今密枝林下方这个水源。因为石缝中一年四季都有筷子粗细的一股水流出来,村民就在此居住下来,建立村寨。把村子的名字命名为糯黑,以纪念猴子带领先民找到水源的事迹。

彝族撒尼人通常被分为"瑟玛"和"滇玛"人,大糯黑撒尼人属于"滇玛"人。大糯黑村民的姓氏有何、王、李、毕、曾等。从如今的民族身份识别来看,大糯黑村的392户1495人中,98%以上都是撒尼人。据史料记载,糯黑村始建于明洪武三十一年(1398年),迄今已有600多年的历史。1951年在大糯黑村设糯黑乡,1964年设糯黑公社,1969年设糯黑生产大队。1984年2月重设糯黑乡,1987年底设糯黑办事处。1999年设立糯黑村民委员会,延续至今。

大糯黑村村寨的主体部分

二、大糯黑村的乡村文化保护传承实践

大糯黑村的乡村文化保护传承实践，从其实践动力来看，主要分成三种类型。

其一，大糯黑村民自主进行的乡村文化保护传承实践。在大糯黑村，一直保持着社长每个月轮流担任的制度，维持着石头房子的修建风格，定期举行集体性民间信仰仪式等，都属于村民自主开展的乡村文化保护传承实践。大糯黑村在1983年实施家庭联产承包责任制以后，为了应对"三提五统"，自发组织实施社长轮流担任的制度。这个延续了三十多年的社长轮流担任制度，就是每个家庭担任一个月的社长，负责处理本月本社的公共事务，一直延续到现在，仍旧运行良好。所以，大糯黑村每个社每年有12个村民担任社长，担任社长的顺序按照刻写在一块木牌上的名字的顺序而定，也有的社把轮流担任社长的顺序写在一个笔记本上。所以，村民依靠传递笔记本和木牌的办法来通知下一个月即将担任社长的人家。当月担任社长的男主人，在本月必须处理的所有公共事务中，老人过世的葬礼最为重要。每当本社有老人过世，东家就会立即告知社长,社长就必须在本社成员内部安排报丧、买菜、洗菜、烧饭、杀羊宰牛、准备碗筷、洗碗、出殡等工作。社长轮流担任的实施,在村民内部形成有效的相互制约机制,倘若村民甲在村民乙担任社长期间不服从村民乙的安排,当村民甲担任社长的时候就会遭到村民乙的刁难。所以,社长轮流担任的制度,可以极大地提高工作效率。

大糯黑村密枝林入口

　　大糯黑村又被称为"石头寨",不仅是因为村寨四周石头资源异常丰富,还因为村寨内部几乎所有的房子都用石头垒砌而成。不论是过去村民建盖的三间两耳石板房,还是如今的框架结构房屋,村民都保持着用石头砌墙的传统。传统石头房子的墙,垒砌之时,不用泥浆砂浆做黏合剂,仅仅在墙内用少量的泥巴填塞缝隙,防止风从墙缝里吹进去。如今框架结构的房子,砌墙的石头也变得更加规整了,墙缝之间也开始用水泥砂浆作为黏合剂。21世纪初以来,村民开始使用带有各种天然颜色的薄石板,作为墙砖,装饰在房屋四周的墙壁上,并把这种墙砖称之为"糯黑瓷砖",这一做法不仅把石头寨三个字的含义往前推进了一步,在墙上贴薄石板的做法还被糯黑村四周的很多村寨争相模仿。当然,如今因为森林保护政策的有效实施,以及村民对建筑牢固程度的理解有所变化,框架结构代替了过去的木结构,村民上山砍树和祭祀树灵的仪式也不知不觉被淡忘了。如何选择上山砍树日子的属相,选择何种树木作为建材,如何判断树的性别,怎么进行祭祀中柱的仪式等,都变成了缺乏保护和传承场景的文化事项了。

大糯黑村的石头房子

从 20 世纪 80 年代中后期以来,大糯黑村村民都一直自主自发举行集体性民间信仰仪式活动。虽然缺乏能够支持密枝祭祀仪式的毕摩①,大糯黑村民依然坚持在每年农历十一月第一个属鼠的日子举行的密枝祭祀活动。为了延续村寨每年的集体性民间信仰仪式,大糯黑村民每年农历三月十五这一天,必然在山神庙跟前,由本村毕摩主持,举行主持民间信仰仪式的头目的换届仪式,请山神作证,新一届头目们从老一届头目们手中接过当年的工作任务,负责当年农历七月十五在杜鹃山上杀牛祭祀的活动,每年农历十月十五在杀羊山上杀羊祭祀的活动,以及每年农历十一月第一个属鼠的日子在密枝林举行的密枝神祭祀活动等。与此同时,全体村民会在每年正月初二这一天,举家到

---

① 石林彝族自治县彝族撒尼人社会中专门主持民间仪式的祭祀。

山神庙跟前杀鸡祭祀,祈求山神保佑家庭成员健康、家庭财运昌盛的活动。大糯黑村的何氏家族会三年两次在一个山头举行何氏祭祖的活动。大糯黑村这些集体性的民间信仰仪式,以密枝祭祀最为隆重。农历十一月第一个属鼠的日子,是密枝祭祀活动的准备日。真正祭祀的活动从属牛的日子开始,由毕摩主持祭祀活动,农历三月十五在山神庙跟前接下任务的 8 个头目负责祭祀的具体事务。这些具体事务包括通知村民凑米、鸡蛋、腊肉、白酒和香;负责买一只毛色净白的绵羊做祭品;负责煮羊肉稀饭并把羊肉稀饭分给每家每户等。大约从 2009 年以来,村民小组拿出活动经费支持每年的密枝祭祀活动,所以大糯黑村的密枝祭祀也越来越隆重,越来越有声有色。

大糯黑村的密枝祭祀

在这些乡村文化的保护和传承实践中,隐含了大糯黑村民与周边自然环境之间的关系,大糯黑村民不同家庭、不同家族之间的相互关系,以及大糯黑村村民与宇宙神灵之间的相互关系。所以,这些由村民自主开展的乡村文化保护传承实践,体现的是大糯黑村民的文化自觉意识。

其二,由外力推动的乡村文化保护传承实践。从九乡到石林再到泸西阿庐古洞的旅游专线,从糯黑村民委员地界上穿村而过,大糯黑村与外界的接触便越来越多,外界的力量也不断进入大糯黑村。比如,2004 年,大糯黑村成为云南大学的少数民族(彝族撒尼)田野调查基地。2005 年,大糯黑村被云南省民委、昆明市民委列为民族团结示范村。2005年,大糯黑村被命名为阿诗玛民族文化旅游生态村。2006年,糯黑村被云南省人民政府命名为省级彝族(撒尼)传统文化保护区。2007年,大糯黑村被确定为昆明市级新农村建设试点村、昆明市文化旅游特色村寨、昆明市民俗文化生态旅游村、云南省民族民间传统文化保护区。2008年,列为新农村建设"整推"村,同年被授予国家级非物质文化遗产阿诗玛传承点、石林糯黑彝族文化保护区,有1名民间艺人被命名为市级文化传承人。2009年7月,大糯黑村作为国际人类学民族学联合会第十六届世界大会学术考察点之一,接待了400余名来自世界各地的会议代表。

人类学与民族学联合会第十六届世界大会的代表在观摩纪录片《糯黑石头寨》

随着这些外力的介入,一系列乡村文化保护传承的实践也得以展开。比如,云南大学在大糯黑村开展的民族文化的调查研究,云南大学民族学人类学专业的硕士研究生,以及民族学专业本科生,把大糯黑村作为寒假田野调查的地点。与此同时,针对糯黑小学生开设的民族文化课堂——阿诗玛文化课堂。石林彝族自治县民族宗教事物委员会的介入也带动着村民,在村内开展各种乡村文化保护传承实践,比如彝族文字学习班的开展,制定村规民约对密枝林进行保护,组织每年密枝祭祀活动,发动村民用石头修建密枝林大门等。对密枝林进行保护的村规民约,同时也对大糯黑村的封山林发生效用。石林彝族自治县政府和圭山镇政府力量的整合,推动了村民开设体现撒尼饮食特色的农家乐,组织体现撒尼特色的民间歌舞队。2009 年,人类学民族学联合会第十六届世界大会把大糯黑村作为学术考察点之后,石林县政府在村寨内部建设了糯黑彝族文化博物馆,展示了一批体现撒尼人生产生活、歌舞乐器、婚丧嫁娶、衣食住行的民族文物,为前来大糯黑村考察的会议代表了解撒尼文化打开了一扇窗户。而且,糯黑彝族文化博物馆在人类学大会之后,一直作为村寨的一个常设展览,不仅方便外来的学者、游客了解彝族撒尼人的社会历史和文化,也在一定程度上不断培养大糯黑村民的文化自觉意识。

介入到大糯黑村的各种外部力量,在推动一系列乡村文化保护传承实践的同时,也不断地培养和增强了糯黑村民的文化自觉意识和文化自信。

其三,外力撤走之后村民继续发扬、创造的乡村文化保护传承实践。这些以项目实施,政府拨款的形式促进大糯黑村民族文化保护传承实践的力量撤走后,其间村民已经培养起来的文化自觉意识也进一步发挥着作用。比如,在政府鼓励和支持下开设了农家乐的人家,想着法子把祖辈传承下来的撒尼特色饮食挖掘出来,呈现在客人的跟前,把农家乐经营得更加有声有色。在人类学民族学大会期间作为家访点的刺绣之家,其刺绣品的经营也得到了进一步的发展,不仅在店内售卖本村撒尼妇女的手工刺绣品,还不断鼓励村里的妇女发展出各种新的刺绣品,比如,具有撒尼特色的领带,装手机的袋子,绣有着精美图案的钱包,具有糯黑石头寨特点的大幅刺绣品等。一年一度的密枝祭祀活动中,大糯黑村不仅邀请其他村寨声誉良好的毕摩来主持仪式,还会对外发布消息,把密枝祭祀活动的某些环节向外人展示。与此同时,大糯黑村民小组也会筹措一些经费,在待客处办伙食,让尽量多的村民参加进来,感受节日的氛围。除了传统上举行的和密枝神相关的祭祀活动之外,大糯黑村民也尝试着在节日当天举行一些娱乐活动,比如,斗鸡、拉牛车比赛、背洋芋比赛等。另外,由曾绍华夫妇倡导发起的民间文艺队,在经营自家农家乐的同时,还组织了阿诗玛文化传承文艺队,成立了阿诗玛非遗传习所,排演了《阿诗玛》歌舞剧,每次演出都能获得前来观看观众的好评。为了突出文艺队的特点,在霸王鞭舞蹈、大三弦舞蹈等需要有乐器伴奏的舞蹈表演中,他们开始拒绝使用实现录制好的伴奏音乐,需要文艺队队员自己弹奏,这是一个巨大的进步。

在为数不少的乡村发展项目中,一旦外来资金和力量撤出后,项目实施期间正常进行的活动便因为种种原因不得不停止,但大糯黑村村民在乡村文化保护传承实践的道路上,却发展了另外的可能性,继续借助项目实施期间积累下来的经验,进行一些具有创造性的乡村文化保护传承实践。

三、大糯黑村乡村文化保护传承的结果和问题

大糯黑村的乡村文化保护传承实践,带来了两个有利的结果。其一,基础设施建设的大力优化,村容村貌的全面整治。村寨内部几乎所有的主干道都变成了石板路,糯黑小学校门口的科技文化广场也全部铺上了石板,村寨的水塘四周用石头垒砌而成,村口还修建了旅游交易广场,村寨所有人家都修建了沼气池,村内安装了太阳能路灯。项目的推进促使大糯黑村小组引导农户积极投入“四清四化”整治活动,及时整改脏、乱、差现象,规范“五堆”堆放,极大地改善了大糯黑村的村容村貌。其二,文化自觉的意识得以不断提升。一方面,外来的专家学者、学生对糯黑撒尼文化的浓厚兴趣,民族文化研究者展开调查研究的行动,游客对糯黑撒尼文化的欣赏,都极大地培养了村民的文化自信。另一方面,村民开始意识到民族文化对于村寨发展的重要性,村民所能看到、享受到的村寨基础设施建设都和撒尼民族文化有着直接或间接的关联。于是,村民也逐渐意识到,看上去似乎没有实际效益的民族文化保护传承实践活动,在保护、恢复、传承民族文化的同时,也是促进村寨整体协调发展的重要因素。

不过,大糯黑村民的文化保护传承实践,也存在一些问题,其中最为明显的是以下两个方面。其一,在某些乡村文化保护传承实践中,迫于压力,放弃了民族文化本该遵守的某些禁忌。比如,一年一度的密枝祭祀活动中,某些环节不应该随意对外人开放。那种在举行密枝祭祀的过程中,某电视台在祭祀过程中为了拍摄的方便对祭祀活动进行干预的情况,就应该杜绝。其二,外来

力量介入乡村文化保护传承实践中,过分强调民族文化和旅游发展之间的直接服务关系。如此一来,村民会把乡村文化仅仅当作一种旅游资源来对待,把乡村文化直接做成能够生钱的资源,而不是把乡村文化当作真正服务于建立民族地区精神家园的因素,这必然影响到乡村文化保护传承的初始目标,也不利于大糯黑村的乡村文化振兴。比如,民间文艺队中能够吸引游客获取表演费的舞蹈,就会受到重视。而那些不能吸引游客眼球,但是,对大糯黑村的文化保护传承有着重要意义的内容,却往往被忽视。

四、乡村文化振兴的未来发展趋势和突破方向

大糯黑村乡村文化振兴的未来发展趋势和突破方向应该锁定在三个方面。

第一,全面、深度、系统地挖掘和整理大糯黑村的乡村文化资源。大糯黑村的乡村文化资源的挖掘和整理,应该避免乡村旅游开发的目的和导向。一旦把乡村旅游开发作为目的,乡村文化资源的挖掘整理的对象就必然集中在那些能够为乡村旅游所用的文化事项上面,从而影响到大糯黑村乡村文化资源的整体性和系统性。充分利用文字书写、音视频记录的方式,来完成乡村文化资源挖掘和整理。不论是民间信仰和仪式,还是婚丧嫁娶等人生礼仪,还是衣食住行等物质文化,抑或是大糯黑村民祖辈传承下来的地方性知识,都应该纳入挖掘和整理的范畴。在此基础上,来讨论和确定哪些文化事项可以和乡村旅游的开发结合起来,以及如何结合,才能保证乡村文化资源的挖掘、整理和乡村旅游的发展相辅相成,各得其所。

第二,应该采取有效的途径进行乡村文化的保护和传承,以促进大糯黑村的乡村文化振兴。保护是传承的基础,传承是文化振兴的保障。大糯黑村的乡村文化的保护传承,应该在如下三个方面努力。其一,创造条件,实现乡村文化的就地保护和传承,即作为传承者的本村村民,在大糯黑村通过可能的途径,把文化传承给作为学习者的本村村民。其二,建立乡村文化传承的运行机制。文化传承的活动应该有相对固定的时间,相对稳定的对象群体,相对固定

的地点,并长期持续运行。比如,乐器演奏知识的学习,舞蹈学习,地方性知识学习等,都应该长期坚持,而不是为了应付上级领导的检查,或者为了乡村旅游的开发而临阵磨枪。其三,应该把下一代作为乡村文化传承的重点对象。一方面,因为培养下一代对乡村文化的兴趣,对于乡村文化振兴来说是极其重要的;另一方面,因为目前撤点并校的政策、孩子周一到周五住校的现实状况,让孩子缺失了与乡村文化密切接触的机会。所以,需要利用乡村文化进课堂,周末乡村文化传承课堂,寒暑假乡村文化传承课堂,创造更多让孩子们接触乡村文化的机会。

第三,乡村旅游和乡村文化的适度整合,也是适合于大糯黑村村情的乡村文化振兴路子。乡村旅游的开发,不仅能带来村容村貌的改观,还能给村民带来可能的收益。而支持乡村旅游开发的最主要条件,是大糯黑村的乡村文化资源。在这个层面上,可以让村民进一步认识到乡村文化资源的重要性。外来游客对大糯黑乡村文化资源的兴趣和欣赏,可以促发村民的文化自信和自豪感。所以,把乡村旅游和乡村文化资源进行适当的结合,也是大糯黑村未来乡村文化振兴的发展趋势和突破方向。

五、石林大糯黑村彝族调查研究基地介绍

大糯黑村彝族(撒尼)田野调查基地,建在石林彝族自治县圭山镇糯黑村民委员会的大糯黑村。2004 年初,基地负责人王玲与大糯黑村村民小组同协商,租借大糯黑村兴建于 1914 年的小学校,作为田野调查基地开展工作的场所。

大糯黑村田野调查基地,一直是云南大学民族学专业本科一年级学生初识田野的地方。从 2009 级到 2017 级,近 200 名学生,在本科导师的带领下,在糯黑村完成了他们的第一次民族学田野调查。与此同时,大糯黑村也是云南大学主办的研究生暑期学校学员为期 10 天的田野调查基地之一。先后 2届,共 26 人在大糯黑村完成了田野调查,并撰写了约 16 万字的田野调查报告。有 5 名硕士研究生的寒假实习,也在大糯黑村完成。

　　鉴于大糯黑村基地便利的交通、颇具特色的石头房子和撒尼文化,该基地一直作为云南大学向世界各地民族学人类学者推荐的学术考察点。世界人类学会的两任主席纳斯先生和小泉润二先生,都分别于 2009 年和 2019 年到大糯黑村进行学术考察。2009 年,人类学与民族学联合会第十六届世界大会,大糯黑村田野调查基地作为其中一个学术考察点,4 天的时间迎接了 400 多名世界各地的学者的参观考察。

　　除了开展民族志电影拍摄和文化研究之外,大糯黑基地还把撒尼文化的保护传承作为一项重要工作来抓。2009 年以来,云南大学在大糯黑村开展的糯黑阿诗玛文化课堂,邀请村民给糯黑小学的孩子讲授村寨历史、中草药知识、农具知识、撒尼古调、大三弦演奏等。因为撤点并校政策,糯黑阿诗玛文化课堂不得不停止。不过,一直负责组织阿诗玛文化课堂的曾绍华,自己创办了糯黑阿诗玛文化传习所,从传统乐器、传统歌舞剧方面继续开展撒尼文化传承的活动。

柿花箐村乡村产业振兴发展报告

郑宇　韩伯宁*

一、村庄概况

自从 2017 年党的十九大报告出台后,乡村振兴战略成了党和国家针对中国农村地区发展改革的有力措施,位于昆明市富民县东村镇的柿花箐苗族村寨,因为近年来党和国家政策上的照顾,成为走在乡村振兴道路上的排头兵。

柿花箐村隶属昆明市富民县东村镇祖库村民委员会,位于富民、寻甸、禄劝的三县交汇处。东接寻甸县的鸡街镇,西邻禄劝县万宝山镇。距离村委会3 公里,距乡政府 15 公里。面积 1.6 万平方公里,平均海拔 2000 米,年平均气温 15.3℃,年降水量 840 毫米,适宜种植马铃薯、玉米等农作物,及烟草、荷兰豆、板栗、核桃等经济作物。有耕地 208.5 亩,人均耕地 0.82 亩;有林地 1350亩,其中核桃 322 亩,板栗 614 亩。全村下辖一个村民小组,截至 2018 年为止居民有 82 户,共计 258 人。劳动力人口 165 人,其中从事第一产业人数 149人,全村常年外出务工 12 人,务工地点有 8 人在省外,4 人在省内。

柿花箐村近年来人口及劳动力情况表①

年　份	2010	2016	2017	2018
村中总人口数(人)	251	250	252	253

---

*　郑宇,博士,云南大学西南边疆少数民族研究中心教授、博士生导师,主要从事经济民族学研究;韩伯宁,云南大学 2016 级中国少数民族经济专业硕士。
①　数据来源于东村镇镇政府。

续表

年　份	2010	2016	2017	2018
农户数量（户）	67	70	71	71
农业人口（人）	251	250	252	253
劳动力（人）	154	160	165	178
第一产业人数（人）	123	132	149	151
第二、三产业人数（人）	21	28	16	27

　　家庭收入以第一产业农业为主。2017 年,全村经济总收入 267 万元,其中:种植业收入 162 万元,占总收入的 60.7%;畜牧及养殖业收入 28 万元,占总收入的 10.5%。第二、三产业收入 13 万元,占总收入的 4.9%。外出劳动力收入 64 万元,占总收入 23.9%。2017 年,该村农民人均纯收入 12091 万元。柿花箐村到目前为止大力发展烟草、荷兰豆及养殖业,产业颇具规模。

柿花箐村近年来收入情况统计表①

年　份	2010	2016	2017	2018
农村经济总收入（万元）	98	242	267	382
种植业收入（万元）	59	140	162	273
畜牧业收入（万元）	19	28	28	28
林业收入（万元）	2	0	0	0
第二、三产业收入（万元）	11	15	13	16
工资性收入（万元）	7	62	64	65
农民人均纯收入（元）	4343	11903	12091	13238

　　截至 2018 年初,该村已实现水、电、路、网的各项通畅运行,家庭通达率及拥有率均达到了 80% 以上,村内巷道硬化率达 70%,全村在 2017 年实现了路灯、卫生厕所的通用。全村共拥有汽车 12 台,拖拉机 35 台,摩托车 66 台。

---

① 数据来源于东村镇镇政府。

二、柿花箐村的产业振兴历史背景及过程

（一）产业发展的初创阶段

该村产业发展初创阶段是从 20 世纪 80 年代末到 21 世纪初,这一段时期是该村最早尝试生计方式转型的时期。该村在 20 世纪 80 年代初期极度贫困,人均年收入不足 100 元。柿花箐村的状况引起了富民县政府的高度重视,解决苗族村寨百姓基本生计问题成了当务之急。

富民县政府与东村镇政府合力探索,找寻出了两条解决柿花箐村贫困问题的方案。首先,从基础资源上予以柿花箐村照顾,该村地处山区,资源相对较为薄弱,道路不通,每次从外界进入村子,两三公里的山路往往要走一个小时的时间。由于当时的政府并没有过多的资金来完成基础道路的修建,所以只能以物质的形式予以支持,当时镇政府为柿花箐村拉来了 300 斤的炸药,用这些炸药炸山开路。在这个过程中,村民贡献了大量的劳动力支持,村中的家庭及成员共同分担了修建土路的总体任务。这项工作从 1988 年开始,一直修到了 1990 年才大致完成。道路修通后有了大量专门扶贫的资源流入柿花箐村,这部分资源绝大多数来源于富民县的民政局。当时经常会有从东部地区收集家庭不要的二手衣物及用品,拿来支援西部地区的现象,柿花箐村在此过程中接收了很多这样的二手物资。从 1990 年到 1995 年的五年时间里,物资支援的比较频繁,每年会有一到两次物资下发。每次一听到有物资到了的时候,村子里面每一户家庭都会聚集到村组长家,来挑选扶贫物资。其次,镇政府觉得解决贫困问题最根源的手段是对该村的产业进行扶持,单一的生计模式很显然已无法使该村走出贫困。通过借鉴相邻村县的一些成功经验,镇政府牵头在村内开始实施产业转型,引入烟草产业。柿花箐村引入烟草产业的时间比照于相邻几个村子相对较晚,但是形成的产业规模较大,且持续的时间也比较长。从 1988 年开始至今烟草产业一直都是该村的支柱型产业。烟草在该村的种植实行的是政府与公司共同合作援助的形式,一方面,政府在柿花

箐村的烟草产业发展中充当间接的辅助角色,政府专门请了一些烟草技术的专业指导员来到柿花箐村进行烤烟栽种的指导。另一方面,烟草公司成了直接辅助柿花箐村脱贫的关键,烟草公司相对财力比较雄厚,有足够的能力在各个方面给予柿花箐村帮助。烟草公司为柿花箐村提供免费烟苗,还经常为村民免费提供化肥及种烟草所需的薄膜,在很大程度上刺激了村民参与烟草产业的积极性。

在这一时期,很多村民通过种植烟草,基本解决了自家的温饱问题。烟草有别于其他农作物,烟草公司每年会定期收购,收购的价格比较稳定,对于农民来说风险较小,村民相对有了较固定的收入来源。

(二)产业转型及多元化发展的第二阶段

第二个阶段是 2000—2012 年。这段时间产业扶贫产生的成效较为明显,扶贫政策及措施也更为明确化。2004 年,原有的烟草产业在受到双控及收成下降条件影响后,开始影响到了当地村民的生活质量。此外由于当地的地质原因,很多家庭的土地不适宜种植烟草。要想解决全村的贫困问题,产业的转型及多元化发展成为了该村必须尝试的新途径。

荷兰豆产业在这一时期逐渐发展成为柿花箐村的第二产业,相较于烟草产业,荷兰豆产业所投入的劳动力成本相对较小,所形成的产业规模也足以弥补烟草产业未覆盖的农户,因此,该产业在柿花箐村很快受到了很多农户的欢迎,同时也出现了放弃烟草产业向荷兰豆产业转型的农户。在这一时期不仅有荷兰豆产业,同时也出现了很多其他经济作物的种植,例如,板栗、核桃等。

养殖业在该阶段开始迅速发展,该村主要的养殖业是养猪,村中在 2008 年有三户家庭养猪规模达到了十头以上。养殖业的发展与土地的规模有着不可分割的关系,发展养殖业比较兴隆的家庭普遍具有较多的土地,如果没有土地或资金,养殖业自然无力发展。因此,较贫穷的家庭很少有人参与,一般都是靠着烟草与荷兰豆致富的人才有机会发展养殖业。

参与市场的行为,成了该阶段柿花箐村产业转型最明显的标志。以往该村的村民往往表现出的特征是背离市场,不愿与市场有过多的接触,随着产业转型由传统的生计型作物变为经济型作物,外加作物的种类由单一向复合转变,村中开始出现外出经商的现象,村民也更愿意通过主动接触市场谋得更高的利润。

(三)精准扶贫与产业振兴的第三阶段

第三个阶段是 2012 年至今,这段村中经济高速发展的时期。精准扶贫政策惠及村庄,同时柿花箐村在 2014 年被评为省级民族团结示范村,村中从 2012 年开始每年都有不低于 10 万元的建设经费流入。村中有了足够的资金建设道路、安装路灯、实现人畜分离、建设居民休闲广场及党员活动中心等。

在精准扶贫的第三阶段,全村将产业发展重心又转回到了烟草产业,省烟草公司大力扶持该村的烟草产业,从 2014 年起为该村修建了现代化烤房,该烤房的修建依照农户自家的意愿,农户出资 20%,烟草公司出资 80%,每家修建的烤房规模不能超过 5 万元,此外还为修建现代化烤房的农户免费提供了现代化烤烟设备,有了现代化烤烟设备及技术的引入,农户的收入得到了稳步提升。在 2018 年,烟草公司打算出资 80 万元,重新对该村的蓄水池进行修缮,将蓄水池与附近小箐沟水库相连通,更方便了村民的农业灌溉及生活用水需求。

柿花箐村近 40 年居民生活变化表

年代＼变化内容	生计方式	衣	食	住	行	
					路况	交通工具
1980—1990 年	种烤烟、玉米	自种自织	自种玉米、土豆	茅草屋和土房子	山路	马车,牛车,主要靠步行
1990—2000 年	种烤烟、玉米	自己买材料做	玉米为主,米饭开始增多	土房子	毛路	摩托车普及

续表

年代＼变化内容	生计方式	衣	食	住	行	
					路况	交通工具
2000—2010 年	种烤烟、玉米、荷兰豆	集市买、自己做	米饭	砖房和土房	石板路	摩托车较多、少量轿车
2010 年至今	种烤烟、荷兰豆、外出务工	全部在镇上或县上买	米饭、馒头、玉米多样化	平房较多，砖房、土房较少	水泥混凝土路	轿车为主，摩托车基本家家都有

三、2017 年柿花箐村产业发展形势分析

（一）乡村振兴中的第一、二、三产业发展总况

柿花箐村的主体产业是第一产业种植业、林业和养殖业，在 2017 年度农业及养殖业均有极大的发展。作为该村支柱产业的烟草业，从 2016 年末的 26 户发展到了 2017 年的 31 户。在 2017 年烟草产业呈现了稳步上升的势头，这与精准扶贫在村中对于技术与设备的推进有着不可或缺的关联。而相对来说作为该村另一大核心的荷兰豆产业，呈现了下降的趋势，从原有的 33 户，下降到了 21 户。这与 2016 年荷兰豆价格的市场波动有着较大的关联。林业主要是种植板栗及核桃，有农户 23 户，此外有种植中药材农户 1 户。

在养殖业方面，该村主要的养殖业是养猪业，养猪业由于受到 2016 年猪价上涨的影响，从 2016 年的 103 头，上升到了 122 头。此外在畜牧业方面，养羊和养牛也成为了 2017 年度柿花箐村养殖业发展的新亮点，养羊的数量从 2016 年的 93 头，上升到了 118 头。养牛的数量达到了 53 头，其中黄牛 38 头，斗牛 15 头。养牛业所表现出来的特点是，柿花箐村全村人对于斗牛养殖的兴趣有了明显提高，苗族传统中对"牛文化"格外重视，逢年过节斗牛都是苗族人节庆之中必不可少的一个环节。以往在柿花箐村中，并不重视斗牛的饲养，原因主要有两点。其一，斗牛从购买到饲养成本较高，很多家庭不具备饲养斗

牛的能力。其次,举办相应的商业性斗牛比赛较少,并未给饲养斗牛提供有力的环境。随着经济条件的改善,周围商业性斗牛活动的增多,作为既包含了娱乐性消费内涵,又作为一种风险投资的斗牛逐渐得到了村民的偏爱。这种偏爱源于对自身文化的热爱,也源于通过斗牛赚取财富的向往。

在第二产业方面,由于精准扶贫工作的作用,在柿花箐村周围形成了大量的建筑工程,因此村中利用农闲时间参与第二产业的人数逐渐增加,截至2017年,村中有三分之二的年龄低于50岁的中青年人都有参加第二产业的经历。此外,村中也有人常年外出务工,但务工人数较少,每年的务工时间也不固定。大多数外出务工人员,每年外出的时间在3个月到6个月之间,收入情况也不稳定。

在第三产业方面,该村在2017年有三户居民从事商业性质的活动,主要是收购农产品,之后销往昆明、曲靖等地。此外,还有四户居民购买了二手卡车,空闲的时候会通过帮人拉货及搬运砂石等赚取一定的资金。村中从2016年开始,由几位年纪较轻的女性组织了一组舞蹈队,每逢附近有人家办喜事和镇上有大型庆典活动时,都会邀请她们前去表演,每次商演会付给每个人80—100元不等的酬金。在2017年该表演队全年各类商演17场,人均收入1300元。

(二)特色产业发展的主要动力、经验与新特点

该村最早的特色产业是烟草业,在2000年后荷兰豆产业形成了对烟草产业的替代,而近年来烟草产业重新出现回暖的态势。在2017年度,该村种植烤烟的农户从2016年的32户上升到了37户,而种植荷兰豆的农户由2016年的32户下降到了21户。这里面的动力因素主要包含两点:一是政府及公司对于烟草产业的扶持,二是该村农民面对风险后做出的合理规避的原则。

在政府对于烟草产业的扶持方面,在2017年政府出台了多项措施鼓励当地百姓种植烟草、改善自身条件,对于种植烟草的农户发放贷款的条件,每户烟农可贷款2—3万元用于产业的发展。此外,依托省烟草公司对于柿花箐村

的扶持,2017 年度,省烟草公司资助超过 100 万元用于该村现代化烤房建设、烟草保险补助及现代化灌溉设施的修建,并投入大量技术上的帮扶,使得该村农户的烟草栽种质量有了较为明显的提升。

在农民面对的风险方面,荷兰豆产业在柿花箐村已发展十余年的时间,起初是村民面对市场的一个选择。随着荷兰豆产业在柿花箐村获得了成功,周边的村子也开始种起了荷兰豆,这就造成了当地荷兰豆产量暴增的现象,当荷兰豆供大于求的时候,价格下跌成了必然。另一方面,荷兰豆由于已在柿花箐村种植了十余年的时间,土地的肥沃程度和病虫害的肆虐,造成了荷兰豆大量减产。据统计,2017 年度荷兰豆的亩产不足 300 公斤。此外,价格下降,使得农民感受到了面对市场所带来的风险,荷兰豆的收入从 2016 年的家庭人均 5600 元下降到了 4800 元,这就使得很多人放弃荷兰豆产业,改为选择能提供较为稳定收入,且风险波动较小的烟草产业。

(三)当前产业发展中存在的主要问题

1. 资源分配不均问题

该村长期的扶持与扶贫主要围绕着第一产业展开,这就造成了很多扶贫资源分配的过程中产生了不均匀的现象。很多已具备先天优势的群体在产业扶持的过程中获得了更多扶持的资源,形成了村内部分精英群体。精英群体并未很好带动村内贫困群体实现脱贫致富的目标,反而对贫困群体应得的资源长期占用,一定程度上导致贫富差距扩大化。

2. 产业结构单一问题

该村绝大多数人都投入到第一产业当中,投入第二、三产业的人口比重较小。由于区位及历史、民族因素,导致该村与外部交流较少,这就使得村民将发展的重点都聚集在了第一产业当中。外加政府对于第二、三产业引导的缺失,导致该村产业结构单一,只围绕着农业相关领域。

3. 发展产业劳动力技术水平偏低问题

对于柿花箐村的产业扶持,政府主要将目光聚焦到了产业的发展上,而对产业相关的劳动力的培养上是缺失的。据 2017 年实地调查统计,该村年龄低于 25 岁的年轻人,未完成九年义务教育的比例达到了 63.9%,劳动力技术水平偏低及劳动力过剩导致了该村产业发展的迟缓,先进的产业发展理念难以进入。很多家庭确实整体收入有所提升,但平均到个人身上的收入仍然较低。

四、柿花箐村未来产业振兴的相关建议

1. 产业振兴的过程中注意调整资源分配,包括公共设施建设、各类资金投入等在村落不同聚居区之间的平衡;扶持、推动项目在三类产业之间的适时调整和精准投入;专项资金在村内不同层次群体之间的公平配置与有效覆盖等。在这个过程中应高度注重投入评估、动态调适与后期监管。

2. 结合民族特有文化,推动具有民族特色的产业发展。在产业振兴的过程中,应依托该村苗族村的特点,对于民族特色文化产业进行扶持,该村现有的产业模式并未过多的重视该村的民族文化特性进行发展,可依托于地理位置的优势及民族特有文化发展"农家乐"旅游业等相关文化产业,带动第二、三产业的发展。

3. 三产融合发展,引入现代化农村元素,建设绿色农村。将该村的农业与文化、教育、旅游、养生等各产业相融合,形成一套自身特有的从生产到售卖的产业链。将"互联网+"的理念引入该村,通过现代化路径提高该村生产效率,同时拓宽商品售卖路径。

4. 加强教育投入,提升人力资本。在产业振兴的过程中,应更加强对教育的扶持,特别是"义务教育"与"高职教育",保证村内年轻一代接受满九年义务教育,同时更应鼓励他们接受"高职教育"。通过对教育的投入,培养更多优秀的人才,带动新农村建设现代化的发展。

5. 加大对农民创新行为的保障力度,提升村民主观产业创新的意愿。农民普遍不愿意尝试创新,原因归于惧怕失败而带来的风险。在这个过程中,政府应主动成立农民专项风险保护的基金,尽量在这一过程中对农民的创新行为加以保障。特别是贫困群体,创新失败很可能意味着贫困问题的加剧,从而

造成贫困问题无法得到有效的解决。政府实行较好的保障政策，主动帮助农民承担风险，农民创新的意愿将会大大增强。

五、苗族调查研究基地介绍

昆明市富民县东村镇石桥村村委会芭蕉箐苗族村是云南大学 2003 年开始建设的、最早的"云南少数民族调查研究基地"之一。该基地建成于 2005 年 11 月 20 日，占地面积 530 平方米，主体建筑总使用面积为 185.4 平方米，分为 A、B 两幢。包括会议室一间、住宿房间五间，厨房一间、独立卫生间一间，能够同时提供约 20 人的调查团队驻站进行较长时间的调查生活。2017 年 9 月，因为修建"武倘寻"高速公路，并且基地正位于高速路规划线路位置，所以基地不得不拆除。因为选址等因素的影响，新的苗族调查基地选在了毗邻芭蕉箐的柿花箐村。

历经 12 年的发展，虽然曾因多种因素导致暂停，但从 2010 年芭蕉箐苗族基地重新修葺重启后至今，该基地为云南大学民族学学科建设做出了重要贡献：在教学实训方面，2010 年至 2016 年，共先后参与 5 届全国研究生暑期学校，每次调查 10 天，共 89 人累计约 50 万字的调查资料。2013 年开展了民族学本、硕学生 20 天的寒假田野实习；期间零星的硕士生、博士生短期调研，合计约 220 天。在科研成果方面，2009 年出版了村民日志《圣歌里的芭蕉箐：富民县东村乡芭蕉箐苗族村民日记》，在本基地调查基础上产生了论文 28 篇，其中 CSSCI 刊物 9 篇；获得相关国家级、省部级课题三项；获得相关省部级科研奖励二等奖一项；完成博士学位论文一篇，硕士学位毕业论文 8 篇，本科论文近 10 篇。其中，本科毕业论文 1 篇获得国家级科研项目支持；硕士学位毕业论文 1 篇获得校科研项目支持，并获得省级科研奖励。另外，完成了较高质量的村民影像志 2 部，共 120 分钟；照片数百张。最后，在对外交流和社会贡献方面，先后接待四川大学、厦门大学、中央民族大学等高校专家 30 余人，学生超过 100 人。此外，基地负责人 2013 年帮助芭蕉箐村申请省民委 20 万元资助项目一项，解决了部分村民的饮水困难问题，获得了村民们的高度赞同。

在 2020 年底,通过长期租用村民房屋的方式,位于柿花箐村的苗族调查新基地终于建立了。目前,在负责人的带领下,该基地已经开展了由博士生、硕士生数十人参与的共约两个月的田野调查工作,继往开来的一系列新的研究成果即将面世。

元阳县箐口村 2017 年产业振兴报告

张雨龙　　郑佳佳[*]

实施乡村振兴战略,是党的十九大做出的重大决策部署,是决胜全面建成小康社会、全面建设社会主义现代化国家的重大历史任务,是新时代"三农"工作的总抓手。农业农村农民问题是关系国家发展的根本性问题。我国不平衡不充分的发展问题在乡村尤为突出,这就亟须推进农业农村的现代化。2018 年 1 月 2 日,国务院公布 2018 年中央一号文件《中共中央国务院关于实施乡村振兴战略的意见》,这一举措意味着党的十九大报告中关系国计民生根本问题的乡村振兴战略正式拉开序幕。2018 年 9 月,中共中央、国务院印发了《乡村振兴战略规则(2018—2022 年)》,对实施乡村振兴战略做出阶段性谋划。为最终实现乡村产业兴旺、生态宜居、乡风文明、治理有效、生活富裕,产业振兴、文化振兴、人才振兴、生态振兴、组织振兴五个方面的重要性达到了前所未有的高度。在乡村振兴战略 20 字总体纲要中,产业兴旺是乡村振兴的源头根本和基础前提,产业发展处于乡村振兴战略之首。

20 世纪 90 年代中期以来,随着中国乡村旅游的发展,乡村旅游逐渐成为农村地区的一种新兴产业。由于提供了新的收入方式,创造了更多新的就业岗位,乡村旅游从某种意义来说促进了农村产业结构的调整。跟踪记录长期以来开展乡村旅游的村落所经历的产业发展,对于全面而深刻地理解地方社会变迁发挥着重要作用。根据"十五"民族学重点学科建设方案中提出的"云

　＊张雨龙,云南大学民族学与社会学学院副教授,博士,主要从事哈尼/阿卡人经济与社会文化发展研究;郑佳佳,云南大学社会学博士后科研流动站研究人员,昆明理工大学国际学院副教授,博士,主要从事民族文化发展研究海外民族志研究。

南少数民族村寨跟踪调查与小康社会建设示范基地"设置构想,云南大学于 2004 年起在云南省 10 个村寨进行布点,建立民族文化研究基地,聘请"村民日志"记录员对本村每天发生的事情进行观察和记录。位于元阳哈尼梯田核心区的元阳县箐口村正是在此背景下成为云南少数民族村寨跟踪调查与小康社会建设示范基地的选点之一。云南大学校领导以及建设示范项目负责人何明教授在红河州委领导的陪同下,会同当时红河州民族研究所工作人员,经过对几个哈尼族村寨的调研,最终确定将箐口村选做云南大学哈尼族文化研究基地,由马翀炜教授作为基地负责人。元阳县箐口村的云南大学哈尼族文化研究基地于 2005 年 4 月完成工作站建设,几乎与作为哈尼梯田第一张名片的箐口村旅游业发展同期启动。由于连年来良好的持续运作,基地详细地记载了这个位于红河南岸的哈尼村寨点点滴滴的变化,同时也对该村的产业发展进行了长期观察。有鉴于此,特形成箐口村旅游产业发展报告。

一、发展概述

箐口村是一个坐落在哀牢山区大山深处半山腰上的哈尼族小村子,平均海拔 1600 米左右,隶属红河彝族哈尼族自治州元阳县新街镇土锅寨村村委会,位于元阳梯田景区入口处,是游客进入梯田核心区的必经之站。截至 2017 年 12 月,村内共 240 户人家,人口为 1034 人(男性 522 人、女性 512 人),劳动力 652 人,中共党员 29 名;耕地面积 857 亩,其中水田 453 亩,旱地 404 亩,粮食人均产量 299 公斤;建档立卡贫困户 48 户。① 十余年前,箐口村被选作示范基地时全村共 178 户 865 人(2004 年数据)。云南大学哈尼族文化研究基地建成后,负责人马翀炜教授于 2005 年至 2006 年间组织研究团队对这个被快速席卷到旅游业发展中的传统哈尼村寨的历史剖面进行了紧急记录,详尽地对该村的环境、人口、社会经济、政治、法律、婚姻与家庭、民间艺术、风

---

① 资料来源:元阳县土锅寨村村委会。

俗习惯、宗教文化、卫生与科技、教育以及信息传播十二个方面展开了调查研究。① 自 2009 年起,云南大学哈尼族文化研究基地每年都接待"云南大学民族学/人类学农村实地研究暑期学校"的学员,目前已接待 100 余名学员,形成 100 余份调查报告,调查内容涵盖了诸多方面,其中较大部分是对箐口村各类现象的观察聚焦于日常生活与旅游发展的对话。此外,基地负责人每年都带领博士研究生和硕士研究生到箐口村哈尼族文化研究基地开展田野调查工作,在箐口村的田野调查基础上已经出版了 5 部著作,发表了 80 多篇学术期刊论文,完成了 10 多篇博士、硕士学位论文。这些丰富的研究资料也为理解箐口村旅游产业的发展提供了重要的基础。

(一)发展历程

哈尼梯田旅游兴起于 20 世纪 90 年代末。"为加快发展全县旅游业,2000 年 12 月设立元阳县旅游局,为政府主管旅游的职能部门。2003 年,县委、县政府把旅游业确定为振兴全县经济的支柱产业,确立了旅游业在国民经济和社会发展中的战略地位。"②2000 年,箐口村与附近的麻栗寨以及全福庄一同作为潜在的民俗村选点进入当地政府视野,最终箐口村获选,成为梯田旅游开发之初重点打造的一处景点。

梯田闻名天下离不开外界的持续关注。20 世纪 80 年代,香港《大公报》就报道了元阳哈尼梯田。1993 年,当法国独立制片人杨·拉玛在元阳拍摄的山水专题片《山岭的雕塑家》在多个国家和地区上映后,哈尼梯田引起了世界上广泛关注。2001 年举办的元阳梯田民俗风光国际摄影大奖赛以及 2004 年举行的元阳人文风光信封和明信片首发仪式让更多的人认识了哈尼梯田的面貌。哈尼梯田于 2000 年迈上申遗之旅。1993 年、2002 年元阳两次举办的国际梯田文化研讨会(国际哈尼/阿卡学术文化研讨会)以及 2010 年举办的首届世界梯田大会,一直在尝试论证这片土地的独特性。旅游业迅猛的发展也

---

① 参见马翀炜:《云海梯田里的寨子》,民族出版社 2009 年版。
② 参见元阳县地方志编纂委员会:《元阳县志(1978—2005)》,云南民族出版社 2009 年版,第 283 页。

见证着梯田世界的不断变化。

梯田中的村寨随着哈尼梯田的广为人知而迎来变化。可以说,箐口村几乎是被裹挟着迅速进入哈尼梯田申报世界文化遗产以及旅游开发等种种现代事项之中的。2002 年 2 月 25 日,箐口民俗文化村管理委员会成立,管委会成为直属于元阳县旅游局的旅游开发职能部门,工作人员多为箐口村村民。管委会负责管理旅游设施、维护村内卫生并收取门票。2003 年 9 月末专门成立了文艺队,负责为游客表演哈尼族传统舞蹈。2004 年,被国家旅游局命名为"全国农业旅游示范点",2008 年,被云南省旅游局列为首批旅游特色村。2009 年,由著名舞蹈家杨丽萍指导的原生态农耕文化节目"元阳梯田"正是在箐口村寨脚下的梯田里进行了实景演出。作为哈尼梯田的首张哈尼村寨名片,箐口村在哈尼梯田核心区中是最早迎来了系列建设与改建工作的哈尼村寨。箐口民俗村共设有哈尼民俗文化展示点 7 个,于 2002 年建成哈尼文化陈列馆、文化广场及水碓、水碾和水磨等民族文化、农耕用具展品设施。村内民居改造为民族传统特色建筑,展现地方风情。村口建设了图腾广场,螃蟹、青蛙、水牛、田螺等雕塑指向哈尼族的原始崇拜。

箐口村是梯田景区内开发历史最长的重要民俗文化展示村落。最初主要由旅游局下属的民俗村管委会负责经营管理,世博元阳公司开始景区的运营管理后,与自 2009 年起陆续建成的多依树、坝达、老虎嘴三个梯田景区一并划归世博公司管理。世博元阳公司于 2008 年 11 月 27 日在元阳县工商局正式登记注册成立,与元阳县旅游局签订旅游开发经营权转让协议,合约期 50 年。公司的注册资本金 8700 万元,其中,云南世博旅游控股集团有限公司占66.67%的股份,元阳县国有资产经营管理有限公司占 33.3%的股份。世博元阳文化旅游公司是元阳县首家引进的文化旅游企业,专业进行元阳哈尼梯田旅游开发及旅游产业链开发的文化旅游公司。世博元阳文化旅游公司的发展愿景是:"早日把元阳哈尼梯田景区打造成哈尼文化展示中心和传播基地,建成国内一流、世界知名的优秀景区。"公司成立后接管梯田核心区的景区管理与开发,箐口景区的管理权同时移交至世博元阳公司。

哈尼梯田申遗旅程经历十余载的蹉跎之后,终于迎来成功。2013 年 6 月

22 日,紧随着柬埔寨金边第 37 届世界遗产大会的喜讯传来,红河哈尼梯田成功进入世界文化遗产名录的庆祝活动在哈尼梯田核心区元阳县新街站梯田广场上开展。活动现场,红河州州长表示红河哈尼梯田申遗成功是国际社会对其历史、科学、文化价值的认可,同时也许下"红河州将秉持对世界的承诺,严格保护,科学规划,有序开发,依法管理,使红河哈尼梯田更好地造福社会"的誓言。这就意味着,申遗时代不断重复的证明价值的议题将逐步被后申遗时代逻辑上升的呈现、共享、保护的议题所取代。从这个方面来说,哈尼梯田旅游能够较好地贴合于后申遗时代的时代议题。因为,旅游不单单是一种商业活动,还是综合历史、自然、传统的一种观念架构,旅游业有能力根据旅游发展的自我需求而重塑文化与自然。① 也正是基于这样的出发点,我们选择从旅游业的视角对箐口村近年来的产业发展进行分析与思考。

(二)发展现状

箐口村地处生活着六个世居少数民族的哈尼梯田核心区,是名副其实的文化资源富集区,各种资源品牌业已成体系。在成为世界遗产之前,哈尼梯田已经获得国家湿地公园、全球重要农业文化遗产、全国文物保护单位等重要荣誉称号,而后申遗时代则开启了更多地获得认可与关注的良好契机。哈尼梯田于 2014 年被评定为国家级 AAAA 景区。2014 年 12 月,哈尼梯田成为英国广播公司评选的"世界新五大奇观"之一。2015 年 1 月,在北京举办的中国旅游大会上,红河哈尼梯田荣获"2014 年度最美乡村"以及"中国旅游金途奖"。哈尼梯田文化旅游区于 2015 年 3 月正式获国家质检总局批准筹建,成为"全国知名品牌创建示范区"。2015 年 6 月,元阳县被授予"中国红米之乡"称号。元阳哈尼梯田景区进入中国旅游总评榜"2015 年度最受游客欢迎景区"云南分榜。元阳红河哈尼梯田进入 2016 年区域品牌价值百强榜,品牌价值达26.09 亿元。2017 年 6 月,云南省公布的 105 个特色小镇创建名单上,哈尼梯田属第一层次(即创建国际水平特色小镇)中的 5 个小镇之一。这些荣誉的

---

① Dean MacCannell.*Empty Meeting Grounds*:*The Tourist Papers*,London:Routledge,1992:1.

获得表明哈尼梯田旅游发展得到了旅游管理部门和游客的认可,同时也吸引了越来越多的游客,近些年游客数量的不断增长充分表明了这点。如下表所示。

元阳县近年来旅游数据列表①

年 份	游客总数（万人次）	同比增长（%）	海外游客（万人次）	同比增长（%）	旅游总收入(亿元)	同比增长（%）
2013	107.38	14.05	4.93	3.61	13.154	19.93
2014	125.26	16.65	5.36	8.25	17.59	33.75
2015	159.17	21.89	——	——	20.90	12.70
2016	220.64	38.63	6.08	8.2	30.28	65.44
2017 年 1—6 月	148.04	82.66	3.99	20.52	18.39	59.28
2018 年 1—8 月	272.19	34.74	5.09	10.04	37.8	51.48

梯田旅游以及旅游产品的开发为当地村民创造了不断增收、赢得长足发展的历史机遇。梯田旅游发展催生了一些相应的合作社。截至 2015 年底,元阳县境内的专业合作社总数达 89 个,类型主要有种植型、养殖型,多数合作社主要布局于梯田核心区内。箐口村同样也开启了合作社的探索道路。2017年 3 月 13 日,箐口村村民李学作为法定代表人的"元阳县泽沐康沐梯田红米种植农民专业合作社"在元阳县市场监督管理局的登记,业务范围包括水稻种植、销售,鱼、鸭养殖、销售,旅游产品开发等。合作社农户覆盖了土锅寨村村委会五个村寨,成员出资总额多达 560 万元。从这个意义而言,核心区村民的积极性在后申遗时代得到了极大的刺激与鼓舞。

（三）发展中存在的问题

1. 可进入性不容乐观

伴随着民俗村打造、AAAA 景区打造,箐口村的硬件设施不断得以标准化,尽管标准化水平尚有较大发展空间,但相较于其他未得到开发的哈尼村寨已经明显占有优势。箐口村所属的元阳哈尼梯田景区于 2014 年被国家旅游

---

① 资料来源:元阳县政府办公室。

局评定为 AAAA 景区。根据国家质量监督检查检疫总局 2004 年发布并实施至今的《旅游景区质量等级的划分与评定》(修订)(GB/T17775-2003),景区等级的评定要考虑包括交通、游览安全、卫生、邮电服务、购物、经营管理、资源和环境的保护、旅游资源吸引力、市场吸引力、接待能力及游客满意度在内的十二个方面的相关标准。交通一项首当其冲,不容乐观的可进入性成为箐口村旅游产业发展的桎梏。元阳县曾是国家级贫困县,直至 2008 年全县南北贯通的道路不超过 100 公里,均为三级路面。当前,元阳哈尼梯田观光旅游以新街镇为集散中心,梯田景区旅游交通状况并不乐观,昆明至元阳并未实现全线高速通车,元阳县境内连接各个乡镇的交通现状以及新街镇至各梯田景区的交通现状都存在较大的提升空间。元阳县落后的交通条件一度制约了梯田旅游业的发展。① 外部环境大大约束了箐口村的旅游发展。

就箐口村内部环境而言,进入箐口村的道路主要有四条,包括村道和三条连接其他村寨的石子小路。相比其他三条小路,村道是唯一一条可以通行机动车辆进入村子的道路。道路尽头处是箐口村迎来旅游开发后修建成的可以供几十辆车辆停放的停车场,走过停车场经过数级台阶,即是村内的主干道,村民的民房顺着主干道两侧展开。沿着村子主干道往前,第一个岔路口往东南方向是村子的活动广场,往南方是新文化陈列馆前的广场。村内人家逢婚丧嫁娶,总离不开村内唯一可以通车的村道,也离不开停车场以及村内的广场。办喜事的人家,需要从停车场驱车外出;办丧事的人家,需要在停车场迎接前来吊唁的亲友;而不管是喜事或是丧事,村民多半选择在两个广场中的一个摆设酒席接待亲友。箐口村的入村道路现状以及专门的引导标识的缺位,都使得通向村子北边的村道以及村道尽头的停车场成了外来者与当地村民相遇的地方。一方面,村寨的可进入性及空间布局决定了村民与游客共同在场的公共空间中进行的人生仪式同时转换为游客眼中独居特色的生活景观。但另一方面,内外文化的相遇同时也使得哈尼村寨的生活场景日趋碎片化。游

---

① 马翀炜:《中国民族地区经济社会调查报告——元阳县卷》,中国社会科学出版社 2015年版,第 65—66 页。

客难以在零星的偶然的相遇中形成对哈尼文化的理解。

2. 内外发展观念的抵牾

哈尼梯田成为世界文化遗产之后,对梯田的传承保护就成为一件大事。哈尼梯田的保护工作主要划归世界遗产哈尼梯田管理局负责。"保护"与"发展"并置,却并不意味着人们已经充分认识到了不断处于变化中的梯田世界,或者说,并不意味着人们已经充分理解了梯田的保护与发展二者间的相互关系。事实上,将梯田的保护置于梯田的发展之上早已成为一种习惯。管委会的干部们并非不明白对于多数普通家庭而言,辛苦建好的房屋代价不菲。[①]然而,要实现保护,首先就要对村民的违规违章建筑进行管理与监测。这样一来,一些村民因为家庭规模不断扩大而出现的新建或重建住房的需求无法得到满足,使得这些人不仅不在乎村中的旅游发展,而且有时还抵触。因此,在现有基础上村民自己进行旅游产业拓展就成了更加困难的事项。

在箐口村,很多为了推进旅游开发、提升旅游设施水平所展开的建设遭遇来自村民的阻力。[②] 久而久之,箐口村的旅游业也日趋"萧条",游客因为入村道路的蜿蜒曲折而时常果断地选择放弃进村,当地政府由于建设项目的难以推进而时常选择将相应的项目投放到其他村寨,景区公司也就逐渐中止了村中的旅游项目。箐口村不再像以前一样需要验票才能进入,从而不再成为与多依树梯田、老虎嘴梯田以及坝达梯田景区可以相提并论的景点,村民也不能再像以前一样直接分得部分门票收入。这又进一步使村民在观念上认定自我发展与旅游发展相互间缺乏紧密的联系。

二、产业发展形势分析

整合与发展乡村旅游产业对于优化农村产业结构、振兴农业经济、建设乡村意义重大。然而,旅游产品开发的深度和广度不够、区域交流与合作不足、

---

① 由于很多房屋建盖地址并不在公路边,交通不便要求建房者依靠人力运送建材,这使得建房的花销更为明显地增加。

② 马翀炜:《村寨主义的实证及意义——哈尼族的个案研究》,《开放时代》2016 年第 1 期。

企业作用没有得到充分发挥等都是乡村旅游一直以来存在的问题。① 元阳县产业发展过程中也存在此类问题。然而,对整体的发展形势分析并不应局限于全国范围的共性问题,还要着重对该区域面临的较为独特的现实问题以及相应的探索、经验的积累入手。从旅游业启动至今的十余年时段看来,旅游业的发展速度并不快,梳理其发展总况是必要的。

(一)旅游产业发展总况

旅游业早在 2003 年就被明确为振兴全县经济的支柱产业,元阳县一直尝试结合旅游业的发展为梯田各族村民找到切合实际的产业。从梯田本身的产品中寻找契机即是其中的一个努力方向。

旅游产业既然是全县的重要产业,如何带动村民积极投入旅游业就必须成为元阳县举全力发展与打造的重点工作。2017 年 4 月,世界遗产哈尼梯田元阳管理委员会召集旅游、梯田管理、公安、市场监管、住建等部门,在新街镇、攀枝花乡的相关工作人员的参与中对红河哈尼梯田核心区从事旅游经营活动的客栈、农家乐、旅游商品经营户开展了摸底调查。在以往的住宿、餐饮、购物等旅游接待施设等基本情况的基础上,本次调查专门增加了经营户愿意服从什么样的管理、可以经营哪些项目、是否安装了旅馆业信息系统和监控等多项内容,为下一步对核心区从事乡村旅游经营户的规范管理提供了依据。截至 2017 年 4 月底,元阳县共打造特色旅游村 11 个,发展乡村客栈、农家乐 219 家,接待床位 2862 张,带动就业 1000 余人。②

十余年前,箐口村由村民利用自家民房经营的餐馆及旅馆曾经多达 5 家、大理商人到村中租赁民房经营的银器铺近 10 家。由于近年来箐口村旅游发展态势在整个梯田景区中呈式微之势,至 2017 年时村中仅剩余 1 家餐馆,1 家农家客栈(10 个床位)以及 1 家银器店。近两年,多家国营及民营的度假酒店、客栈不断落户在紧邻箐口村的哈尼小镇,用工数据显示,相较于同属于土

---

①　赵承华:《我国乡村旅游产业链整合研究》,《农业经济》2007 年第 5 期。
②　资料来源:红河州旅游发展委员会。

锅寨村村委会的土锅寨村、小水井村,箐口村村民参与率相对较低。箐口村的劳动力更多倾向于外出务工,而不是就近加入旅游服务业。

(二)旅游产业发展的经验与特点

通过以往十余年的工作积累,当前政府及各相关机构认为,能够较快突破产业发展瓶颈的抓手可以通过改善可进入性以及不断改变村民观念得以实现。

针对产业发展存在的问题积极改变外部环境,主要是对该区域可进入性不足的改善。然而,这些被动状况很快将会有所突破。"十三五"期间红河州开工建设的 5 条南部高速公路均将元阳纳入其中。紧随着 2016 年 9 月元绿高速开工仪式的举行,元阳哈尼梯田机场试验段工程开工仪式也于 2016 年 12 月举行。多条高速公路通车以及哈尼梯田机场的通航无疑能够大幅提升哈尼梯田的外部交通硬件设施。与此同时,元阳县也在提升内部交通设施条件上做出了努力。历经数个月的工期,元阳县于 2016 年完成了哈尼梯田核心区旅游环线提质改造工程。经过改造,起于元阳县新街镇大鱼塘,途经坝达、多依树和老虎嘴等梯田景区的元阳哈尼梯田核心区旅游环线道路的近 52 公里的路线得到全面改造,路面的通车质量得到明显提升。可以说,元阳县开放发展的力度在各类相关政策的支持中得到进一步加大,这些有利条件都为旅游品牌和服务质量持续提升创造了良好的平台。

针对产业发展存在问题积极改变内部条件,而其中对观念的协调与改变是至关重要的。箐口村每年常会迎来各级政府机关组织的座谈会、宣讲会,涉及环境卫生、生态保护、法律条文等多个领域。而为实现产业发展配套进行的观念改变实践主要表现为旅游人才培养机制的建立。元阳县在逐渐完善旅游人才机制的工作中,主要采取常态化、专题化的培训方式。

三、趋势判断与突破方向

自产业振兴战略提出以来,各地掀起了大力发展乡村产业的高潮。2018

年的中央一号文件提出,"必须坚持质量兴农、绿色兴农,以农业供给侧结构性改革为主线,加快构建现代农业产业体系,生产体系、经营体系,提高农业创新力、竞争力和全要素生产率,加快实现由农业大国向农业强国转变。"这也意味着,推进乡村产业振兴,务必要立足国情、根据地方特色,因地制宜、循序渐进,最终实现乡村产业与乡村文化、乡村社会、乡村生态以及农民自身的发展协同共进、相得益彰。①

(一)发展趋势

旅游业的不断发展促使在千年历史的梯田中成长、依靠人工而非机械种植产出的红米成为极具发展潜力的产品。2016 年 9 月,"世界文化遗产·千年哈尼梯田"元阳梯田红米新闻发布会在昆明举办,元阳县通过发布会向各界社会人士宣布,今后大家足不出户,只需打开手机微信搜索"元阳商城",关注该微信公众号后即可在这个微信平台内购买梯田红米。这意味着"元阳红"品牌梯田红米向全国各地的销售电子商务通道正式上线运营。"元阳商城"项目是元阳县 2016 年推进的一项重点工作。元阳县与龙润集团电商服务平台合作,尝试通过以"互联网+"的方式实现梯田红米的销售。"元阳商城"整合了便捷的线上营销、快速的物流传递、安全的支付环境和高效的平台管理等多重功能,期待以全新的形象与服务重新定义哈尼梯田核心产品的品牌印象。经过短短数个月的努力,由红河元阳梯田云科技股份有限公司负责整体统筹运营的元阳商城电子商务平台全力以赴,完成了商城模式研发、技术开发、供应链管理、人员培训等工作。

本着"大众创业·万众创新"的宗旨,"元阳商城"项目另外设计了一项可以更加深入发掘"互联网+"优势的举措,即借助移动零售服务商开发的"企业全员开店"系统,邀请更多人士参与到梯田产品的销售事业中。这一项目的开展意味着快速开店、自动上架的便捷性保障着"店主"可以通过朋友圈、微博等社交网络平台对梯田产品进行推广和销售。不论"店主"身在何方,订单

---

① 于建嵘:《乡村产业振兴要因地制宜》,《人民论坛》2018 年第 6 期。

一旦成交,红米、鸭蛋等梯田产品均由总部仓库统一发货。经过九个月的努力,截至 2017 年 6 月 25 日,元阳商城已经拥有 193 家全员店铺,销售额达6576689.82 元人民币。[①] 梯田红米的"互联网+"大数据实时传回元阳县粮食购销有限公司的红米加工厂,红米产品展厅墙壁上液晶显示屏不断滚动着的销售额数字、每一笔订单的成交地理位置在国家版图上此起彼伏地闪烁,这一切似乎预示着梯田红米将会更好地支撑哈尼梯田核心区展开更多的新探索。

箐口村连同周边的其他哈尼族村寨一起在旅游产业的发展道路上被带入"互联网+"趋向之中。元阳商城计划设立的电商服务站也"落户"到箐口村外的公路旁。根据元阳商城运营方的理念,服务站既要售卖生活用品,提供快递收发服务,同时也作为农产品销售体验中心得以运转。元阳县将以向村民收购来的红米统一置换外地的食用油,并将油品放到服务站进行低价售卖。除食用油之外,服务站网络还将到生产商那里直接引入村民常用的生活品,保证产品价格不超出市场标价。届时,所有这些产品陈放在服务站,村民可以享受网上下单、统一由商城送货上门的服务。"互联网+"的销售方式从传说变成现实的巨大变化,村中的民宿也开始尝试开通互联网预订渠道,试图跟上时代发展的潮流。

(二)突破方向

从当下的情况看,紧密结合主流文化中流行元素的个性化旅游产品日益成为哈尼梯田旅游的发展方向。2016 年 3 月、2017 年 3 月,元阳县组织了首届和第二届哈尼梯田越野马拉松比赛,比赛起/终点设置在箐口村上方的哈尼小镇,而箐口村就是马拉松线路的第一站。2017 年 2 月,来自国内外的无人机摄影爱好者奔赴箐口民俗村、哈尼小镇、大鱼塘村、坝达、多依树、老虎嘴等景点,以全新的视角拍摄元阳哈尼梯田、传统村落和村民农耕劳作等景色。2017 年 5 月,元阳县旅游投资有限责任公司等部门和机构举办了"开心田园"趣味活动,活动内容包括彩泥大战、梗上接力、合心合力谷船赛、捉泥鳅比赛、

---

① 资料来源:元阳商城电子商务平台。

山岳神雕造梯田、爬梯田大赛、山间烧烤以及漫游田间徒步等。为了配套此次活动,哈尼小镇组织长街古宴、攀枝花猛弄土司府组织吐司古宴、多依树景区组织多依长恋早餐。来自海内外的数千名游客参与到异彩纷呈的系列活动中。流连忘返于彩泥大战的外地游客表示,虽然此次在哈尼梯田停留的时间并不长,哈尼梯田壮丽的景观、生活在哈尼梯田这里的人还有他们的故事给自己留下了深刻的印象——系列趣味活动中收获的开心愉悦与寓意丰收的"开秧门"仪式的庄严古朴相映成趣,传统与现代文化交织,使他们愈发对梯田的未来发展充满期待,希望再次回到梯田的日子。

(三)建议及措施

回溯箐口村的旅游产业发展道路,思考与分析箐口村产业振兴的未来走向时,必须将紧邻箐口村的哈尼小镇建设项目纳入视野。

哈尼小镇是红河州委、州政府实施"美丽家园"建设项目之一,位处哈尼梯田核心区,坐落于元阳县新街镇箐口小寨村古树山坡之上。发展乡村旅游长期以来都是元阳县推动旅游发展的一个重要环节。因此,主体工程于 2014 年完工的哈尼小镇与普高老寨、多依树、黄草岭等"美丽家园"建设示范村共同成为元阳县完成旅游业转型的重点依托项目。

住房城乡建设部、国家发展改革委和财政部三个部委于 2016 年 7 月下发了《关于开展特色小镇培育工作的通知》(建村〔2016〕147 号),决定在全国范围开展特色小镇培育工作,并确定了工作目标,即到"2020 年,培育 1000 个左右各具特色、富有活力的休闲旅游、商贸物流、现代制造、教育科技、传统文化、美丽宜居等特色小镇"。在此背景下,2017 年 6 月云南省公布了《特色小镇创建名单》(云发改规划〔2017〕20 号),名单将云南省计划创建的特色小镇分为创建国际水平的特色城镇、创建全国一流的特色小镇、创建全省一流的特色小镇三个层次。元阳哈尼梯田小镇上榜云南省计划创建的 105 个特色小镇,与丽江古城、大理古城、巍山古城、建水临安古城一并被列为云南省积极创建的 5 个"国际水平的特色城镇"。值得注意的是,"哈尼梯田小镇"与"哈尼小镇"是两个不同的概念,指涉不同的社会文化空间。

元阳哈尼梯田小镇规划的总面积达 3.09 平方公里,其中创建核心区 0.96 平方公里。这些数据无不揭示着,哈尼梯田小镇的空间范围远远大于哈尼小镇,哈尼小镇仅仅是哈尼梯田小镇核心区的一部分。哈尼梯田小镇的创建基础包含了多方面内容,文化内容居于首位。

按照《元阳哈尼梯田小镇发展总体规划(2017—2019)》的说法,过去大力提倡的产业转型升级目标过于笼统,借哈尼梯田小镇的创建机遇,哈尼梯田核心区的产业发展也将迎来细化的总体定位。产业发展计划涉及三类产业。第一产业将以红米等生态农业为主,旨在带动哈尼梯田生态农业创新化发展。第二产业则是以民族手工业、农特产品与旅游商品的加工制作为主。第三产业的发展方向集中在以发展旅游、文化、康体为核心的现代服务业。

哈尼梯田小镇规划包含着多个具体的、宏大的发展愿景,这些愿景无一不透露着深入挖掘哈尼梯田文化内涵,并将生动丰富的民族文化充分注入特色小镇为其带来蓬勃生机的决心。然而,作为小镇建设的灵魂核心梯田文化若是流于表层,耗费大量精力、财力、人力和物力建成的小镇不过是一个拥有现代城镇建设外形的空壳,难以实现其应对当地村民、外来游客具备的价值。

从哈尼小镇向哈尼梯田小镇的过渡,重点在于对哈尼梯田丰厚资源禀赋的强有力激活。哈尼梯田小镇将对箐口村、黄草岭、大鱼塘三个哈尼村寨与哈尼小镇进行融合。然而,三个村寨都有其各自的特点,从旅游开发历程而言,箐口、大鱼塘以及黄草岭三个村子处于各自不同的阶段,呈现出较为不同的发展特点。从源流来说,箐口村是从历史更为悠久的其他哈尼村寨迁出而建村的,黄草岭村、大鱼塘村有不少人家又是从箐口村分家迁出的。加之长期以来三个村寨相互间的通婚,可以说箐口、大鱼塘以及黄草岭三个村寨彼此间有着较为复杂而密切的亲属关系。从逻辑上来说,不同的发展阶段以及发展特点将决定着三个村寨融入特色小镇、实现文化整合的不同方式。由于三个村寨都是以各自的村寨整体利益为组织原则的,因此,源流上的亲缘性、民族身份的同一性并不一定能够消除村民理念中的村寨边界,从而使得箐口、大鱼塘以及黄草岭天然地与哈尼小镇融为一体。

如何在尊重村寨主义等社会现实基础上,有效地将各个村寨与哈尼小镇融为一体并将其创建为拥有雄厚社会根基、文化根基的国际一流的特色小镇,激发多元主体的活力、赋予其发展创造的巨大空间等现实问题确实需要付出更多的实践加以探索。特色小镇根植于民族文化,立意挖掘民族文化资源价值,这些目标的实现不能仅仅满足于吸引多元主体分享单纯的景观观光价值和意义,这些目标的实现还需要小镇与当地社会的深度结合,将当地的生活方式、当地的文化等融入小镇,才能够有效地在乡村振兴道路上推进产业发展,真正协助特色小镇完成民族文化价值的实现。

四、箐口村哈尼族文化调查研究基地简介

云南省红河哈尼族彝族自治州元阳县新街镇土锅寨村村委会箐口村民小组是云南大学 2003 年开始建设的最早的"云南少数民族调查研究基地"之一。2005 年,云南大学和红河州政府共同筹资在箐口村建了一栋三层楼的"云南大学哈尼族文化调查研究基地"。包括会议室 1 间、住宿房间 6 间,厨房 1 间、独立卫生间 1 间,能够同时提供约 20 人的调查团队驻站进行较长时间的调查生活。

历经 13 年的持续发展,箐口村哈尼族文化调查研究基地为云南大学民族学学科发展做出了重要贡献。

在教学实训方面,2009 年至 2017 年期间,基地负责人连续 9 年带领来自世界各地参加"云南大学民族学/人类学农村实地研究暑期学校"的学员到箐口村进行哈尼族社会文化调查研究,每次调查 10 天,共 168 人累计约 150 万字调查资料。2010—2018 年开展了民族学博士、硕士研究生每次为期 20 天的寒假田野实习;另外,还有部分博士、硕士研究生在箐口村开展关于学位论文写作的调查研究,合计约 900 天。

在科研成果方面,在本基地调查基础上产生论文 80 篇,其中 CSSCI 来源期刊论文 69 篇;出版学术著作 5 部,包括一部实验民族志《最后的蘑菇房》;获得相关国家社会科学基金项目 2 项,教育部项目 1 项;获得相关省部级科研

奖励二等奖 1 项;完成博士学位论文 3 篇,硕士学位毕业论文 8 篇。目前正在集结出版的村民日志记录资料约 150 万字,已经完成较高质量的村民影像志 2 部,共 140 分钟;照片数千张。

最后,在对外接待交流和社会贡献方面,先后接待来自美国、英国、法国、日本等国家的外国专家学者,以及来自国内北京大学、清华大学、中央民族大学、兰州大学、中山大学、厦门大学、四川大学、中南民族大学、云南农业大学、云南师范大学、云南民族大学等高校的专家学者,共计约 200 余人,这些专家学者在箐口村围绕少数民族生态环境、水文化、稻作文化、梯田稻作文化、民族文化、民俗旅游以及哈尼族文化等方面开展研究,取得了较为丰硕的成果,在推动箐口村生态环境保护、民族文化发展以及梯田旅游发展等方面做出了积极贡献。

曼腊村生计方式与乡村产业振兴报告

张振伟　罗万成[*]

　　曼腊村位于云南省西双版纳州勐海县,是勐海镇曼短村村委会下辖的 13 个自然村之一。曼短村村委会下辖的 13 个自然村,包括 8 个傣族村、2 个回傣村、[①]1 个拉祜族村、1 个汉族村和 1 个哈尼族村,是一个集傣族、回族、汉族、拉祜族、哈尼族等多民族杂居的区域,傣族人口占总人口的 77.94%,汉族占 3.95%,其他民族占 18.11%。曼腊距离村委会所在地曼短村 5 公里,距离勐海镇 18 公里,面积 5.42 平方公里。曼腊村位于一个河谷构造小型坝区的末端,坝区宽约 200 米,水田(即平地)主要位于进村(即村口)的那一面,其余三面主要为丘陵。曼腊村平均海拔 1176 米,位于亚热带西南季风气候区,年平均气温 18.5℃,年均降水量 1318.7 毫米,具有“冬无严寒,夏无酷暑,热量充足,干湿分明”的气候特点,适宜水稻、甘蔗、茶叶等农作物生长,但不适宜在西双版纳占据重要地位的橡胶、香蕉两种热带经济作物的生长。

　　西双版纳傣族是一个典型“今日性”民族。“今日性”与刘新所指只在乎当下而不在乎昨天、明天的“今日之今日性”有所不同,[②]也不含有任何贬义,而是西双版纳傣族扁平化均质化的社会结构及强大的村寨亲缘网络为基础形成的个体对地域社会的强烈依附所出现的历史感比较薄弱的社会。“今日

---

　　* 张振伟,云南大学西南边疆少数民族研究中心副教授,《思想战线》编辑部编辑,主要从事南传佛教及相关民族研究;罗万成,云南大学民族学与社会学学院 2019 级硕士研究生。

　　① “回傣”又叫“帕西傣”,他们信仰伊斯兰教,但在生活习惯与语言等方面又有当地傣族的特点,因而被称为“回傣”。

　　② 关于“今日之今日性”参见流心:《自我的他性》,常姝译,上海人民出版社 2005 年版,第 144 页。

性"民族的典型表现包括强大的横向社会网络、血缘和社会承续的相对均衡、对过去和未来的相对疏离等。"今日性"在西双版纳傣族历史追溯中典型表现为,普通人对历史的追溯时间和记忆非常有限,同时也缺乏区域或村寨的历史文献传统及脉络。曼腊老人对曼腊寨历史的追溯,相对清晰地只能回溯至20世纪五六十年代,即现在村子里70多岁的老人已经有了较清晰记忆的时期。那个时期老寨大约有30多户村民,因土地容量有限,从老寨搬迁出十六七家村民到了现在新寨所在的地方,由此经历了五六十年的发展,形成现在曼腊村的居住格局。更早之前的历史,老人从前人口传中得到的记忆是,现在的新寨更早之前应该是老寨,因为村寨火化死人的树林建在水源附近,因此,村寨里疾病横行,后面在村中寺院里大和尚的指引下,村民搬迁到现在老寨所在的地方居住,同时把火化死人的树林也改在了老寨附近,此后村子里瘟疫横行的局面才有明显改观。至于这个事件发生的具体时间,老人普遍记忆模糊,更遑论建寨祖先源自何处。按照家户增长速度推测,曼腊寨建寨的历史可能在一两百年之间。

曼腊是一个典型的农业村寨,种植业在村民收入来源中占据核心地位。自然环境、政府力量和资本的介入,共同形塑了曼腊村生计方式的结构形态和发展方向,促成了曼腊从传统生计方式向现代多元生计方式的初步转型,使曼腊村民从温饱过渡到相对丰裕状态。近十几年来新的外来资本进入曼腊及周边区域之后,对曼腊的乡村产业振兴起到进一步的提升效用,并将是今后一段时间曼腊乡村产业能够得到持续有效发展的重要支撑性力量。

截至2017年12月,曼腊村共有100户570余人,除1男1女两名上门的汉族外全部是傣族。曼腊分为新寨和老寨,新老两寨之间耸立着一座金碧辉煌的缅寺,村子呈对称分布,缅寺位于新寨向老寨的出发点。曼腊村原本有一个规模较小的村寨小学,在云南省"撤点并校"过程中,村寨小学被撤销,村内适龄儿童全部到6公里之外的小学就读。截至2017年底,村里只有3个2017年9月入学的高中女生突破了村民没有接受过超过9年义务教育的局限,全村尚未有人接受过中专、大专及以上程度的教育。

将曼腊傣族整体受国民教育程度偏低归因于傣族人寺院教育与国民教育

曼腊村局部

的冲突、"经济优势"导致"不爱学习"、国民教育对傣族传统文化传承的失效①等显然并不全面。事实上,传统寺院教育的大众化倾向、民族间语言文化社会系统的差异、教育产业化对低收入群体的压力等,都限制了曼腊傣族接受国民教育的年限和层次。可以略微庆幸一点的是,傣族社会强大的横向社会网络所能提供的社会可供性(affordance),为受教育年限较短的年轻人提供了相对宽容的生存环境和社会容纳机制。

一、曼腊傣族生计发展沿革精述

曼腊傣族的生计方式,以种植业为主,辅以外出务工、茶叶加工、零售业等。种植业——包括水稻、甘蔗、茶叶的种植与收获——占据了曼腊村绝大多数劳动力的大部分劳动时间。全村 570 多人中,劳动力 420 人,其中,农业劳动力 417 人。受此影响,外出务工收入在曼腊傣族收入来源上占比较小,年轻人外出务工的数量相对较少且工作地点不稳定。当然,曼腊傣族外出务工收

---

① 陈荟:《西双版纳傣族寺庙教育与学校教育冲突现状及归因分析》,《教育学报》2011 年第 2 期。

入占比相对较小及人数相对较少,是与中西部农村地区中青年人普遍外出务工的情况相对而言。从绝对数量上讲,曼腊傣族长期在外务工的人数虽然不多,但在农闲时节就近务工的中青年人数量也并不少。

(一)曼腊傣族生计方式转型历程

曼腊所处的自然环境在传统生计方式结构中占据了重要角色。曼腊村的地形突出的特点是小丘陵与沟谷交错分布,曼腊村后有 3 条沟谷,这 3 条沟谷在老寨和新寨之间汇成一个较大的沟谷,向东南方延伸出曼腊村。沟谷平地在总土地面积中所占很少,并且主要分布在从村寨向外延伸的最大一条沟谷中。分布在丘陵上的旱地和林地占比较大。沟谷平地大多为黑色肥沃土壤,这些黑色土壤与长期的农业生产,有机质反复腐烂堆积有关,坡地多是浅黄色的土壤。

作为历史上百越后裔之一的傣族,水稻是其生计方式和文化中的重要象征。传统上,曼腊村四周的沟谷平地由于地形平坦、土壤肥沃、灌溉水源便利,多被开辟成水田,用来种植水稻。全村水田共 503 亩。据曼腊村组长提供的信息,在 20 世纪 80 年代以前,曼腊村普遍种植糯稻。20 世纪 90 年代以后,粳稻种植规模迅速扩大,糯稻几乎不再种植。以村组长家为例,他家只种了 1 亩左右的水稻,以前种植糯稻,现在种植杂交稻。究其缘由,主要是因为糯稻亩产 200 公斤左右,而粳稻的亩产普遍在 400 公斤以上,而糯稻相比粳稻的价格优势,并不能弥补产量上的显著差距。从总价值的角度考虑,村民纷纷从糯稻改种粳稻。

曼腊村的旱地面积共 789 亩。这些旱地主要用来种植玉米和蔬菜。玉米用来喂猪。蔬菜包括小青菜、葱等,供自家食用。不过村民自种的蔬菜并不能满足日常所需,外来的菜商或 6 公里外的农贸市场是村民蔬菜的重要补充来源。

茶树是曼腊傣族的另一个重要传统种植作物。茶树一般种植在山地。据文献记载,勐海种茶、制茶、用茶、贸茶的历史,始于西汉、兴于唐宋、盛于清朝与民国年间,是我国云南最早的普洱茶出口基地。曼腊村开始种茶的时间已

曼腊村的水稻与房屋

不可考,据曼腊村一位 82 岁的老人说,他的父辈曾有种茶。截至 2017 年,曼腊村茶叶种植面积共 3603 亩,户均 36 亩。

曼腊村的茶树均为大叶种普洱茶。根据茶树生长的年龄,曼腊村的茶树可以分为两类:一类是古树茶,也叫大树茶,指树根粗,生长时间长的茶树。一般而言,大树茶的树龄都在百年以上。大树茶因为长年不经修剪,每年可采摘的茶叶量相对较小,加上采摘的茶叶质量高,所以价格要贵很多。但是,曼腊村现存的大树茶数量并不多。与大树茶相对的是小树茶,泛指树龄相对较短,经过矮化、修剪的茶树。曼腊的小树茶树龄从不足 10 年到 50 年不等。小树茶都由人工栽培,它的茶叶采摘量较大,这与小树茶多数会经过修剪有关。

甘蔗是曼腊村村民收入占比较大的另一类经济作物。20 世纪 80 年代初,在景真糖厂和地方政府的共同推广下,曼腊村开始种植甘蔗。甘蔗种植是纯市场化运作的产物。村民从糖厂领来甘蔗种、农药化肥,精心种植之后,凭糖厂轮流发放的糖票以车(10 吨甘蔗为一车)为单位送到甘蔗厂,依不同等级卖出不等的价钱。糖厂扣除之前提供甘蔗种、农药化肥等的费用,将剩余的钱支付给村民。由于种植甘蔗是一项劳动密集型农业生产方式,收入相对于水稻和茶叶要高出很多,同时也相对集中、容易积攒,因此,很快成为曼腊村最为

曼腊村的茶叶

重要的农作物,很多村民将自家水田留出一块用来种植口粮之外,其余水田也用来种植甘蔗。由于甘蔗多种植在坡地,土地面积不规则,且种植和收获时以车来计算产量和价值,土地面积在甘蔗种植中不是核心计算单位,因此,曼腊傣族的甘蔗种植面积通常以产量或以车为单位来计算。2017年,曼腊村甘蔗种植约6000吨(600车,取不同类型土地的甘蔗产量中位数亩产5吨,曼腊村甘蔗种植面积约1200亩)。

传统上,曼腊村外出务工的村民数量很少。这与当地的农业生产时间安排有关。当地水稻的种植和收获主要集中在每年的3—4月和9月,茶叶采摘的时间是每年的3月底至10月,甘蔗的收获时间是每年的11月至第二年的4月。绝大部分村民家庭都有10亩以上的茶叶和甘蔗,只要愿意,每年从头到尾都有农业劳动在等着。另外,甘蔗茶叶的收入也并不比在外务工收入低,尤其是在茶叶价格相对较好的时候。以户为单位,每户如果有3—4名劳动力,2010年以后每户每年的收入普遍在6—10万元左右。这些收入足够支撑村民建新房、买车、购买家电,过上相对丰裕的生活。加上曼腊村民普遍受教育程度不高,汉语交流和汉字书写存在一定障碍,因此,村民外出务工愿望并不强烈。少数外出的村民,也集中在勐海县范围内。

（二）基地建成以来的曼腊傣族生计发展脉络

2014 年，深山老林茶厂的建成及 2015 年傣族调查基地的挂牌，对曼腊村的生计方式产生了明显的影响。这种影响首先表现在茶叶价格的提升上。2003 年以来的普洱茶价格变迁，对曼腊村的茶叶价格影响有限。进入 2010年之后，勐海县的茶叶价格，出现古树茶和小树茶价格差距越拉越大的情况。资源相对有限、短时间内不可再生的大树茶价格一路飙升。资源相对富集，同时种植面积可以不断扩张的小树茶价格涨幅有限，甚至一度陷于停滞。曼腊村的茶叶主要是小树茶，其地理位置在坝区和丘陵的过渡地带，海拔有限，虽然茶叶质量可能略好，但茶叶价格并没有体现出这种差异。在深山老林茶厂建成前后，曼腊寨中还有另外四五家茶叶加工作坊，基本能消化曼腊村每年产出的茶叶，茶叶价格维持在春茶鲜叶每公斤 5 元左右，秋茶约 4 元，夏季的雨水茶 2—3 元，并且少数大树茶和大量的小树茶价格没有区分。深山老林茶厂建成后，与村寨内原有的茶厂形成差异化竞争，一方面，茶厂将村寨内比较集中成片的大树茶承包下来，所采摘的茶叶专供茶厂。另一方面，茶厂以每公斤比村里作坊提升 2 元左右的价格从村民手中购买春茶和秋茶，并且鼓励村民与茶厂签订专卖合同，签订专卖合同的茶叶，如果不施化肥不打农药，价格还可以进一步提升。在茶厂的带动下，曼腊村的茶叶价格有了一定的提升。2017 年的春茶价格，每公斤鲜叶已经提升至 10—13 元不等。最近这两三年，村民逐渐形成把质量好的春茶和秋茶先卖到茶厂的习惯。在茶厂的带动下，村内的加工作坊也相应提高了茶叶收购价格，并且主要收购质量相对一般的春茶、秋茶和所有的雨水茶。茶叶价格提升之后，对于每家都有十几亩甚至数十亩不等的曼腊村民来说，每年的卖茶收入能有一定增加。

除了茶叶价格提升之外，每年制作春茶和秋茶时节，茶厂都要雇佣二三十名年轻村民从事收茶、炒茶、晒茶、捡茶等业务。其中年轻妇女主要负责收茶、晒茶、捡茶，年轻小伙子主要负责炒茶。这些活计都是计件工资，工钱每天日结。计算下来，每个炒茶小伙子每天可收入 100 元以上，年轻妇女每天收入也在 80 元以上。茶厂工作的时间段，与村内原有的农业劳作时间发生冲突，年轻村民选择到茶厂务工,是认为茶厂务工收入高于采茶和种植水稻收入之后做出的权衡。这段时间的务工收入,也对村民的收入来源构成产生了一定的改变。

茶厂对曼腊村生计方式更重要的影响,体现在对年轻人外出务工的影响。在2017年之前,曼腊村外出务工的年轻人数量相对较少。在2015—2016年这两年中,除茶厂雇佣了两个年轻人在县城的茶厂门店看守店面、售卖茶叶外,再也见不到其他到村外长期务工的年轻人。相反,在不承担甘蔗种植、收获核心角色的中年人中,还有一些经常外出建房、伐木的务工人员。经过2015、2016年茶厂集中工作熏陶之后,村里的年轻人逐渐喜欢工作强度更小、收入更高的茶厂工作方式。在距离村子6公里外的勐海县工业园区内,集中了大小不等的数十家茶厂。这些茶厂需要大量的临时工和计件工人。曼腊村的年轻人越来越多地到茶厂打工获得收入。初步估算,在2017年6—9月,由于雨水相对集中,收入较高的收割甘蔗活计还没开始,选择到茶厂从事压饼、捡茶、包装等活计的中年人和年轻人已多达200多人。虽然这些人中大部分是中年人尤其是中年妇女,但年轻人也越来越多。这些年轻人每天在茶厂的收入,多的可达200元以上,少的也有100元左右。在不久的将来,农闲时间到茶厂务工的年轻人数量将会越来越多。

在茶叶价格提升、年轻人更情愿到茶厂务工的背景下,加之国内外糖价低迷,近些年甘蔗的收购价格几乎陷于停滞,村民种植甘蔗的意愿也随之降低。

(三)曼腊傣族生计历史发展特征和存在问题

曼腊傣族生计方式中,最为显著的特征是种植业占据核心位置,消耗了绝大部分的劳动力和劳动成本,同时也是曼腊村民的最主要的收入来源。在20世纪八九十年代之后,甘蔗种植成为村民主要的收入来源。每户家庭每年从甘蔗种植中获得的收益普遍在2万元以上。中位数以上的家庭,从甘蔗种植中获得的收益在3万元以上。茶叶采摘每年也能为每户家庭提供万元以上的收益。这两种经济作物,成为曼腊傣族最为主要的收入来源。同时,田地还能为村民提供足够的粮食和部分蔬菜。可以说,种植业为曼腊傣族相对宽裕的生活提供了经济基础。

与农业种植相对应的,是曼腊傣族的绝大部分劳动力成为禁锢在本村范围内的农业劳动力。曼腊傣族普遍早婚早育,扩大家庭是主要的居住形式。一户家庭中通常包含 4 名 20 岁至 50 岁的劳动力。这些劳动力每年从头至尾均要完成水稻种植、收获,茶叶除草、采摘,甘蔗种植、刷叶、收获等农业劳动。尤其是甘蔗收获季节,需要消耗大量的青壮年劳动力。因此,曼腊傣族在很长一段时间中,外出务工的村民极少,掌握家庭权力的中老年村民,尤其不鼓励年轻人外出务工。

村民在茶厂压制茶饼

由于过度依赖农业,尤其是种植业,曼腊村在整个西双版纳傣族村寨的经济发展水平中,尤其是与相邻区域的傣族村寨相比,又处在相对弱势的地位。距离曼腊村最近的傣族村寨是同属曼短村村委会的曼鲁村、曼短村、曼峦腾村、曼派村等。这些傣族村寨从 2003 年左右起就已有大量村民从事茶叶加工和贸易、货物运输、外出务工等,尤其是茶叶加工和贸易,为这些村寨提供了大量的经济收入。富裕的茶叶商人层出不穷。同时在这些村寨,年轻人对商业、外出务工的热情和接受度也相对较高,对投身农业劳动反而没有太大兴趣。尽管这些村寨相比曼腊村,收入差距相对较大,但整体收入水平占据明显优势。在村寨间的交往中,其他村寨的村民也对曼腊村的年轻人一直从事农业劳动持消极态度。

二、2017 年曼腊村乡村产业发展形势分析

曼腊村的乡村产业尚处在发展起步阶段,历史形成的以种植业为主的产业发展模式短时间内没有被颠覆的可能,但是,以茶叶加工为代表的第二产业和以茶叶文化深度体验游为卖点的旅游业,未来将是曼腊村产业发展的核心和亮点,也将是曼腊村乡村产业产生变革的主要推动力。

(一)第一、二、三产业发展总况

由于种植业在曼腊村产业结构中一直占据绝对优势地位,因此,第一、二、三产业在曼腊村产业结构中所占的比重是,第一产业最重,其次是第二产业,第三产业所占比重最小。这与现阶段我国产业结构中第三产业所产比重最大,第一产业所占比重最小的情况形成倒挂。2017 年,曼腊村经济总收入为574.4 万元。第一产业总产值约为515.7 万元,其中种植业收入481.3 万元,畜牧业收入18.4 万元、渔业收入10.4 万元、林业收入5.6 万元。在种植业收入中,甘蔗产量约6000 吨,产值约250 万元,茶叶产值约200 万元,水稻产值约30 万元。第二、三产业总产值58.7 万元。曼腊村的第二产业,主要是4 家茶叶初制所,每家茶叶初制所年收入约10 万元。在第三产业的统计数据中,主要包括了村民务工收入6.3 万元,及其他收入11.2 万元。

(二)特色产业发展的主要动力、经验与新特点

曼腊村近30 年占据村民收入最大比重的是甘蔗种植业。甘蔗种植在曼腊村长时期得到重视,以甘蔗作为纯商品作物,背后所依托的是一整套与经济全球化运作相关联的相对完善的种种销售渠道。村民既不用为成本担忧,又不用为甘蔗的销路发愁,所需付出的是土地和劳动力,这两样在曼腊村都能得到充分满足。

曼腊村在保证甘蔗种植所需的劳动力方面,有一套固有的经验。傣族社会的老人权威,在曼腊村得到较好的保留。老人对中青年人尤其是青年人外

（单位:万元）

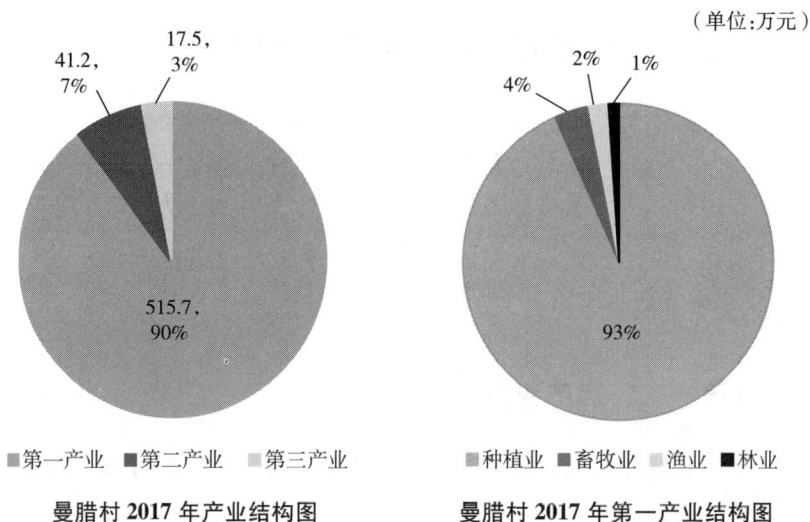

| 41.2,7% | 17.5,3% |
| 515.7,90% | |

■第一产业　■第二产业　■第三产业

曼腊村 2017 年产业结构图

| 4% | 2% | 1% |
| 93% | | |

■种植业　■畜牧业　■渔业　■林业

曼腊村 2017 年第一产业结构图

出务工,大多持消极态度。同时,曼腊傣族青年人接受教育年限相对较短,这也限制了年轻人外出务工的可能性和机会。加上甘蔗种植所能提供的收入相对丰裕,因此,在过去二三十年中,曼腊傣族青年人外出务工的人数非常少。这为甘蔗种植提供了充足的劳动力。另外,与甘蔗作为全球化经济作物相对应的,是前些年中国经济的高速增长及糖价的持续上涨。这也为村民保持种甘蔗的积极性提供了物质保障。

近些年,曼腊村甘蔗种植陷于低增长或停滞状态。这与 2008 年之后尤其是近三年糖价涨幅非常缓慢,甚至有所回落有关。糖价低增长和停滞直接影响到甘蔗的收购价格。当甘蔗收购价格涨幅缓慢,但物价和其他行业收入水平增长仍非常迅速时,村民自然会选择投身到收入增长较快的行业中。从 2017 年出现的年轻人到县工业园区茶厂务工的现象,正是这一问题的集中反映。

（三）当前产业发展中存在的主要问题

曼腊村当前的产业发展,主要存在的问题有二。第一是总产值较低,第一产业占比太大。2017 年曼腊村总产值仅为 574 万元,其中第一产业占总产值的 90%。这与中国总体经济形势甚至是中东部地区农村的产业格局都有明显反差。第二是产业发展前景不明朗,未找到明显的产业增长点。占据曼腊村总产值接近42%的甘蔗种植业,随着国际糖价的下降,甘蔗收购价格也有下降之虞。这会给曼腊村的甘蔗种植业造成极大的负面影响。同时,无论是茶叶种植还是外出务工,短时间内都无法取代甘蔗种植在曼腊村经济收入中的贡献值。如何找到下一步的经济增长点,是曼腊村面临的主要问题。

三、曼腊乡村产业振兴的趋势判断和突破建议

曼腊的乡村产业,未来势必要走出过度依靠种植业尤其是受国际市场影响较大的甘蔗种植业一家独大的局面,丰富产业格局,提供替代性产业增长点,同时,也要加强对外交流,提升村民教育年限,增强村民融入外界产业发展格局的能力。

(一)曼腊乡村产业振兴未来发展趋势判断

从曼腊现有的经济发展格局中,可以找到两个可能的替代性产业增长点。第一是茶叶种植与加工。作为普洱茶最重要的产地,勐海县在茶叶种植、加工中积累了丰富的资源、经验和资本。这些都能为曼腊村提升茶叶种植、加工的附加值和总产值提供帮助。深山老林茶厂的进入,就是一个明显的趋势和符号。年轻村民大量进入勐海县工业园区茶厂中务工,也不失为提高村民收入的一个有效补充。未来,如何结合普洱茶的发展趋势,在已有的古树茶、生态茶的概念之外,创新出一种新的茶叶增长点,将曼腊村已有的茶叶种植和加工融入其中,是曼腊乡村茶叶振兴的一个重要渠道。

曼腊乡村产业振兴的第二个渠道,是依托将要开发的旅游度假区,发展以自然风光和茶叶种植、加工体验结合的体验式旅游。曼腊村南部约2000亩土地,已经被一家外来公司征用,未来将开发建设一个大型的融茶叶加工、茶山文化深度体验游、休闲度假等为一体的旅游区。虽然目前仅进展到征地阶段,但未来景区建成之后,将有可能成为曼腊最为重要的产业增长点,对曼腊乡村产业振兴提供重要动力。

（二）曼腊"茶叶+生态+旅游"产业深度融合建议

"茶叶+生态+旅游"是曼腊村乡村产业振兴的可能性渠道。曼腊村缓坡山地面积较大，可提供更大面积的茶叶种植土地。按照现在茶叶市场对生态茶、古树茶的需求程度，结合深山老林和神秘园茶厂以及附近工业园区众多茶叶加工厂，可以在引导村民扩大生态茶种植面积、培育古树茶的基础上，逐步提升茶叶在曼腊村产业结构中的比重。

同时，曼腊村位于勐海县坝区与缓坡丘陵结合地带，气候温和，是一个天然的休闲旅游度假区域。曼腊周边区域水稻、甘蔗、茶叶、林地，结合溪水、池塘的立体农业景观，也为曼腊增添了开展旅游开发的可能。在距曼腊 4 公里远的路边，有一座"光芒山"茶叶体验旅游度假区。这个度假区建设的经验及发展面临困境的教训，可以为曼腊附近准备开工建设的更大规模的度假区提供帮助。

在"茶叶+生态+旅游"产业融合的过程中，可以新开工建设的旅游度假村为契机，对曼腊村村容村貌进行整体规划和调整，提升村寨的傣族文化形象，打造一批结合傣族文化和日常生产生活的体验式项目，将村寨与景区进行互补，提升景区生态文化展示的丰富度和深度。

四、西双版纳曼腊傣族调查研究基地简介

西双版纳州勐海县勐海镇曼短村村委会曼腊村傣族调查研究基地于2015 年 1 月挂牌，是云南大学西南边疆少数民族研究中心建设的第二批 5 所少数民族调查研究基地之一。该基地依托建立在曼腊村后距村子约 300 米的深山老林茶厂，使用茶厂的住宿楼、会议室、厨房等办公和生活设施。茶厂（基地）建成于 2014 年 9 月，占地面积约 10 亩，有住宿房间 6 间，会议室 1 间，厨房 1 间，并配有卫生间及淋浴设施，每次可容纳不超过 15 人的调查团队进行长短不限的田野调查。

曼腊傣族调查研究基地自挂牌以来运行良好，为云南大学民族学学科的

教学和科研工作做出了相应贡献。基地自挂牌之日起聘请了村民岩庄作为日志记录员、村民玉光尖作为影像记录员。目前已整理完成村民日志 1 本,拍摄影视素材 300 多分钟。从 2015 年 1 月至 2019 年 9 月,曼腊傣族调查研究基地共接待 2 次云南大学民族学与社会学学院的研究生寒假田野调查、4 次云南大学民族学人类学暑期学校田野调查和 1 次云南大学—北京大学人类学本科生调查实习共 7 次集体性调查任务,同时还分散接待了多次云南大学及外校师生的田野调查工作,完成调查报告共计 35 万字以上。以本基地为主要研究对象,目前已完成博士学位论文 1 篇,硕士学位论文 2 篇,公开发表论文 2 篇。

曼腊傣族调查研究基地采用的"学校+企业"的运作模式,既便利了调查研究基地的顺利挂牌和开展工作,节省了人力和资金成本;同时,一系列调查研究的开展和成果发表,也为企业的形象塑造和对外宣传提供了便利,达到了良好的校企合作效果,为类似调查研究的运作提供了有益经验。

III 专题报告

2017 年以来赤恒底村
精准扶贫工作实施成效与问题报告

高志英　沙丽娜　马青云[*]

怒江州作为中国唯一的傈僳族自治州,少数民族人口的比例达到了 90%
以上。怒江区位偏远,山高谷深,交通险阻,民族众多,从而使其在实施精准扶
贫工作中面临着更大的挑战。本报告重点关注的福贡县赤恒底村便是集边
疆、山区、少数民族与贫困为一体的典型村落,从 20 世纪 80 年代开始开展西
部少数民族扶贫工作,尤其是 2014 年开始打响脱贫攻坚战与 2017 年实施精
准扶贫以来,赤恒底村的扶贫工作取得了明显的成效,并逐步实现了从普遍性
扶贫到精准扶贫的转型。其中的一些经验值得总结,同时还存在一些问题亟
需反思并加以解决。

一、2017 年赤恒底村精准扶贫工作实践过程

回溯 2017 年 6 月以来赤恒底村的精准扶贫工作实践,经历了从外源性发
展动力到政府与村民互动发展模式、从“一刀切”普遍性扶贫模式到精准扶贫
模式的转变。

---

* 高志英,云南大学特聘教授,云岭学者,博士生导师,主要从事中国西南与东南亚民族文
化研究;沙丽娜,云南大学民族学院在站博士后、助理研究员,主要研究中缅北界跨境民族文化
的互动与变迁;马青云,云南大学民族学与社会学学院民族学专业在读博士生,主要从事中国西
南边疆民族文化研究。

（一）国家力量与扶贫主体互动的赤恒底村扶贫开发模式实践

怒江州是云南省扶贫工作的贫中之贫、困中之困、坚中之坚、难中之难的典型代表，被称为扶贫攻坚的堡垒。① 因此，怒江一直受到党和国家的特别关注。2017 年伊始，党和国家领导人曾多次深入怒江视察调研，对怒江的扶贫工作给予关怀和支持。针对类似怒江这样的扶贫堡垒，国家发改委、国家民委专门出台了《关于支持四川省凉山州、云南省怒江州、甘肃省宁夏州加快建设小康社会进程的若干意见》，云南省委、省政府也出台了一系列支持怒江发展的重大政策、规划和举措。广东省珠海市、三峡集团以及大唐集团等挂联单位也从资金、交通、教育与劳务输出等方面积极帮扶怒江。怒江州各级党委、政府也将精准扶贫作为首要政治任务、头等大事和第一民生工程，并首先以政府力量为主导，助力全州的扶贫开发工作。作为怒江福贡县鹿马登乡典型贫困村的赤恒底村，也获得了前所未有的扶贫和发展机遇。

为了更好地开展扶贫工作，自 2017 年 3 月 15 日开始，赤恒底村就进驻了由怒江州委老干部局、福贡县国土局、鹿马登乡政府等 5 名干部组成的精准扶贫工作组，开展赤恒底村精准扶贫工作。工作组严格按照《云南省驻村工作队员"八必须八严禁"》《怒江州驻村扶贫工作队管理办法》与《怒江州驻村扶贫工作队考核办法》以及省、州、县、乡有关脱贫攻坚具体文件精神，实行挂牌上岗，集中力量、突出重点，以超常规措施助力全村脱贫攻坚，体现了国家力量在扶贫攻坚实践中的重要作用。

驻村扶贫工作组积极开展党建扶贫双推进，与挂联单位的党组织签订共建责任书，充分发挥基层党组织的战斗堡垒和党员的先锋模范作用。在精准扶贫工作中，在激发斗志、培养脱贫人才中充分发挥党员干部的率先发展、带头致富的模范带头作用，让党员干部用自己的实际行动来感染普通村民积极投入脱贫攻坚的战斗之中。调查发现，在赤恒底村率先脱贫致富者中，多数是共产党员，或者在此过程中向党靠拢而成为共产党员。

---

① http://www.yn.chinanews.com/news/2017/0930/26167.html，浏览时间：2018-12-05。

从以往输血式扶贫到造血式扶贫。从 20 世纪 80 年代伊始的扶贫工作为何成效不大，或者效果难以持续？一个最主要的原因是扶贫主体的边缘化。很多项目由上而下投入，其中不少是被政府力量以"救世主"方式所包揽包办。其结果，要么村民不理解，要么不投入。因此，常常听到下乡扶贫的干部们说："非政府组织投入一点点资金、办一点点事，村民就感激得不得了。而共产党给村民修公路，盖房子，村民却一点不积极、不主动，好似没有他们什么事。"对此，从 2014 年开始的脱贫攻坚与 2017 年实施的精准扶贫就加大了动员、改变扶贫主体的工作力度。工作组一遍又一遍的动员，一次又一次的示范，一个项目又一个项目的实验，使村民们看到了希望，激发了信心，逐渐从"要我脱贫"向"我要脱贫"转变。以往政府下拨项目资金，乃至免费发放经济作物苗或家畜家禽，许多村民不接受。勉强接受的，也由于没有兴趣好好管理而不了了之。现在则是从政府的"给予"到了村民的"争取"，如村民肯叶恒、社伍等建档立卡户积极应合扶贫工作队的精准扶贫项目，主动种植草果、养殖土鸡、考挖土机驾照。如社伍已经是两个孩子的父亲，前几年因妻子身体不好，孩子又要读大学，经济负担较重。尽管如此，他还是克服种种困难，去昆明参加了挖土机培训。他说，现在的家庭困难是一时的。如果有机会学习技术而不去学习，就是一辈子的遗憾。考上挖土机驾照之后，他就以技术投入相关扶贫工程，收入倍增。加上学习了科学管理的方式，在其他养殖种植项目，社伍也获得了不错的收益，家庭经济收入明显增加，前几年还盖了三层楼的砖混房。类似社伍这样率先投入脱贫攻坚与精准扶贫的家庭还把孩子送到昆明学厨艺，并依托当地特色办农家乐，从而增加家庭经济收入。可喜的是，他们从扶贫对象变为村落扶贫积极分子，以自己的范例、精神、行动在鼓舞和帮助那些后知后觉者，使更多村民实现了从输血式扶贫向造血式扶贫的转变。从中看到了由完全靠国家力量扶贫向国家力量、扶贫主体互动式扶贫开发转变的赤恒底模式。

（二）动态、精准管理以确保扶贫成效

精准扶贫是指针对不同贫困区域环境、不同贫困农户状况，运用科学有效

程序对扶贫对象实施精确识别、精确帮扶、精确管理的治贫方式。一般而言,精准扶贫的基本要求就包括扶持对象、项目安排、资金使用、措施到户、因村派人、脱贫成效六项精准。但是,怒江州一直以来在扶贫工作中的现实状况却是在贫困识别和贫困退出中都不精准,导致扶贫资金与扶贫项目"老天下雨人人有份"。而且是一种固化扶贫管理模式,如某户曾经是村里的特困户,扶贫之始被列入扶助对象。过了三五年,甚至更长时间,孩子已长大并参加工作,或者能够打工挣钱了,仍然在扶助对象之列。另一户曾经生产生活条件不错,并不是贫困户,但因病返贫,因意外事故返贫,哪怕是负债累累,到了吃了上顿没有下顿的地步,也不能再被列入扶助对象。再一方面,只在乎项目投下去,资金拨下去,果木苗与畜禽种发下去,并不在意后期的管理与成效。这就把扶贫变成了折腾,不但不能激发村民的积极性,而且给村民带来困扰。为此,为了确保扶贫的成效,包括赤恒底村在内的整个怒江州在脱贫攻坚过程中,都开展了扶贫动态管理机制。

具体而言,赤恒底村紧紧围绕"两不愁、三保障"的扶贫目标,集中精力解决赤恒底村在贫困识别不精准、驻村帮扶不到位、脱贫举措不扎实、贫困退出走形式等突出问题,以此来确保扶贫成效。在具体实施过程中,紧紧围绕"六个精准",对全村 2016 年脱贫的 65 户 258 人及 2017 年新纳入的建档立卡户28 户 93 人进行逐一摸底核实,对照"六个精准"的标准进行核对,避免了以往存在的错评、漏评现象,保证扶贫工作"精准"有效。

与此同时,对于已脱贫的家户也进行跟踪式管理,在生产生活各方面给予细致的管理与及时帮助。特别是对其中因病返贫与意外事故返贫户给予及时的帮助,避免其再次跌入贫困的深谷。对重点扶贫的建档立卡户则是进行户与户之间、人与人之间、时段与时段之间的分类指导与管理。如村里民族服装加工大户此路恒有残疾,生活无以为继,精准扶贫工作组就积极为其争取残疾人创业优惠政策,从资金投入与税收减免等方面给予扶助。待其脱贫时,则尽量吸收村里贫困户作为其缝纫师,一户脱贫带动多户脱贫。如果碰到其某一年生意不好,资金链断裂,那么扶贫小组就及时给予帮助使其渡过难关。此路恒就说,如果没有国家的扶贫优惠政策,就没有他的今天;如果没有工作组的长期关心,他也难以支撑、发展到今天。

怒江交通险阻,泥石流、塌方频发,地方性疾病较多,加之家庭经济收入与资金积累有限,抵御突发风险能力与大笔资金支出能力低。调查发现,不少家庭就是因为意外事故、重大疾病或孩子外出读书而返贫。近年国家扶持力度大,村民积极投入脱贫攻坚而在短期内实现脱贫的家庭也不少,但其脱贫的程度、方式,以及持久脱贫的能力也不完全相同。因此,就更需要以精准扶贫来保证扶贫的持久成效。这样既可以保证更多有脱贫愿望并努力在脱贫的家庭获得必要的项目、资金、技术等因人制宜、因户制宜的全方位支持,从而实现脱贫的百花齐放,还可以避免更多的家庭返贫。在开展了以上的动态、精准扶贫管理工作实践之后,赤恒底村的扶贫成效在短期内较为突出。

(三)因地制宜推动地方特色产业发展的实践

在脱贫攻坚过程中之所以需要因人制宜、因户制宜,是因为位于福贡县鹿马登乡的赤恒底村距县城 10 公里,比之高寒山区,交通还算便利,有将农副产品直接出售到县城的条件。但村内道路的狭窄与部分村落不通公路,以及雨季塌方、泥石流等,仍然制约着赤恒底村民与外界的交往互动。又因地处高黎贡山山脚的江边台地,雨量充沛,空气湿度大,水源充足,植被茂密,土壤肥沃,适应种植草果等喜阴喜湿的经济作物。赤恒底山林、荒地较多,可以发展规模化的养殖业。但是,村民并无种植经济作物与规模化养殖的经验。村内居住着傈僳、怒、白、汉 4 个民族,以傈僳族人口居多,傈僳族文化特色与氛围浓郁。如纺织、民居、农耕与民族宗教等文化都别具特色。但是,长期以来只以一根溜索或后来的人马吊桥与外界交往,所以其民族文化"藏在深山人未识",并没有很好地转化为文化资本给村民带来实惠。因此,依托赤恒底村民族文化、区位优势与自然环境,发展出赤恒底村所特有的民族文化产业、经济作物种植业、家禽家畜养殖业等特色产业,是实施精准扶贫实践的具体体现。目前以下几个产业发展较为突出。

1. 织布村里的民族服装加工厂

赤恒底村是福贡县有名的民族服饰之乡,当地傈僳族妇女向来自行织布,并缝制傈僳衣服、褂子、裙子,绣傈僳挎包,她们所制作出来的产品不仅供自家人使用,也出售给周边村落的傈僳族人。但在 2007 年以前尚未形成规模,基本上还处于自产自销的状况,近年依托国家脱贫攻坚与精准扶贫而实现了民族文化产业的市场化。

2007 年,赤恒底腿有残疾的村民此路恒在其哥哥的帮助下拥有了第一架脚踏缝纫机,开始加工傈僳族服饰,同时帮左邻右舍缝补衣物。通过四五年不断地实践和探索,此路恒的小作坊发展成了全家投入的民族服饰加工作坊。他设计创新的民族服饰深受怒江各县傈僳人的喜爱,并远销云南丽江、大理、保山、德宏、普洱、楚雄和四川以及缅甸、泰国与美国的傈僳人中,销量不断增多。此路恒得到残疾人扶持创业资金与民族文化产业项目扶持,投资创办了福贡自力民族服饰工艺品制作有限公司,并对村里的残疾人给以免费培训,让他们可以在其厂里工作。由于此路恒是下肢重度残疾人,在发展民族文化产业时,他多次享受到当地政府扶贫政策和项目,他自己也依托民族文化产业带动赤恒底村 100 多户村民靠民族文化村产业发家致富。此外,此路恒还依据村民的特长先后成立了民族服装加工厂、民族服饰加工专业合作社、民族工艺制作有限公司、云南民族服饰网等平台,将以往零散、小规模的民族服装手工业发展成如今具有一定规模的集织布、设计、加工、销售产业链的民族服装产业。如今,凡是知道赤恒底的,都知道此路恒在做民族服饰产业,其创建的民服装厂与相关公司、合作社成为提高赤恒底村部分村民收入的平台,也成为赤恒底因地制宜精准扶贫的一张名片。

2. 林荫下的草果园

赤恒底村的年平均气温在 20℃左右,年降水量约 1100 毫米,海拔约 1240 米,土质疏松,符合草果的生长条件。村民和工作组利用赤恒底村自然环境优势,在州、县、乡政府的扶持之下,大力发展草果种植产业。如果认为所有的扶贫项目一直都是无来由的自上而下式的,是不确切的。怒江汉族、白族早就有食用草果、种植草果的传统,但不过是满足自己食用基础上,剩余部分拿到农村集市销售。进入 20 世纪 90 年代开始,外地商人开始进入怒江收购草果,使怒江各族分布地的草果种植面积扩大,并有由南向北推进的趋势。赤恒底傈傈村民就是看到其他村落种植草果效益不错,因而开始小面积试种。但因受资金、技术所限,草果收成与经济效益都很有限,不敢进行大面积种植。

2014 年的脱贫攻坚项目开始推广"一村一品",2017 年的精准扶贫开始将其落实到每一户、每一人。于是,有了一些种植基础的草果种植被扶贫工作小组列为重点项目,政府不但为村民免费提供种苗、化肥、农药等农资产品,还针对不同种植、管理分阶段给予培训、指导。乡政府还免费借给村民修理种植经济作物的工具,最大限度地降低了农民的种植成本。到 2018 年底,赤恒底村已种植草果 5520 亩,户均 10.7 亩多,人均 2.6 亩。如果以每一亩的平均收成与每一斤的平均市场价计算,待全部挂果,户均收入将达到 10 万元,人均收入达到 2 万多元。走进林荫下欣欣向荣的草果园,看到的是赤恒底村民的脱贫希望,也是因地制宜精准扶贫的结晶。

3. 展演在峡谷舞台上的傈僳文化——民族文化旅游产业

傈僳族有句谚语:会说话就会唱歌,会走路就会跳舞。赤恒底村傈僳族除了能歌善舞,沿袭别具特色的民族文化传统之外,还富有创造性。这一方面体现在民族传统文化与主流意识、流行文化、宗教文化,这乃是在傈僳文化有机交融基础上融合吸收不少"在地化"元素而重构了一套颇有民族、区域与时代特征的"赤恒底傈僳文化";另一方面体现在将"赤恒底傈僳文化"市场化、商品化,从而为村民带来经济效益。

走进赤恒底,既有傈僳族农家乐、民族服饰加工厂、傈僳族特色民居,又有云南大学傈僳族文化研究基地和赤恒底农民红歌合唱团,还有专门制作传统生产工具弩箭、长刀,制作传统乐器"启本"、"嘀哩图"(短笛)、"玛果"(口弦)等的民间艺人作坊。赤恒底浓郁的傈僳文化气息,培育出发展旅游文化产业的"独特基因"。为了充分利用好这张"文化品牌",怒江州政府与福贡县政府整合资金,首先立项并着力打造赤恒底村娃底傈僳族特色旅游村寨建设试点项目。之后,又有一批资金扶持项目陆续开展。这些文化产业项目的开展,促进了赤恒底当地旅游业的发展,也为当地群众带来了一定的经济收益。

目前,赤恒底农民红歌合唱团在旅游业发展中发挥着重要的作用。赤恒底农民红歌合唱团成立于 2010 年,用无伴奏傈僳语四声部唱红歌、基督教赞美诗、傈僳调,歌唱祖国感党恩、宣传边疆民族文化,歌唱美好新生活。走进赤恒底,无论是静态的建筑、服饰等生产生活文化与山水田园农耕文化展示,还是转型为"演员"的村民们的自娱自乐,或为游客演出的动态场景,无不将镶嵌在峡谷里的赤恒底村庄变成一个展示民族文化的大舞台。可以想见,随着怒江交通的改善与外来游客的增加,村民们挖掘、创构民族文化的能力和信心将越来越强,经济与文化互哺的精准扶贫实践道路将越走越宽。

二、2017 年赤恒底村精准扶贫主要成效

2017 年是赤恒底村精准脱贫关键的一年,也是不同凡响的一年。党中央关于精准脱贫工作系列重要讲话的提出,意味着将要在总结、反思以往扶贫工作经验与不足基础上,更富有针对性与更接地气的新一轮脱贫攻坚的开启。那么赤恒底村的精准脱贫工作成效主要体现在哪些方面呢?

(一)村落基础设施明显改善

怒江与怒江各族之所以一直被列入国家重点扶贫对象,首先是基础设施建设与发达地区的巨大差距。赤恒底村的经济发展,也一直受困于基础设施建设的滞后,所以很有必要加以突破。赤恒底村在积极应对国家脱贫攻坚任务过程中,积极落实"三项工作",使其基础设施落后状况有了明显的改善。

首先是围绕"大峡谷国家公园"建设、"美丽乡村"建设和《福贡县鹿马登乡赤恒底村五年扶贫开发规划》等加强村里的基础设施建设,加强整合扶贫资源,并加强组织领导与监管,使通村通组公路硬化工程有序推进,建档立卡户安居房建设、饮水安全工程、农村电网、广播电视等覆盖率达 100%,村卫生室、农家书屋、党员活动室、村旅游公共厕所、民族文化活动场所等规范化建设得到有效推进。

在以上工作的落实过程中,赤恒底村全面通路、通水、通电、通网络,在为村民提供便利的同时也践行了环保经济的可持续发展理念。另外,村内的移动电话使用率也达到了 95% 以上,所有成年人几乎人手一部手机,手机文字

有中文,也有傈僳文。赤恒底村沿江自然村落主干道已修整为水泥路面,村内主干公路两侧已安装了太阳能路灯。

基础设施的加强,不仅极大地改善了赤恒底村民的日常生活与生产生活条件,而且大大增强了村民与外界的联系。如不少合作社就是通过新修的公路运输农副产品到市场,还通过手机网络等宣传、销售产品。交通意外事故也大大减少,因为过溜索、过简易人马驿道而跌落怒江死亡者也不复存在。医疗卫生条件的改善,以及太阳能热水器、洗澡间、自来水管的安装,人畜分离的居住格局,使村民的疾病大大减少,也使很多疟疾、肺结核、结石、风湿与胃肠道疾病等地方性疾病在早期就得到检查与治疗,大大降低了因病返贫率。同时,也为赤恒底村发展乡村旅游业提供了基础,很多外地游客就是沿着宽敞的赤恒底大桥、村际公路走进赤恒底,欣赏赤恒底既有传统民族文化特色,又富有现代民族文化特色的"赤恒底傈僳文化",在吃穿住行以及购买草果、土鸡、土猪、山羊等生态安全食材的"一条龙"式的体验中,通过手机网络以及口耳相传,吸引来更多的游客。

(二)产业结构不断优化,经济收入不断增加

以前的赤恒底,是福贡为数不多的种水稻、吃大米的村子。在山坡上也种植玉米、豆类等,比起怒江大部分山陡地少的村子,勉强能自供自足,但能够卖出去的剩余粮食、禽畜与蔬菜并不多,更遑论规模化经济作物的种植了。因此,单一的粮食种植传统生计方式,一直限制着赤恒底人的脱贫致富。由此村民抵御自然灾害的能力就更差。一旦发生干旱与洪灾,入不敷出的家庭就很多。因此,产业结构调整、多元化产业齐头并进也就成为赤恒底实现从根本上脱贫的关键。

近年来,赤恒底村的草果种植面积大幅增加,村民通过种植草果获得的收益也随之增长。据赤恒底村民建档立卡户阿肯透露,他家的草果种植面积在2017年底时达到了150多亩,其中,已挂果50多亩。草果价格好的年份,一年能卖30多万元。调查发现,村里类似阿肯这样兼种植、养殖、务工,并转向经济作物种植为主,或服饰加工而脱贫的贫困户并不在少数。除了种植草果

之外,赤恒底精准脱贫工作组与村民依据各家各户园子、荒地、林地面积等的不同,适当发展养殖业,养殖土猪、黑山羊、黄牛、土鸡等畜禽。现在,这些产品不再只是村民自己的果腹之物,更多的已经转化为商品,并为村民带来较高的经济收益。

赤恒底村民族服饰加工产业也有着巨大的发展潜力。如此路恒从一个脚踏缝纫机发展起来的民族服饰加工厂、福贡自力民族服饰工艺品制作有限公司、福贡县群发民族服饰加工专业合作社,其制作的傈僳服装也从村落自产自销走向世界各地傈僳族分布地。赤恒底村基督教赞美诗、红歌合唱与傈僳民歌闻名遐迩,沙滩音乐会更是成为怒江民族音乐会中的佼佼者。上述共同促成了兼备自然景观与文化景观旅游特色的赤恒底村乡村旅游业。

从单一的粮食种植到产业结构的调整、优化,村民依据各自条件的优长处分化在多元化产业中,甚至一个家庭中父子、两口子也各有各的产业,这增加了家庭的多渠道收入。一方面是其经济收入的增长非以往可比,另一方面有一定的资金积累,改变了以往"将所有鸡蛋放在一个篮子里"的发展模式,而增强了抵御自然灾害与市场风险的能力。尤其是以各种产业的合作社方式整合政府扶贫资金与村民资金,使合作社发展达到一定规模,就有了一定的市场博弈能力,村民的经济收入才能保证持续增加,脱贫户就越来越多,到 2018 年实现整村脱贫。

(三)脱贫与乡村振兴人才的培养与成长

中国对西部少数民族地区的扶贫工作从 20 世纪 80 年代肇始,既有一定成效,也有一些不足需要反思。如外源性扶贫动力为主,脱贫主体的积极性不高,贫困线下人口尚多,扶贫成果难以持久。究其根源,还是在于内源性动力不足,进一步讲是脱贫主体中能够投入脱贫大业的人才不多。为此,党和政府才在相近的时间内提出了脱贫攻坚战(2015)与乡村振兴(2017)号召,其内在逻辑非常清晰——边疆少数民族贫困地区的脱贫攻坚与乡村振兴,既互为因果,又互为形式与内容。而要保证脱贫攻坚与乡村振兴,就需要有持续性的内源性发展动力来应和国家力量,通过二者的互动实现边疆少数民族乡村的可持续脱贫与发展。因此,其根本性在于培养数量可观的脱贫攻坚、乡村振兴人才。主要路径的渠道有两条:一是通过学校教育培养专业技术人才;二是在精准扶贫过程中培养边疆新型致富带头人。

赤恒底村村民与其他边疆民族地区一样,新中国成立前因害怕进了学堂被抓夫拉丁死于外乡,而不敢让子女读书。20 世纪 50 年代至 90 年代因读书人都基本上被政府安排工作,跳出农门当干部与技术员,所以只要条件允许,家长都尽力支持孩子读书。但是因家庭经济、语言与交通等限制,真正能读书的人并不多。进入 21 世纪,因大学生在城市找不到工作就得回农村当农民。在生产生活技术还是沿袭传统方式背景下,"读书无用论"一时成为赤恒底村民的主流意识。其结果,别说掌握复杂的现代科技农业技术,甚至只是用汉话与外界交流都成问题。从思想观念到行为方式都与祖辈、父辈没有什么不同,以靠天吃饭为满足,少有人想通过依靠政府、依靠自身的努力而彻底改变贫困状态。

党和国家历来十分重视边疆少数民族教育发展,并将其作为扶贫的重要内容来抓。随着国家在教育事业上的投入不断增大,很多村民的教育观念也发生了改变。自 2004 年以来,福贡县全面实行九年义务教育,学生在义务教育阶段不仅学杂费可以被全部免除,而且对于家庭贫困的学生,地方教育局还会给予一定数额的奖学金。但凡考上二本及以上的学生,县教育局还一次性发给 5000 元的奖学金,对特别贫困学生还给予一定的生活补助。自 2017 年全县实行精准扶贫工作以来,属于建档立卡户的学生在小学、中学期间可以享受适当的生活补助,免交一切学杂费,考上大学者,由国家为他们承担学费和住宿费,并且每月发放 800 元左右的生活补助。这些举措使得赤恒底村的教育事业有了稳步推进。小学、中学的入学率、巩固率逐年提高,考上大学的人数也逐年增加。学生毕业后,他们中的一部分回到村子以后,扶贫小组就将他们作为脱贫攻坚与乡村振兴的主体力量。一旦有外出学习劳动技能的机会,就首先给他们;如有技术性比较强的项目,也首先考虑他们。如云南大学赤恒底村调查基地的村民日志记录员虎赛雄与社伍兄弟俩,一是多年以中文记录村民生产生活从而汉文水平不断提高;二是通过外出参加挖土机驾驶培训掌握了一项过去想都不敢想的技能。而其基础在于,父母将他们俩都供到初中毕业。如此,教育投资的长期效益就体现出来了,从而激励更多的父母积极响应国家九年义务教育政策,这也就为脱贫攻坚与精准扶贫储备了更多的人才力量。

对于没有读过几年书的村民,精准扶贫工作组也没有将他们排斥在脱贫人才培养之外。因为赤恒底村民的识文断字,不仅是进学校后学到的汉字汉语,还有基督教教会教授的傈僳文字。赤恒底村村民除了为数不多的共产党员与共青团员之外,基本上都信仰基督教,他们大都掌握傈僳文字。工作组就将现代科技农业知识翻译成傈僳文,发放给村民;还通过傈僳文手机软件宣传党的政策与科普知识,每一个村落都有多个合作社微信群,用于分享信息,交流技术。多元化产业在发展,傈僳文微信群在增多,种植、养殖、服饰加工与旅游产业几大块的信息与技术就是在这样的微信群及其相应的实践活动中,将越来越多的村民吸纳到脱贫攻坚的阵营里,社会分工与技术分类越来越精细,这样就实现了人才培养与精准扶贫的双赢,实现了从国家力量为主的扶贫逐渐向国家力量与村民互动的脱贫模式的转变。

三、2017 年赤恒底村精准脱贫工作中存在的问题

上述说明从 2017 年开展精准脱贫工作以来,赤恒底村在基础设施建设、产业优化与人才培养三大板块取得了前所未有的成就。但毕竟时间尚短,加之以往留下的一些顽疾,赤恒底村精准脱贫工作还是存在着一些不可忽视的问题。

(一)部分村民思想与行动距离精准脱贫要求还有一定的差距

在精准脱贫工作中,核心在于能够精准到村、到户、到人,真正将脱贫工作落实到困难家庭及个人身上,并激发他们的脱贫愿望与精神。从目前精准脱贫在赤恒底地区的实施效果来看,一些村民仍然存在着不同程度的"等、靠、要"的思想,他们没有主动发展产业、建设经济的强烈愿望;对于政府出台的相关发展政策,也往往是采取一种观望的态度;对政府和他人的依赖思想严

重,缺乏自我发展的进步的动力,常常表现出一种畏难情绪,在脱贫工作中时常处于被动地位。

在轰轰烈烈的精准脱贫大潮中还存在上述从思想上到行动上都难以被触动的村民,原因在于,一是眼界狭窄,只知种一亩三分地勉强糊口,就知足了;二是与外界接触、学习的机会有限,没有能力,也没有信心可以改变贫困;三是曾经尝试过发展,但经历失败后就再也没有勇气振作起来,因此又回到父辈安于种地的状态。只要有这一部分人存在,整村脱贫、整族脱贫就难以实现。即便精准扶贫工作做得再细致也枉然,因为这部分人:给项目不要,给资金不要,给种苗不要,技术培训也不参加,入户动员也没有反应。

(二)政府资金与项目投入不够合理,没有做到钱尽其用

尽管国家给予赤恒底村政策和资金上的大力支持,并且驻村扶贫工作队通过入户调查、精准识别,对不同贫困程度家户进行归类建档立卡。但当地政府在分配扶贫项目资金时,就遇到建档立卡户不敢拿政府提供的资金、项目,而一般贫困户想要发展,却又没有扶持资金的情况。

从建档立卡户不敢要扶贫项目与资金现象来看,政府的初衷首先是要扶持特困户,给其项目、资金、技术,但如果没有激发起他们的脱贫信心与愿望,那有可能因为自身技术、管理能力差而不敢要,也有可能是因为害怕担风险而不敢要,还有可能是部分村民觉得永远当建档立卡户比起自己奋斗强。因此,在立扶贫项目与投放资金时,就得仔细分析其"不敢要"的原因,切不可因为相关部门需要限时立项与发放资金而漫不经心地处理。而且,只有待这一部分村民从思想上到行动上从"不敢要"到"敢要",而且一旦要了将可能有所作为才行。否则,将有可能培养出一批新时代的懒人、闲人,这就背离了政府精准脱贫的初衷。

再从已排除在建档立卡贫困户之外,即已经脱贫的村民想要扶贫发展资金、项目而不得要的情况来看,尽管建档立卡贫困户数量在逐年减少,但实际上很多村民只是暂时因个别条件不满足而被排除在建档立卡贫困户名列之外,总体上还存在困难。脱贫一段时间之后,由于自身发展的内部动力不足,

或者意外事故等因素,不少村民又重新返贫。这样,贫困户的总体数量难以平稳下降,政府的扶持资金有限,因此,真正发到贫困户手中的救助资金对于他们而言只是杯水车薪,而无法将其作为用于发展生产的启动资金。

总之,因多年来的扶贫政策,在村民中也有不少人知道"会哭的孩子有奶吃"。这样就把精力用在哭穷装穷上,反而以贫困为荣。但真正想以国家扶贫改变自己经济状况的,却因得不到足够的资金扶持而步履维艰。另外,在政府给予地方扶持资金后,资金的整合度也不高,常常是以"天女散花"的方式发放,以倾斜于不思进取村民的方式发放,以倾斜于已有脱贫成就的能人方式发放,造成不敢要的要不完,不用要的要不完,而真正需要的大部分村民却因求项目、求资金无门而难以真正发展。

(三)制约地区产业发展的要素多,未找到合理有效的解决途径

调查发现,因地制宜的规模化产业是赤恒底村民脱贫致富的基础。经过多年努力,多元化产业已初具规模,但是增产而不增收仍是怒江各族当下面临的重要问题。

首先是交通不便使得运输成本过高,信息相对闭塞,使外界信息、先进技术等难以及时、全面传入村中。如果遇到雨季泥石流、塌方,唯一与外界交往的怒江公路一旦堵塞,各种种植业、养殖业产品再好,多增产都只能烂在地里。有些村落就出现了因无法及时将大白菜、四季豆、番茄等运送出去,而不得不含泪砍在地里填埋的现象。又因外界信息不灵,造成村民的市场预判能力低的情况。其结果是丰收的农产品在市场价格低廉,投入与产出、增收之间差距甚大。

其次是产业结构有待调整。目前仍以农业生产为主,第二、三产业虽然有起步,但是由于资金、技能、管理水平等有限而发展缓慢。这样,一旦遇到农业生产歉收,就造成大部分村民返贫。最后,整合村民力量与资金,以合作社的集体力量博弈市场、抵御风险。国家的扶持帮助毕竟是外力而已,个人、家庭的力量毕竟也有限,因此,需要整合村民力量与资金,以合作社的集体力量博弈市场、抵御风险。

2017 年,在赤恒底村实施精准脱贫攻坚工作期间,尽管存在上述种种问题,但在驻村工作队、村委会、村民和当地政府的共同努力下,到 2018 年,赤恒底已实现脱贫。近年来,在驻村干部、村委会与赤恒底村民共同努力下,通过抓实基层党建、基础设施建设、产业组织化、就业组织化、易地搬迁组织化、重视民生工程、激发内生动力、民族团结以及乡村治理等系统工作,到 2020 年,赤恒底村人均纯收入达 11082 元,村民增收致富水平得到大幅提升。①

四、关于防止村民返贫、实施乡村振兴的建议

针对上述精准脱贫工作中存在的问题,从防止赤恒底村民返贫和乡村振兴角度有以下几个方面的对策建议。

(一)实现从外源性发展动力为主向内源性动力为主的转变

要解决赤恒底村在脱贫攻坚工作中所面临的问题,防止村民返贫,使其走好乡村振兴之路首先要提高贫困户的脱贫意识。积极组织村民学习党中央关于扶贫开发工作的新思想、新方向,帮助村民及时掌握扶贫开发的新趋势、新机遇;同时从思想上、行动上积极引导村民摒弃"等、靠、要"的做法,真正激发他们的发展潜力,让村民能主动参与到脱贫攻坚工作中,发挥其主观能动性,增加脱贫的内生动力。其次,树立脱贫致富带头人榜样。在全村范围内,先从各产业树立一个脱贫发展的榜样,如民族服饰加工业、草果种植业、旅游业;再在各合作社内,树立一个脱贫发展的榜样,如民族服装加工业的此路恒。眼前活生生的榜样对于村民的影响力甚大,一个人成功了,更多的人将随之跟进;一个合作社成功了,更多的合作社将随之发展。这样,2000 多人的赤恒底村将人才辈出,才能真正实现整村脱贫,避免返贫,从而留住人才,实现乡村振兴。

(二)坚持人与项目的精准扶贫

政府的扶贫工作要做到真正的"精准"并不容易。概而言之,一是针对

---

① 《2020 年赤恒底驻村工作队总结报告》,2020 年 11 月 26 日,赤恒底村委会提供。

"人"的精准扶贫,二是针对产业、项目的精准扶贫。

对于赤恒底村而言,首先要做到项目"精准"。面对各种各样的项目选择,政府部门要因地制宜、因人制宜,选择项目前景好、帮扶人数多、发展潜力大的项目进行推广,以此来促进当地特色产业的发展。其次,脱贫工作的"精准"还要强化精准到户和精准到人的方针,要认真开展对贫困人群的筛查工作,要根据各个家庭不同的情况来制定扶持计划,切实将"精准"落到实处。最后,还要做到项目培训的"精准"。赤恒底村各家各户的经济状况具有较大的差距,各人的发展潜力也存在差别。因此,在进行有关的职业技术培训时,应该根据各人不同的情况给予不同的技术培训方案,这样可以充分发挥每个人的长处,让脱贫工作更有针对性。

(三)进一步完善地方扶贫机制,落实各项措施

脱贫攻坚与精准扶贫不是一家一户的事,也不是一村一社的事。远在怒江峡谷的赤恒底村的脱贫攻坚、精准扶贫牵涉全村干部群众,牵涉福贡县、怒江州乃至全国的脱贫攻坚大业。机制是实现目标的保障,因此,在开展脱贫工作的过程中,首先要确保完善扶贫机制,进一步履行政府相关部门的职责,同时积极调动村民的积极性、主动性,形成国家力量与脱贫主体、输血与造血、制度建设与项目实施、产业发展与人才培养相结合的扶贫开发工作新机制。

具体到某一项产业扶持,首先要健全组织机构,加强扶贫队伍建设;其次,整合各种社会资源,完善合作社组织建设。培养村民内源性发展力量,增强合作社社长统筹协调能力,提高社员的种养殖能力,以及与市场对接能力。最后,在外力帮扶与内源性自助共同协作实践中,保证脱贫攻坚、精准扶贫与乡村振兴这些既有关联,又各有侧重的各项事业取得真正成效,并实现可持续发展。

迪政当村乡村精准扶贫问题报告

高志英　和肖文*

2013 年 11 月,习近平到湖南湘西考察时首次做出了"实事求是、因地制宜、分类指导、精准扶贫"的重要指示。所谓精准扶贫,是粗放扶贫的对称,是指针对不同贫困区域环境、不同贫困农户状况,运用科学有效程序对扶贫对象实施精确识别、精确帮扶、精确管理的治贫方式。一般来说,精准扶贫主要是就贫困人口而言的,谁贫困就扶持谁,而非老天下雨,人人有份。纵观 20 世纪 80 年代以来独龙族的扶贫历程,特别是从 2010 年开始的整乡推进整族扶持伊始,就是一个从粗放式扶贫向精准扶贫的发展过程。以独龙江乡迪政当村为主要田野调查点,并与其他村落相比较,可以深入探讨边疆人口较少民族实施精准扶贫的原因、内容、形式、过程与影响。

一、研究原因与田野点概况

(一)研究原因——精准扶贫促进整族脱贫的典型

2019 年 3 月 8 日,第十三届全国人民代表大会第二次会议第二场"代表通道"开启,云南省怒江傈僳族自治州贡山独龙族怒族自治县人大常委会主任、党组书记马正山代表在接受记者采访时说,党的十八大以来,习近平总书记指出要坚决打赢脱贫攻坚战,独龙族人民的生活发生了历史性变革。2018

* 高志英,云南大学特聘教授,云岭学者,博士生导师,主要从事中国西南与东南亚民族文化研究;和肖文,云南大学民社学院民族学专业硕士研究生,主要研习中缅北部跨境民族文化。

年底,独龙族从整体贫困实现了整族脱贫,贫困发生率下降到了 2. 63%,独龙江乡 1086 户群众全部住进了新房,所有自然村都通了硬化路,4G 网络、广播电视信号覆盖到全乡,种草果、采蜂蜜、养独龙牛,乡亲们的收入增加了,孩子们享受着 14 年免费教育,群众看病有了保障。① 但精准扶贫也不是一蹴而就之举。因为精准扶贫的主体是活生生的人,其生产生活无时无刻不在发生变化。因此,精准扶贫也需要随机应变,才能够真正做到实事求是、因地制宜、分类指导基础上的精准扶贫。

马正山代表汇报独龙族整族脱贫喜讯

的确,马正山关于独龙族已实现整族脱贫的宣告,真是一个既令人震惊又令人兴奋的喜讯。在清末民初仍然被称为"宛若太古之民"的独龙族长期积贫积弱,因此,才率先实施了 2010 年开始整乡推进整族扶贫,其后阿昌族、德昂族与布朗族均被惠及。可见扶贫难度之大! 然而,短短 8 年之后,独龙族率先脱贫,怎能不令人震惊令人兴奋呢?

独龙族是一个在周恩来总理亲自关怀下才有了统一族称的民族,是1999 年江泽民总书记亲笔题词"建设好独龙江公路,促进怒江经济发展"的

① 《马正山代表:独龙族从整体贫困实现了整族脱贫》,见 https://baijiahao.baidu.com/s?id=1627420072052796082&wfr=spider&for=pc,2019-03-08。

民族,是2017年习近平总书记对独龙族干部群众寄语"今后会发展得更好"的民族。① 如此多的关怀,如此多的期望,今天终于变成现实,又怎能不让人兴奋呢?

诚然,独龙江乡扶贫攻坚已经成了中国西部扶贫攻坚"样本中的典型"②。那么,本研究所选的田野点——迪政当村则既不属于巴坡、马库那样因种植草果而全民收入激增,也不像乡政府所在地的孔当那样可以凭借区位优势而有更多的发展机会,而是在独龙江北部献久当、龙元与迪政当三个经济作物种植尚未见效的行政村之一,因此,也是更加需要通过精准扶贫来促进社会、经济、文化全面发展的村落。

为此,针对迪政当村的精准脱贫问题从而实现村落社会的全面发展,在独龙江脱贫攻坚战役中,迪政当村一直是政府工作的重点村落,比如,国家"十三五"规划的内容就极大地辐射到了迪政当村。迪政当村村民目前已经全部完成了安置住房的搬迁,同时,迪政当村完备了为农业、旅游业配套建设的水、电、路、气、网等基础设施,并在此基础上新建和改扩建了一大批教育、医疗、文化、养老等公共服务设施。2018年,独龙族宣布整族脱贫后,迪政当村也在脱贫攻坚向乡村振兴转型的道路上越走越稳、越走越好,成为怒江州率先实现脱贫的典型村落,并积极地探索未来乡村振兴的发展方向。

(二)田野点概况——整族脱贫背景下需持续关注的村落

之所以选择迪政当村作为研究独龙族的田野点,不仅在于其特殊的自然环境与社会环境,还在于是独龙江整族脱贫背景下尚需持续关注的北部典型村落。

迪政当村位于云南省贡山独龙族怒族自治县独龙江乡北部,距独龙江乡政府所在地42公里,目前到乡政府道路有简易柏油路;距离贡山县城150公

---

① 《习近平会见贡山县少数民族代表 独龙族文面女唱感恩歌》,人民网,见 http://politics.people.com.cn/n/2015/0121/c1001-26419686-2.html。

② 《怒江州扶贫获得国家和省里高度重视,"整乡推进""整族帮扶"新模式再观察——5年了,来看看独龙江发生了哪些变化》,和讯网,见 http://news.hexun.com/2014-11-15/170426563.html。

里,其间有海拔 5000 多米的高黎贡山相隔。东靠贡山县丙中洛乡,北接西藏自治区,南邻独龙江乡龙元村,西与缅甸克钦邦葡萄县相接壤。历史上,迪政当人无论是翻越高黎贡山到怒江边,或是翻越海拔同样高的担达立卡山到缅甸,以及北上察瓦龙、南下缅甸木刻嘎的交通都极为困难,学习外界先进的生产生活技术也极其不易,加之东部与江尾的傈僳强人的欺凌,北部的藏族土司的欺压,以及国民党设治局与维西纳西族土司的压榨,迪政当独龙族与整个独龙江峡谷的独龙族一样生产水平很低,经济赤贫,甚至吃盐巴都困难。这种状态直到新中国成立才得到逐步改善,而且到了 2018 年终于实现整族、整村脱贫——全村总人口 611 人,除了 5 个是内地来此上门的傈僳族与汉族外,全部是独龙族。

在迪政当村 601.22 平方公里的土地上,分布着迪政当、冷木当、熊当、木当、普尔、向红 6 个村民小组。各村人口数量相差较大,迪政当小组共 132 人,冷木当小组共 138 人,熊当小组共 121 人,向红小组共 110 人,普尔小组共 59 人,木当小组共 51 人。首先人口数量决定了人口占有土地面积——实际上是占有自然资源与社会资源的比例;其次又决定了合作社的规模,同时也在一定程度上决定了以合作社的方式发展多元化产业的能力。而且村落区位、交通与外界的交往难易,又影响到村民接受外界信息,以及与外界发生经济关系的难易,甚至影响到村落大中专生的数量,也影响到会汉语、傈僳语与藏语的人数的差异。正是行政村内部如此多的特点与差异,要求有更加实事求是、因地制宜、分类指导的政策支持。

又从以非传统种植业的经济收入来看,代际差异很大。一般而言,中青年人身强力壮,每年都去高山上采挖贝母、重楼、黄金果等野生药材,经济收入普遍高于不能爬山远行的老年人。如果以适应一些新兴产业脱贫来看,读过书的年轻人往往多于没有读过书且不会讲汉话的年轻人。再看同样年龄的两夫妇,如果妻子是文面女,那么除了政府每年 1000 元财政补贴之外,更多的是下乡干部、学者、记者等合影给的酬谢费。因此,妻子收入远远高于其丈夫。相反如果丈夫是会宗教祭祀仪式的巫师,或者懂得民族传统文化,那么前来拜访调查者付的酬金高于妻子种地、织布的收入。再则,同样是文面女,有的能歌善舞,有的则游客一来就躲起来,她们的收入也相差很大。因此,如果没有因地制宜、因人制宜,那么持续性整族脱贫还是难以保证的。

再一方面,各村落传统分布地在从海拔 1585 米的迪政当自然村沿怒江北上靠近察瓦龙藏区的木当与向红村,不仅海拔高差悬殊,而且也有纬度差异,气温、植被与土壤也各不相同。虽然传统上以种植玉米、荞麦、土豆与四季豆为主,但是产量、播种期与成熟期不同。加之各村落人地比例不同,放养独龙牛、猪、鸡为主的饲养业的条件也不一样。年平均气温 16.7℃,年降水量2856—3800 毫米,是迪政当行政村所在地的气候特点,比起更加多雨潮湿而炎热的南部村落,迪政当不具备种植草果的条件,却有种植重楼的优势。因此,目前政府所推广的"南草果、北重楼"是精准扶贫的具体落实,但还需要在具体行政村内,尤其是在类似迪政当这样地广人稀、各村甚至各户自然环境与社会环境皆不同的区域,进行进一步的政策支持,以保障持续性的整族脱贫。

独龙族传统木板房

如今,为了实现独龙族脱贫攻坚与乡村振兴的有效衔接,迪政当村的政策支持是基于独龙族人生活的改善向独龙族人的生活富裕而发展的。首先,精准扶贫并不是简单地统计村中贫困户的数量,再定期发放救济款的活动,政府敏锐的意识到这种做法会导致"综合型整体性贫困"①,于是采用了政策扶持和引导村民自发探索致富的方式来实现精准脱贫。在这个过程中,陈永群、白忠平的脱贫之路受到政府大力宣传,成了迪政当村内部求新求变的典型案例;其次,在政策支持的引导下,迪政当村原本极为单一的依靠农业生产以及传统采集的生计方式也逐渐走向多元化,迪政当村的村民目前不仅有依靠农业种植的生产生计方式以及政府鼓励的重楼种植业,还引进了外界的茶叶种植,建立了茶叶合作社,生产产业化越来越明显。此外,旅游产业也是迪政当村重点发展领域,目前迪政当村住在公路边的农户积极把自己家的空余房屋清理出来开简易的客栈、饭店,不仅建立了良好的旅游业基础,而且也营造了良好的旅游业发展氛围;最后,精准脱贫政策带来了迪政当村传统文化观念的变迁,现在几乎每家都有电视,每个成年人都有智能手机,家家都可以上网,外界的文化极大地影响了村民。因此,变迁不可避免,如何保持一个稳定的变迁速度,保持文化自信,防患于未然,避免年轻一辈的文化迷失,是今后工作能够继续发挥作用的重点内容。

二、迪政当村精准扶贫过程回溯

回溯从 20 世纪 80 年代以来独龙江、迪政当的扶贫历程,实际上是一个从粗放扶贫到精准扶贫的过程。因为扶贫是否能够实事求是、因地制宜,关系到扶贫的成效。所以,无论是从作为实施扶贫者的政府,还是作为扶贫主体的独龙族村民,无不希望每一分扶贫资金见效,每一项扶贫项目见效。因此,在一定意义上可以说,不精准,无扶贫;不精准,无脱贫。但迪政当从粗放扶贫到精准扶贫,还是经历了很长的时间,进行了很多的探索。

---

① 刘文光:《"直过民族"经济社会发展障碍因素探析——以云南"直过民族"为例》,《前沿》2010 年第 13 期。

（一）迪政当村精准扶贫的社会历史背景

独龙江乡是独龙族唯一的聚居地，也是集边疆、民族、山区、封闭、贫困为一体的河谷区域，历史上经济社会发展程度远远滞后于全国水平。1910年，夏瑚勘察独龙江，并在所著的《怒俅边隘详情》中说"所种之地，惟以刀伐木，纵火焚烧，用竹锥地成眼"①。这是对当时独龙人刀耕火种耕作方式的描述。又据20世纪50年代的独龙族社会历史调查资料，刀耕火种是独龙人获取粮食的主要方式，他们开辟"火山地"，主要作物有苞谷（玉米）、荞麦、饭豆、赤豆、绿豆、洋芋、黄豆、天粟米、鸡脚稗等旱谷杂粮。这种生计方式主要靠天吃饭，粮食生产收成极其不稳定，常常因为雨水多未能烧出干地或者粮食被野兽糟蹋等原因而影响收获；加之生产工具简陋，生产力低下，农业收入多则只能维持7—10个月的口粮，少则不足半年，②缺粮成为独龙人面临的主要问题，因而要靠大量的采集加以补充。饲养业也极不发达，肉食供不应求，得依靠射猎来补充。因此，粗放的种植业、饲养业兼采集、射猎，是一直延续到20世纪50年代为止的主要生计方式。只不过后期因生产技术有所提高，铁质农具充足使粮食亩产有一定提高，而逐步减少了对采集的依赖罢了。

因被山阻水隔的地理环境所限，加之周围藏族、傈僳族等强势民族的欺压，由于靠山吃山，而且地广人稀、自然资源丰富诸因素的交互作用，独龙族社会发展程度远远滞后于其他民族，直到清末还被外界称之为"宛然太古之民"。到1949年贡山解放，党和政府给予了作为"直过民族"的独龙族以特别优惠政策。1964年，修通了65公里长的人马驿道，但仍然需要徒步三天才可到达贡山县城，仍然是一年之中有半年时间大雪封山。1999年，修通独龙江老公路，但海拔3040多米的隧道仍然有半年的大雪封山。2002年，因实施"天保工程"（天然林保护工程）和"退耕还林"政策，独龙人几个世纪以来一

---

① 方国瑜主编：《云南史料丛刊》（第十二卷），徐文德、木芹、郑志惠纂录校订，云南大学出版社2001年版，第149页。

② 云南省编辑组编：《独龙族社会历史调查》（二），云南民族出版社1985年版，第12页。

直依赖的"刀耕火种"生计方式宣告结束。① 但因历史痼疾、自然环境与社会环境等因素,独龙族社会封闭状态虽有明显改善,仍受公路等级低、泥石流与塌方频发,以及无飞机场、火车等交通条件限制,而未能彻底打破封闭局面。独龙族民众的经济收入逐年增加,生活条件与旧社会不可同日而语,但是与中原的差距还是比较大的。特别是独龙族内部、村落内部、家庭内部,个人适应现代社会的能力,投入国家精准扶贫大潮的能力不同,仍然出现明显的差异性。至 2018 年,独龙族宣布整族脱贫,标志着迪政当村打赢了脱贫攻坚战,目前的迪政当村正处于实现脱贫攻坚向乡村振兴的有效衔接的发展阶段,为怒江州乡村振兴道路的探索积极贡献着自身发展进步的力量。

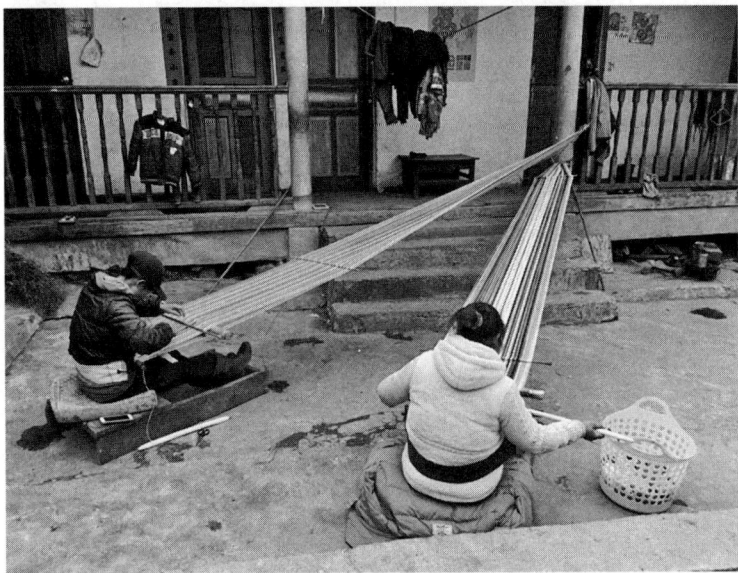

独龙族妇女织独龙毯

(二)云南省民委民族工作队开启的精准扶贫起步

1998 年,时任云南省委书记的令狐安率队徒步深入独龙江乡调研,并于

---

① 格桑顿珠、纳麒主编:《云南民族地区发展报告(2003—2004)》,云南大学出版社 2004 年版,第 372 页。

1999年5月派遣省委民族工作队进驻独龙江乡开展帮扶工作,以解决独龙族生产生活中的突出问题开始了精准扶贫的探索实践。由省、州、县三级组成省委民族工作队从当时独龙族最亟需解决的温饱问题入手,全方位地推动独龙江经济社会发展。到2002年已有前后两批工作队员共48人进驻独龙江,他们跋山涉水、走村入户,对全乡的情况进行了解,并逐一加以解决。

独龙江乡全乡水、电、路基础设施几乎为零,工作队四处奔波、上下协调,在独龙江乡掀起了基础设施建设高潮。在乡党委和乡政府的支持下组织全体队员、全乡干部职工、驻军官兵和当地群众3000人(次)进行了乡村公路大会战,整修道路,架设桥梁。

在州、县水电局的支持和帮助下,修建了孔目、献九当、龙元和迪政4个水电站,1999年12月全部建成发电,使这四个村的村民在新千年用上了照明电,还为10所村小安装了10台水轮发电机,装机容量为2×1000千瓦的木切娃电站测量设计工作已全面结束。

与此同时,政府依托水力发电站建设完成了孔目村、孔当一社等3件人畜饮水工程,解决了近1000人和1700多头牲畜的饮水问题和80亩农田的灌溉,新挖及改造基本农田810亩。

为200多户人家解决了住房问题与独龙江基础设施建设滞后的问题,工作队又在独龙江峡谷内掀起了学科学、用科学的高潮。工作队先后组织了26次科技培训,使独龙族人民学会了一项项先进的农业技术——大棚蔬菜种植、水稻双行密植条栽等。水稻亩产首次创下了350千克的纪录。工作队还教农户应用科学技术饲养牲畜,学会疾病防治,独龙江畜牧业有了大发展,农户饲养的羊已从最初投入的2100多只发展到近9000只。2000年,启动了养殖独龙牛项目后,投入的60头独龙牛现已发展到500多头。2000年,独龙江的粮食总产首次突破百万千克大关,人均纯收入比上年有较大突破,独龙族人民摆脱了贫困。又组织群众规划种植2万亩水冬瓜树和干果经济林600亩,并积极争取落实民用木材速生育林项目,使独龙族人民走上可持续发展的道路。

2002年,云南省人民政府在怒江州六库召开独龙江扶贫专题会议,确定实施退耕还林、易地搬迁、乡村公路、畜牧养殖等四大工程,加大独龙江乡扶贫攻坚力度。这四大工程,无不是切合独龙江实际、满足独龙族民众诉求的扶贫项目。至此,独龙族人民病了能就医,孩子有学上,村村通广播、电视,独龙族人民已萌发了商品意识,传统的自然经济观念正在向市场经济观念转变,独龙江第一集贸市场正逐步形成规模。① 迪政当村也受惠于省民委民族工作队具体实施的精准扶贫政策,而在生产生活各方面发生了翻天覆地的变化。

(三)精准扶贫探索阶段的独龙江交通扶贫

一说到独龙江公路,总会想起一个词"山高路远"。的确,独龙江与贡山县城虽然只有一山之隔,但是这个山是海拔 5000 多米,终年积雪的高山,世世代代将独龙族人民封闭在独龙江峡谷。尤其是地处独龙江北部的迪政当村,以前不通公路的时代,从其村委会到当时乡政府所在地巴坡村要三天,从其村子或从巴坡翻越高黎贡山要七天。而且要攀悬崖、过溜索、登天梯,还有泥石流、塌方的威胁。因此,要想让独龙江、独龙族发展,首先就得彻底解决交通问题。或者说,解决独龙族人民的出行难,是最亟需的精准扶贫。

竣工于 1964 年,贡山至巴坡的独龙江人马驿道是 1999 年以前独龙江与外界连接的唯一通道,全长约 56 公里,翻越海拔 5000 多米的高黎贡山。这条人马驿道将独龙江与贡山县城的时空距离从一个月缩短为三天,将雪封期从大半年缩短为半年。但长达半年的雪封期仍然存在,故仍将独龙族封闭在独龙江峡谷之间。在 1995 年 7 月 1 日动工修建,历时 4 年终于修通了 96.2 公里长的独龙江老公路,实现了独龙族人民盼望已久的坐上汽车走出深山峡谷的夙愿,改变了独龙族与外界物资交流靠人背马驮的历史。但因山顶高海拔隧道易积雪,每年仍有半年的时间因大雪封山而阻断,所以选择海拔更低的山腰重修公路与隧道已势在必行。于是又于 2011 年 1 月 29 日正式开工全长 79 公里,有长达 6680 米的独龙江隧道穿越高黎贡山山腰的独龙江新公路,从此与外界的交通不再受季节性大雪封山之困。

---

① 省委民族工作队扶贫独龙江纪实,见 http://news.sina.com.cn/c/2002-07-16/1325637472.html。

（四）2010 年以来扶贫政策的进一步落实

2010 年以来,云南省委、省政府制订和实施的"独龙江乡整乡推进独龙族整族帮扶"工程,以整体推进的思路,对独龙江乡进行集中帮扶,围绕"整乡整族脱贫"目标,集中实施了安居温饱、基础设施、产业发展、社会事业、素质提高、生态环境等"六大工程",累计投入资金 13.04 亿元,使独龙江乡独龙族的经济、政治、社会、文化、生态等领域发生了深刻变化。

这一时期,特别是在民房安居等基础设施建设方面取得了突破性成就。独龙江乡由原先分散居住的 41 个自然村统一安置为 28 个集中安置点,新建安居房 1089 套,实现了全乡 6 个村委会全部通柏油路,28 个自然村全部通车、通电、通网络、通电话、通广播电视、通安全饮水。由此独龙江乡实现了跨越式、可持续性发展。随着交通、电力、通信、水利和市政等基础设施建设加快,结束了独龙江乡不通程控电话和不通宽带网络的历史,实现了村村通柏油路、通电、通电话、通广播电视、通安全饮水。2014 年 4 月 10 日,随着独龙江公路高黎贡山隧道的贯通,独龙江乡每年近 7 个月大雪封山、"与世隔绝"的状况得以改变,为独龙族群众架起一座走出大山、走向现代文明的桥梁。

上述安居温饱、基础设施、产业发展、社会事业、素质提高、生态环境"六大工程"牵涉独龙族生产生活中亟待解决问题的方方面面,是精准扶贫的一次大推进与大高潮。

近年对独龙族的精准扶贫还体现在产业多元化发展方面。在整乡推进、整族帮扶的规划中,政府结合当地实际,特别安排了产业发展项目,不断提升独龙族民众的自我发展、自我造血能力,比如,具有较强市场需求的重楼、核桃、独龙蜂、独龙牛、独龙鸡等种植养殖业已初具规模。独龙江乡的生计方式从采挖野菜到种植名贵药材重楼,新兴产业引领独龙族人民逐渐奔向小康。

三、迪政当村精准扶贫的具体扶贫措施

要保证精准扶贫,实事求是是态度,因地制宜是原则,分类指导是路径。

迪政当新农村住房

这在迪政当村精准扶贫具体措施中得到生动体现。

（一）以重楼种植业为先导的产业扶贫

独龙江地区,精准扶贫之下产业的发展,经济林果和中药材种植是目前的重点。其中,最有名的是草果、重楼和黄金果的种植。重楼是云南白药的重要原材料,也是云南民族医药的重要代表。在独龙江北部地区,几乎家家户户都有重楼种植。2018 年 2 月,在国家扶贫政策下,由政府提供重楼种子,陈永华和其他村民一起组成的合作社集体进行除草、施肥等自我管理。迪政当村选出了村中土质及位置比较好的三家人的土地共三亩作为集中育苗地,总共培育了 3000 苗重楼,等到育苗结束后将分发给村中的 30 户村民。在重楼成熟挂果之后,将使得独龙族人的生活和收入水平进一步提高。

过去,独龙人就有采草药的传统。每年的五六月上山挖贝母,七八月进山挖重楼。采集过程中,有的人家也留下重楼幼苗,自发种植。现在,政府有意培育中药产业,重楼种植面积扩大,重楼的幼苗也由县政府提供。技术方面,县政府定期上门对种植草药的人进行专业知识的讲解和培训,以提高生产效益。目前,人工种植的重楼,因为生长周期长,还没有见到明显的经济效益。不过,据笔者调查发现,迪政当村民都觉得挖药材赚的钱虽然多,但是相对人工种植而言较为危险,缺乏安全感和稳定性。这是由于野生贝母和野生重楼都生长在海拔偏高,山地坡度较大的区域,采挖时间又恰逢雨季,山路湿滑危险,在采挖过程中甚至可能危及生命。而且,野生草药总有一天资源枯竭,所以政府帮扶的种植重楼项目正好满足了村民的需要。

将"南草果、北重楼"进行比较,的确做到了对于自然环境的实事求是、因地制宜与分类指导,也才使南部的草果种植业收效明显,很多家庭就是依靠草果种植业不但脱贫,而且致富了。作为云南37种不可或缺的名贵中草药重楼,很适应相对寒冷与雨水少的北部。从村民由山上移栽与从内地购买的苗的长势来看,丰收在望。目前,迪政当村村党支部依托迪政当丰富的草场资源和林地资源,大力发展重楼种植。同时还发动村民上山挖野生重楼,在党员示范带动下,迪政当村已在林下种植了200亩重楼。假如仍然是以往不分南北的粗放扶贫,同样种植草果与重楼,相信两地都会由于非因地制宜而失败。因此,对迪政当种植重楼的产业扶贫,正是很好地实践了精准扶贫中的实事求是、因地制宜与分类指导。

(二)以木雕培训为先导的技能扶贫

2015年1月,习近平总书记在昆明接见独龙族干部群众代表时要求,继续深入抓好独龙族整乡推进,整族帮扶,"全面实现小康社会,一个民族都不能少"。根据习近平总书记对独龙江发展的重要讲话精神和云南省委、省政府对独龙江乡实施整乡推进整族帮扶的要求,2015年3月上旬,云南省人力资源和社会保障厅主要领导来到独龙江乡调研。结合当地的实际需求,云南省人社厅提出,把独龙江乡作为云南省边疆民族贫困地区"人力资源综合开发示范乡",进行重点打造和帮扶。云南省人社厅随即出台《独龙江乡人力资源综合开发实施意见》,提出了16条具体帮扶措施,为独龙江乡培养技能人才,就是其中的一项重要措施。2015年3月10日,云南省人社厅前任厅长崔茂虎一行来到大理州剑川县调研云南技师学院剑川办学点教学情况,调研过程中,崔茂虎要求云南技师学院要争当落实习近平总书记的"决不让一个少数民族掉队"指示的排头兵,利用学院剑川办学点,为怒江州独龙族培养一批木雕技能人才。①

在 2015 年,云南技师学院招收了大量独龙族学员到剑川办学点学习木雕,大力发展木雕产业,带动怒江州少数民族地区特别是独龙族群众尽快脱贫致富。当年夏天,根据扶贫政策,由独龙江乡政府组织,迪政当村的一些村民和其他行政村的村民一同前往云南省大理州剑川县进行木雕培训,由当地政府以县武装部原办公地点作为临时学校、宿舍、食堂,包吃包住。培训分两个阶段,云南技师学院投入 50 多万元,派出 6 名老师与学员同吃同住同学习,让学员全免费食宿学习,让学员从木雕概述、木雕刀具磨制、识图与制图、木雕造型基础、职业道德、法律常识、就业指导等课程学起;同时,云南技师学院还聘请木雕工艺美术大师为学员们上课,在技能考核阶段,云南技师学院还对教学阶段成果进行考评,使参加培训的学员通过职业技能鉴定,取得相应的国家职业资格证书。

2018 年 10 月 29 日—11 月 23 日,在整村帮扶政策指导下,包括迪政当村民在内的 49 名独龙江乡农民群众(34 名独龙族,16 名其他民族)前往云南省昆明市安宁技师学院进行木雕培训,由学院组织教师进行培训并包吃包住。本次培训相较上次培训而言,连续性及专业性更强。在培训结束之后,学院为学员们颁发了结业证。本次木雕培训由文化部、教育部、人力资源与社会保障部共同组织,目的是使受训村民早日脱贫致富,在学成之后带动身边村民共同致富。云南省怒江州贡山县旅游局在培训中对此宣传要成立手工艺品合作社,目标产品包含木雕、独龙毯、箩筐制品、蜂蜜、葛根粉等。此外,学院老师还就如何推销商品(如拍摄木雕产品进行广告宣传等)以及怎样开网店等后续问题对学员们进行了培训。据参与的村民反映,两次木雕培训都对他们带来了很多帮助,培训过程很充实,培训老师很负责,他们在这个经历中不但收获

---

① 《一块木雕背后的故事——云南技师学院独龙族技能扶贫工作纪实》,见 http://www.chinajob.gov.cn/c/2018-08-23/47005.shtml。

了技术,还打开了很多思路,这些技术和思路会对他们日后的生产生活状况带来很大的改变。

(三)惠及各受教育阶段学生与其家长的教育扶贫[①]

教育惠民政策是教育扶贫的主要形式,凝聚着党中央、国务院和省委、省政府对怒江各族群众的关心和厚爱。是促进教育公平,实现义务教育均衡发展,提高人口素质,阻断贫困代际传递的重要举措;是确保贫困家庭适龄孩子不因贫辍学并提高家庭经济水平的重要保障。怒江州现阶段的教育惠民政策是面向全州开展的全民族、全地区惠民政策,通过具体政策惠及州内所有 14 年免费教育阶段的学生、中等职业学校学生、大学生。

1. 14 年免费教育及相关资助政策

自 2016 年秋季学期开始,怒江州全面实施了 14 年免费教育,范围是学前 2 年、义务教育 9 年、高中 3 年。由于义务教育阶段已经实施"两免一补"为主的义务教育保障政策,并且实现了全覆盖。现今推进的 14 年免费教育政策,实质是新增加了对学前 2 年教育在园幼儿免除保教费,对高中在校生免除学杂费、教科书费和住宿费等政策。

其中,从 2013 年起实施的《云南省人口较少民族学生生活补助政策》和从 2014 年起实施的针对高中阶段的较少民族学生《云南省人口较少民族学生助学补助政策》针对的是九年义务教育阶段和高中阶段的包括独龙族学生在内的,云南省人口在 30 万以下的 8 个人口较少民族寄宿生的特殊政策。在这两项政策的帮助下,独龙族学生们一方面解决了学费的问题,一方面减轻了家庭的负担。

2. 中等职业学校学生资助政策

中等职业学校从 2007 年开始实施《中职国家助学金政策》,从 2009 年开始实施《中职学生免学费政策》,从 2014 年秋季学期起实施《中等职业学校全

---

① 怒江州学生资助管理中心:《怒江州教育惠民政策》,见 https://mp.weixin.qq.com/s/jU-qQFoT4S4NDlsk0CSRGyA,2017−07−10。

覆盖试点生活补助政策》。这些政策主要向怒江州农村户籍中职学生、城市涉农专业学生、非涉农专业城市家庭经济困难学生倾斜,体现了教育惠民政策的精准性和针对性。

3. 大学生资助政策

怒江州对大学生的资助政策由云南省政府、中央彩票公益金助学项目和各基层单位主导,面向州内来自贫困家庭的大学生群体,尤其是以独龙族等 8 个人口较少民族的大学生为主要资助对象,这些政策主要包括从 2010 年起开始实施的《云南省属高校毕业生学费和国家助学贷款代偿政策》、从 2012 年开始实施的《大学新生入学资助政策》、从 2014 年开始实施的《云南省优秀贫困学子奖学金政策》、从 2016 年开始实施的《"建档立卡"户大学生学费奖励政策》和《生源地助学贷款政策》以及 2017 年 5 月正式出台的《云南省普通高等学校毕业生学费和国家助学贷款代偿办法》。

在扶贫政策的引导号召下,各级单位在 2017 年都对迪政当村的大学生家庭进行了教育扶贫:县扶贫办(代表三峡集团)、县教育局、县团委(代表能投集团)、县民宗局、贡山县成骏建设公司累计向迪政当村在读大学生每人提供助学金数万元。这些助学金减轻了迪政当村在读大学生家庭的负担,并通过这些有知识、见过世面、思想活跃的学生们推动了精准扶贫实施,在独龙族实现整族脱贫过程中发挥了不可忽视的作用。

四、精准扶贫实施效果分析

截至 2017 年,以国家政策扶持和特色产业发展助推脱贫攻坚,全乡农村经济总收入 2069.07 万元;农民人均经济纯收入 4959 元,同比增长 16%。全乡共有 6 个行政村,已有 5 个村 157 户 615 人脱贫,靠北部的迪政当村建档立卡 15 户 50 人未脱贫,预计 2018 年底完成脱贫。① 事实也印证了精准扶贫的

---

① 数据来源于 2018 年 2 月 8 日独龙江乡党委副书记、乡长孔玉才在独龙江乡第十二届人民代表大会第二次会议上的报告。

发展计划,迪政当村2018年底实现了整村脱贫。为此,独龙江乡于2018年10月荣获全国脱贫攻坚组织创新奖。由于交通、通信、农田水利、居住等交通基础设施的跨越式提升和旅游、种植养殖、生物开发等特色产业的快速形成,加之独龙江乡自然文化资源丰富,独龙族经济社会发展水平已经跨越到一个新的起点。归纳起来,独龙江乡和迪政当村扶贫具有五个特点①。

(一)国家力量为主,扶贫主体应和式的精准扶贫

要彻底改变独龙族历史遗留的积贫积弱状态,特别需要外界力量的全方位帮扶。对此,党和政府从1949年以来给予了特别的关心、帮助,而从20世纪80年代以来,特别是从20世纪90年代开始,帮扶的力度越来越大,越来越受中央和各级政府领导重视,中央和省级、州级领导多次深入独龙江调研,又派省级民族工作队长期驻扎独龙江,为扶贫政策的精准实施奠定基础。

诚然,长期封闭于独龙江的独龙族对于国家的帮扶,起初可能有不解、困惑、茫然之处,但是他们逐渐看到经过国家帮扶后的基础设施的彻底改善,特色产业的发展,经济收入的提高,教育与医疗卫生条件的改善,完成了从"要我脱贫"到"我要脱贫"的改变。独龙江南部有种植草果大户,每年收入20多万元;北边有客栈、小卖铺、小食店老板,有的在跑运输,还有的在当导游,收入也是前所未有的增加。总之,经过30多年的扶贫攻坚,特别是从粗放式扶贫到精准扶贫的探索实践,做到了因地制宜,并且注重分类指导,而使国家力量与内源性发展动力相结合,终于在全国多个实施整乡推进整族扶贫民族中率先实现整族脱贫。

(二)整合各方资源式扶贫

从1999年云南省民委民族工作队进驻独龙江开始,也就开始了整合各方资源集中于独龙江、独龙族脱贫。特别是2010年以来,云南省集32个部门合力攻坚,投入各种资金和技术,力度空前加大。这一以"整乡推进整族

---

① 参见独龙江乡人民政府:《独龙江乡扶贫开发工作汇报材料》2018年11月6日。

扶贫"举措实施的扶贫,是一种实实在在的精准扶贫,也是见效最快的扶贫。如果没有如此多资源的全方位扶贫项目推动,难以从根本上改变独龙江的面貌。

整合各方资源也表现在对村民的技能培训上。如进行草果种植培训与重楼种植培训的资金、技术力量来源不同。而培训木雕、厨艺、刺绣的项目资金与技术力量也各有来头。总之,来自全国各行各业、四面八方的资源整合于独龙族的脱贫致富,终于以一个系统性扶贫工程的方式全面推动独龙江的扶贫事业,也为其他少数民族的脱贫树立了榜样。

(三)现实摸索与科学设计相结合的扶贫

不可否认的是,一开始的扶贫难免有粗放扶贫的弊端,如在全乡范围内种植水稻,又如不分南北气候差异的同样规格、建材与模式的安居房建设等。但是,随着扶贫工作的深入,越来越暴露出粗放扶贫的适得其反或吃力不讨好,从而逐渐转向了精准扶贫。

可以说,通过 20 世纪 80 至 90 年代的粗放扶贫摸索,到 21 世纪初,顶层设计科学合理,对独龙江乡的基础设施建设、产业发展、群众素质提高进行了整体安排。在产业扶贫方面,顾及了南北自然条件的差异,也顾及了扶贫主体素质的差异,从而使村民人尽其才,地尽其用,通过因人制宜、因地制宜的产业实现可持续脱贫。

(四)多方面多维度满足村民发展诉求的精准扶贫

长期困扰于独龙族的贫困,不仅仅是基础设施差的贫困、缺吃少穿的贫困,也不仅仅是缺医少药的贫困,而是不知道外面世界是怎么样的,是缺乏融入现代社会能力的贫困。因此,对于独龙族的扶贫,就得从全方位展开,而且保证精准扶贫和精准脱贫,具体表现为"生态补偿脱贫""发展生产脱贫""发展教育和健康扶贫脱贫""住房保障脱贫""社会保障兜底脱贫",全面解决了独龙族人民最关心的制约独龙江乡发展问题,以及改善生产生活条件的问题。

(五)产业发展与技能培训相结合式的扶贫

基础设施再完善,产业扶贫项目再因地制宜,如果没有一群通过各项技能培训的产业发展能手,要么项目夭折,要么见效甚微。对此,需要产业未启而培训先行。如派村民到剑川、昆明参加木雕培训,请楚雄彝族绣娘到独龙江培训刺绣,请昆明饭店师傅来独龙江培训厨艺,或者派村民到昆明参加挖掘机、厨艺等培训。另外,最频繁的就是种植草果、重楼,以及饲养家畜家禽的培训。通过这些培训,不再将独龙族村民隔离于现代科技种植业、饲养业、旅游业等,而是使其有一技之长,甚至多技之长,激发内生动力,从而融入民族扶贫攻坚战役。目前,迪政当村实现了整村脱贫,正走在依托转型产业、培养人才、塑造文化、稳定生态以及优化组织的方式实现脱贫攻坚与乡村振兴的有效衔接的道路上。

自在发展的"防空"行动

——乡村可持续性振兴的区域范例

和晓蓉 李继群 张宁[*]

随着我国过去30年社会经济的深刻变革,特别是城镇化运动的不断发展,乡村出现空壳化和空心化问题,并已然成为乡村振兴的根本障碍。乡村振兴是一个包括经济、政治、社会、文化、生态振兴的庞大系统工程,需要社会诸多方面的关注和投入。但从根本上说,如果不解决空壳与空心这个"两空问题",则乡村振兴无从谈起,产业振兴也成无源之水。而南溪村的发展现状,则为我们提供了一个与当代普遍的乡村两空状况所不同的案例——一个在空与不空之间达成巧然平衡的"不空"案例,抑或说"防空"成功的案例,值得探讨和借鉴。

为描述和探讨南溪乡村振兴运动中最为突出的"不空"现象,本文首先在既有研究的基础上,将乡村空壳化、空巢化和内卷化等概念修正定义为"空壳化"和"空心化"。空壳化侧重指称有形和物化元素的丧失,如劳动力流失、生产力下降、年轻一代不再返乡或无法返乡、村落破败、土地荒废、农耕体系崩溃等;空心化则偏重于描述精神元素的丧失,如传统文化和习俗的失落,传统思想道德体系的崩坏,外出者与乡土亲情的断裂,乡村失去朝气与希望,村民国家意识、主流意识和乡土意识淡漠等。空壳化与空心化交互作用、相互影响,

---

　　* 和晓蓉,云南大学民族学与社会学学院副研究员、硕士生导师,主要从事民族文化传承学及佛教等研究;李继群,云南大学民族学与社会学学院讲师,主要从事生态人类学、纳西族历史与文化等方面研究;张宁,云南大学民族学与社会学学院硕士研究生,主要从事民族宗教研究。

共同导致中国农村的负向发展,阻碍着乡村振兴的实现。相对于社会学、政治学等学科既有研究所提出的空壳化或内卷化等概念,本文基于民族学、宗教学和生态人类学学科所提出的"两空"概念作为一个复合型概念,以及与之相对应的"不空"概念,或将有助于从物质和精神两个方面综合观照当代中国农村现状,并找到相应对策。

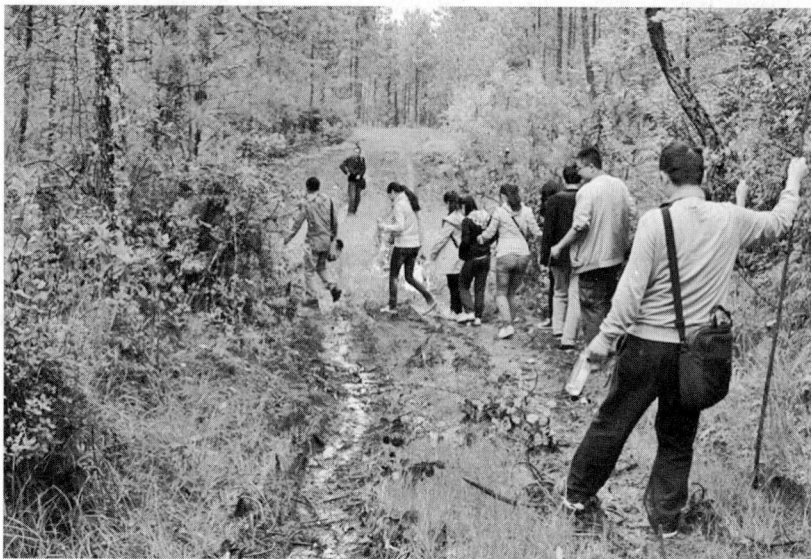

在南溪调查的师生

得益于云南大学民族学调查研究基地项目南溪村纳西族调查研究基地的建立,我们得以在将近 15 年的时段内长期跟踪观察南溪村的具体发展情况。其中最为显著的就是与我国农村地区普遍存在两空现象形成鲜明对照的独特的不空现象。具体表现为,一方面,自 2000 年起,越来越多的青壮年进城务工,并逐渐购置房产,安家立业,在丽江城中形成"南溪帮"群体;另一方面,在这些中青年群体与坚守村子的中老年群体之间,在进城创业与回乡务农之间,进而在传统与时尚等看似难以调和的方面却实现了或正发生着一种微妙的平衡,从而呈现出一个与当下乡村振兴主题不谋而合的图景。以下分别从南溪空与不空的具体表象以及形成原因两大方面进行论述。

一、南溪村的空与不空

如上面分报告所述,由 2004 年纳西族调查研究基地始建起,正是南溪新兴产业(进城从事出租车运营)初步形成的时段。自此我们就一直在关注着南溪村民进军丽江城区出租车行业的情况以及由此引发的村寨变化。

从空的面向看,南溪确然有两空情况存在,南溪村的历史性转变由此而生。据统计,至 2008 年时已有 400 多人进城开出租车,占当时丽江城出租车司机的一半①。到 2012 年底,南溪村民购置营运出租轿车近百辆,从事自家营运或出租给他人营运;营运性面包车数辆,中巴旅游车约十辆,营运性微型车十余辆,活跃在丽江城营运行业,车主从传统的种地农民转变为拥有价值不菲的出租车牌的营运司机,同时也有相当一部分无车但有驾照的村民承租开出租轿车。② 到 2018 年底,出租车拥有量已经过百,同时全村除了十三户建档立卡扶贫户外,都拥有了家庭自用轿车。

综上,南溪一部分村民在城里以开车营运为业,收入大幅增长,也有近百户村民在城里买了商品房,扶老携幼生活在城里,成了城市里的新阶层——相对富裕农民工。

表1 2017 年 12 月南溪村购买商品房、自用车、出租车统计

	文屏	金龙	满上	满中	满下	且前	且后	鹿子	合计
城中商品房(套)	3	12	5	7	6	20	15	28	96
家庭自用车(辆)	18	38	30	30	34	30	22	40	242
出租车(辆)	3	12		6	9	18	14	22	84

资料来源:南溪村村委会提供的"2017 年南溪村村委会村民小组基本情况"。

---

① 数据来源:《南溪村概况》,云南大学民族与社会学学院纳西族调查研究基地资料,2008 年。

② 和尚勋:"2012 年南溪村概况",云南大学民族与社会学学院纳西族调查研究基地村寨日志资料,2013 年。

这些人信心十足,雄心勃勃,正在拼搏成为相关行业的强者。这些城市里的新阶层,绝大多数都很重视子女教育,他们都希望子女从小学好文化知识,增强以后能在城里自立的本领。因此,很多家长都通过各种渠道选择丽江较好的学校寄读,在周末或假期也会付出较高的费用给孩子上各类补课班等,他们在努力地融入城市生活。

相应地,这部分村民的生活习惯、思想意识等也不断被城市生活所调适,从而与原来的乡土生活形成张力。可以说,这股进城潮流在某种意义上确然造成了乡村的分裂,例如,劳动力的分流、部分孩童离乡就学,部分老人离开故土,家中饲养业中断、城市意识强化、传统习俗不断消失等。这个面向与我国整体的农村城镇化、两空化现状相一致。

但与众不同的是,南溪还有一个不空的面向。

第一,进城务工者,无论是已经购房买车,存款百万的先进户还是尚在租车开、租房住的后进者,一个共同的特点是,除极少数特殊情况外,都会持续耕种南溪老家的土地,自种、请人帮忙或部分借给亲戚耕种。农闲时以开车为主,农忙时放下城里工作回家突击劳动,城里乡下两不误,形成与我国农村普遍存在的"背井离乡"不同的"离乡不离土"。他们并没有因为嫌弃耕作的辛苦或者一味效仿城市生活,专注于城市赚钱而放弃种地。他们当中的绝大部分人保留了难能可贵的种地为本、乡土为亲的农民本色。"农民不种地还算什么农民"是村民基本的共识。这使得南溪农田基本满栽满种,没有出现荒废情况,以洋芋种植为主,兼以其他经济作物种植的传统农耕文明得以延续,甚至发扬光大。

表2　2017年12月南溪村汇总劳动力数统计

	文屏	金龙	满上	满中	满下	且前	且后	鹿子	合计
户数(户)	28	60	33	35	58	58	41	69	382
人口(人)	123	246	139	161	243	211	173	262	1558
劳动力数(人)	64	159	85	83	168	149	94	169	921
从事第一产业(人)	53	110	48	130	98	58	65	127	680

续表

	文屏	金龙	满上	满中	满下	旦前	旦后	鹿子	合计
县外省内务工劳动力数（人）	15	44	20	25	24	36	46	45	241

数据来源：《2017 年云南省农村经营管理情况统计表：丽江市玉龙县黄山镇南溪村》1—2 表。

第二，进城村民在南溪的房屋基本维护得很好。很多城里赚到钱的村民更是将房子扩建或重建成砖混结构，美观、卫生而不失乡村特色。一个普遍的现象是，在城里买得起房子的人，在村里的房子也盖得好，并以此为傲。南溪村民的住房，从传统的木楞房到改革开放以后的土木结构房，到砖木结构房，再到当下的砖混结构房，已经有 40 余户盖起了钢混小洋楼。

跟随年轻人进城生活的南溪村老人，有几种情况：一是年老体衰，无法独立生活的高龄或体弱老人；二是为了照顾还不能上学的孙辈才跟随儿子儿媳进城生活的中老年人；三是在城里有了新的产业，如药材经营；还有一些人，在城里找点临时工如保安、门卫等，以增加家庭收入。但这些老人往往"身闲心不安"，只要可能，如不需照管孙儿孙女了，就会选择回南溪老家养猪养鸡，照管田地，捡菌摘松果，进行"老年再创业"。如旦后 62 岁的村民和金雁，前些年跟随女儿女婿在城里照顾外孙、外孙女，2011 年，外孙、外孙女上幼儿园后，她便回家种地、养猪、养鸡。她一个人一年的经济收入就达 2 万余元。她丈夫早年病逝，她一人养育两个女儿，未再找丈夫。她的行为是纳西族妇女勤劳、节俭，从一而终的典型代表。她认为她在城里 7 年，就她这个家庭来说是损失了近 20 万元的经济收入，为此感到相当后悔、惋惜。我们的日志记录员和尚勋老师，自 2012 年在城里购置了庭院式独栋洋房，因照顾外孙女和孙子、孙女上学等家庭需要而下山进城生活。时过 7 年，当小孩们都已长大并外出上学后，他已经决定从 2019 年起偕老伴两人村里城里两头住，这样做的目的，一是不让村里的房子荒废掉，二是山村空气环境都比城里干净、舒服，同时也便于他继续日志记录工作。

因此，我们在南溪村看到的景象是，村里房子一般由老人驻守打理，勤劳的老人们大多健康而硬朗，七八十岁尚能亲自躬耕田头，喂猪养鸡养羊是常态,加之可以对进城的儿孙辈"召之即来",老人们并没有太多失去依靠的担忧和压力,反而拿出更大的勇气面对新的变化。因此,对南溪人来说,乡村的家依旧完整而温馨,不存在有"回不去的家",也不存在有"见不到的儿"。与过去有所不同的,更多是亲情、劳动力的流动性,以及城乡信息、意识的流动性。除了年节婚丧,村子虽因年轻人的不在场而少有喧闹声,但显现出一种静谧祥和而不乏生机的图景。

老人去世后的"守灵"活动

第三,传统文化习俗得到较好的坚守。由于南溪地处山区,环境相对闭塞,传统上东巴信仰文化沉淀深厚等原因,相对大部分纳西村寨来说,以东巴教文化为主干和底蕴的民族传统文化在这里以流变于民俗及民俗生活的方式得以保留了下来,绵延于当代南溪村民生活的各个方面,在人生礼仪、节日习俗等民俗文化中得到保存和延续,尤其是在丧葬、婚礼、祭祖习俗里得到了较为完整和集中的保留。此外,作为传统文化显性载体的民间歌舞艺术以及传统知识积淀保留得完好而丰富。

在南溪,家族体系尚有较完整保留,家族制度还在延续,以家族构成的村子,只是没有族长之设。在每个家族内部皆有不成文的惯制规约。家族内七代以内不得通婚;有红白事互相帮忙,祭祀仪式、迎来送往等事宜都由家族内德高望重的老人主持、协调。有病有痛时互相看望,有事互相照顾,共同看守病人,共同上坟祭祖等。

时至当下,逢年过节或村中红白事,特别是祭天祭祖活动,城里务工村民都会赶回村里。即使是已迁居在城里的村民,他们总会在这些日子到来之前的一两天内,就从城里备上所需物品和生活用品回老家祭祀祖先,等敬祖节过后又回城生活和工作。这一古老而淳朴的仪式,维系了南溪村民爱家乡、敬祖宗、尊长辈的传统美德。同时在日常生活中,尊老爱幼、扶老护幼、勤劳朴实的传统美德依旧延续。这些传统文化的"软实力"使进城打拼者得以在竞争激烈的环境中立住脚跟,并创出"南溪帮""南溪精神"的口碑品牌。更为重要的是,这种软实力在南溪村的可持续性振兴发展中起到了不可忽视的作用。

第四,村校得到保留。在村委会领导和村民的坚持下,没有实行撤点并校,南溪完小得以保留。乡村学校是国家在基层农村的国家意志和国家文化的桥头堡、民族传统文化的传承中心,对保障国家文化安全,填补农村文化和传统道德真空具有重大意义。南溪不仅保留住了南溪完小,还加大投入进行改造,极大地改善了村小办学条件。目前有 7 名教师和 50 多名学生在读。村委会希望有更多的孩子能够留在村小完成小学教育,而不是从幼年时候就离乡背井。① 此一举动无形中切合了当下社会治理和乡村振兴要求,对有效巩固乡村基层组织、缓和人口外流、维护农村学生与家庭和乡土的天然联系意义非凡。

第五,更多的进城创业成功者,趋向于回乡开辟新的致富路子。除上面所说大部分进城南溪人会回乡投资建房外,其中的佼佼者更是扛起了回乡再创业的大旗。例如,最早进城开出租车的旦前村和尚贤,在城里开车致富后,没有选择彻底离乡,而是邀约了两三个一起开车的亲戚,把车又租给别人开,自己回村租赁荒地,成立"玉龙三音种养殖有限公司",开始尝试药材种植,兼做

---

① 云大基地也曾经设立传统文化进课堂项目,出资邀请丽江东巴文化博物馆的东巴传人专程上山,每月一次,教授东巴字画,还延请村里老艺人,教授纳西族传统歌舞和农作知识。2015年后由于经费以及授课人任务繁重等原因,被迫中断。

生态养殖业,为村民提供药材种植知识、药材市场行情等,并已取得了初步的成果①。这种回流,在新的高度为城乡良性流动、复兴乡村开辟了新的渠道,并且符合我们所主张的乡村可持续性振兴的农业、生态内涵,而不是那种外来工业或商业产业的粗暴性植入,乡村变相工业化或商业化,乡村的传统意蕴被彻底打破,从而违背乡村振兴的真实意义。

二、南溪村成功防空

2017年12月29日,中央农村工作会议首次提出走中国特色社会主义乡村振兴道路,让农业成为有奔头的产业,让农民成为有吸引力的职业,让农村成为安居乐业的美丽家园。南溪村以其特有的发展历程,已经自主踏上乡村振兴之路;而这个形式的出现,与南溪特有的不空现象有着直接的因果关系。我们称之为防空成功。究其原因,可从以下几个方面加以分析。

(一)坚守和发扬传统产业的优势

全球化时代,地方化、特色化的产业反而具有相对较强的竞争力。南溪独特的生态环境使其传统洋芋种植业具有不可替代性的优势。南溪洋芋不仅在云南省内知名,还不断在全国其他省市得到认可。② 与此相应的,是上面提及的南溪村民不忘乡土、秉持农民本色这一内因条件。而维持这一条件的,则是南溪村民传统意识的坚守。

(二)流出与回流的通畅性

如分报告所述,南溪村民外出务工的特点是本地城乡流动,从南溪村下山进城仅半个小时的车程,方便往返;此外务工类型也相对单一,集中于出租车运营行业,方便相互支持和帮忙;而下山定居者也没有主动或被迫切断返乡之

---

① 详见本报告"个案分析"部分。
② 详见分报告有关洋芋产业发展部分。

路,城乡之间行走顺畅。

(三)村级领导班子致力于奉献和服务

南溪村村委会有一个长期稳定的致力于奉献和服务的村级领导班子,这个班子形成了奉献为民的传统。村委会现任领导班子为:书记兼主任和继武、副书记和国军(原老书记)、副主任和丽军、副主任和旭峰、村监委主任和国高。其中前书记(现副书记)和国军为复原军人,已经在村委会服务 34 年,带领南溪村走过了最为艰难的发展岁月。现任书记兼村主任和继武已经在村委会服务了 21 年,副主任和丽军坚持了 19 年,至今未婚,全部精力扑在工作上。和国高早先为满中村小组的组长兼农科员,进入村委会服务已 5 年。和旭峰2017 年毕业于云南民族大学数学与计算机科学学院物联网工程专业,是南溪村考出去的大学生,2018 年作为丽江市玉龙县"引进乡村振兴人才、回乡创业富民工作"人选吸收进村委会领导班子,成为该班子的青年代表。该班子勤奋务实,不图私利,深受村民拥戴。他们对党和国家政策均有着朴实而准确的理解,以及坚定的执行力。从他们嘴里说出的"为人民服务"几个字,朴实自然,让我们感受到其本有的内涵和力量。他们经过大量艰苦扎实的前期工作,获得了 2018 年脱贫攻坚第三方评估高度评价。当评估方问和继武书记有何感想时,他坦然说道,我只希望老百姓比我富了,全村人民都走到我的前面,我也就问心无愧了。村领导们还骄傲地说,南溪脱贫建档立卡户全部都是因病因残致贫,没有好吃懒做、不思进取的懒汉。其实这也是总体南溪人的特点。

村委会领导在岗的长久性、持续性,以及他们的奉献精神和服务精神对于村落振兴是重要的保障。

(四)各项惠农政策落实到位

诚如和尚勋老师所记述的,"近些年来,因为国家对农村的政策越来越好,党中央越来越关心'三农'问题,农民种地得补助,农民有病得补助,农民添置农机家电有补助,农民年龄到 60 岁有养老金(55 元/月/人),农民困难可享受低保补助(108元/月/人),农村公益事业建设得补助。南溪村村民也享受到党和政府的各项惠民政策,使村民的经济收入逐年增加,生活逐年稳步提高,杜绝了村民因病致贫、因病返贫的情况。

年近七旬的满下村民小组村民和建良爷爷感动地说:'爹亲娘亲不如共产党亲,千好万好不如党的政策好,河深海深不如共产党对人民的情谊深。就以我家为例,我家有六口人,两个老人,两个中年人,两个青年学生(现一个就读于云南中医学院,一个就读于云师大附中)。国家给我家的经济补助范围是种田补助,养育独生女补助,老龄养老金(老两口同时享受这两项补助),困难补助、医疗补助、农业综合补助、农机家电补助、黄山镇人民政府还随时补助几千元鼓励在读学子,社会各界爱心人士也经常资助学生。如果缺乏以上的这些补助,我们家哪能供得起两个在省城读书的孙子、孙女,没有这补助那补助,我老两口早就去世了,真是全托共产党的福啊!'南溪村像和建良爷爷家一样享受多项补助的村民很多,举不胜举。如满下村民和福祥老人,他早有老干部老党员困难补助、老龄党员补助,老年人养老金、医疗保险金等四项个人补助。再如满中村民小组村民和桂贤老奶奶她一人享受老龄党员补助、离休干部遗孀生活补助、老年人养老金、医疗补助等四项补助。再如满下村民和国南老奶奶她享受老龄养老金、农村低保(全家人都享受)困难补助、医疗保险等。南溪村一人同时享受两项以上补助,家庭同时享受两项以上补助的村民和家庭,数不胜数。此外还有若干名目的专项补贴。"①

以上记述可以看出,在丽江玉龙县,党和国家的各项惠农政策自上而下,的确得到了贯彻执行。在支持力度和支持面上,农民均享受到了前所未有的政策实惠和利益实惠,更加切实地感受到党和国家的温暖,找回了做农民的尊严和信心。村民因此也更加坚定了坚持农耕方向的做法。可以说,惠农政策的落实到位,是乡村振兴的一大动力。

---

① 和尚勋老师为南溪满下村人,退休小学校长,2004年云南大学纳西族调查研究基地始建起即受聘为村寨日志记录员,十多年来为南溪记录村寨日志100多万字,第一卷《雅阁丽轮——丽江南溪村村民日志》已于2006年由中国社科文献出版社出版,第二卷《山村时轮——玉龙县黄山镇南溪村纳西族村民日志》(2006—2018年)2019年由学苑出版社出版。

（五）传统力量的延续

火把节回村的年轻人

　　南溪村虽然偏处山区一隅，但得益于其处于纳西文化南向传播的终极地和相对封闭的地理环境条件，保存了相对完整的纳西族文化传统。例如，所有村民一直使用纳西语，村中至今还保留有少量纳西族传统的木楞房；妇女普遍穿着民族服装；各家的火塘布局及使用功能沿袭了先辈传统；村民的婚丧、节庆仪式保留了纳西族的传统内容；家族形态基本完整；作为历史上东巴辈出的地方，东巴信仰的遗留尚可寻迹等。从传统文化保留的角度来看，南溪是幸运的。当今世界的发展不断印证，各国、各民族传统文化在民族国家乃至全人类可持续发展中的不可或缺和无可替代性。习近平总书记更是将传统文化提到了国家战略资源的高度；"文化危机让物质财富犹如沙上之塔"，"优秀传统文化是一个国家、一个民族传承和发展的根本，如果丢掉了，就割断了精神命脉"，优秀传统文化中包含着中华民族"最深沉的精神追求""最深厚的文化软实力"。具体到一个民族村寨，亦同此理，这也正是乡村振兴真正旨向之一。孕育于传统文化习俗的善良、纯朴、友爱、团结、互助是南溪村历来的民风，甚至被奉为生存和发展的必要条件。如当初刚进入丽江出租车市场时，先是几个有胆识的青年人,相约去学习驾驶技术,拿到驾照后,合起来租开一辆车,积累了一定资金后,再去租其他车子,开上两三年,大家合资买自己的新车,轮流开,就这样慢慢地拓开了市场。留在村里的家族邻里、亲戚之间互相照应、互帮互助依旧是常态。这些风尚在很大程度上保障了南溪村民在进城创业过程中,在互助互利、团结进取,以超常勇气克服困难取得创业成功的同时,往返奔走于城乡山路,挑起了乡村农务的重担。保证了乡村不空、新业不误,精神相对富足。

我们坚信,单纯的经济振兴根本无法支撑乡村的可持续性发展,更不是乡村振兴的根本旨向。文化复兴既是经济复兴的高层景观,也是经济持续发展的根本保障。南溪的不空得益于传统文化习俗的支持,但是否具有真正长远的可持续性,尚有待于新时代传统文化的延续和再建构。

综上所述,对传统产业的坚守、长期稳定的并致力于服务奉献的基层行政与乡村治理队伍、惠农政策增加农村内生性动力、传统力量的相对保留以及半机械化耕作方式和种植科技的普及、适当的城乡距离等若干因素紧密关联,共同建构了南溪不空的特有景观。南溪人在兼顾城市化与乡土化、老人安置与孩子学业、走出与坚守,在"空"与"不空"之间找到了较好的平衡点,重塑了城乡关系,传承发展了民族农耕文明,在中国特色社会主义乡村振兴道路的建设方面形成了富有民族特色和地方特色的区域性范例。此案例说明我国乡村不空景观的真实存在与可复制性,说明乡村振兴的基础依然存在于广大民族地区农村。

三、存在问题及相应建议

同时我们也应看到,南溪村不空景观的形成,有赖于多方因素的作用,但总括来看,作为不空景观主体的村民,对不空景观的建构尚停留在自然自发的层面,缺乏建构的主动性与自觉性,以及宏观规划。需要政府、学界和其他各方力量在尊重村民主体意愿的前提下共同推进。本文初步提出以下建议。

（一）坚守并强化村校教育

借乡村振兴政策的东风,强化村校教育,提高教育质量,让更多的孩子不用自幼背井离乡求学,被迫割断与乡土的联系,成为城市"断线风筝",不使乡土知识、乡土情怀无处养育,乡土建设者后继无人,农耕文明无以为继。

（二）促进传统文化复兴

当今中国,文化安全已经和国土安全、生态安全等相提并重,各民族传统文化安全更是其中最为基础的部分。民族传统文化复兴不仅具有民族文化本体的重要性,同样具有中华民族整体文化安全的重要性。文化是社会的黏合剂,文化断裂会波及社会秩序的建构。正如习近平总书记指出的,农村是我国传统文明的发源地,乡土文化的根不能断。目前,一部分村民身上出现了见钱眼开、见钱忘情,要钱不要理、情的现象;一些村民的勤劳简朴、团结互助、积极进取、立足当下等,逐渐被竞争发展、自私自利等思想意识所取代;传统乡土知识不断消失;进城读书的孩子,生活习惯和思想意识逐渐城市化,民族意识和乡土意识无从生起。乡村振兴过程中最为核心的农村主体性导向无从落实。乡村作为一个与城市相对存在的概念,内涵丰富,内容广袤,因此,我们应当更加强调民族乡村的精神价值、生活方式和归属感,强调乡村主体性、乡村自在发展性。各级政府应当规划更为具体可行的乡村民族文化复兴政策并尽快实行。

（三）强化农民工流动模式的设计管理

在政府层面,对劳动力流动进行预先设计,例如,鼓励本地城乡流动,从而保障流出—回归的可行性,争取就近就业,鼓励城乡兼顾,农工兼顾。相应地,在传统乡村自给自足型生活模式和城市依赖型之间进行合理调节,对城乡接合部的劳务输出者聚居社区的村民工作和生活提供相应的服务和指导,大力支持外出农民返乡创业。让改革开放以来单一粗放的劳动力输出服务提升到更为合理的劳动力城乡循环管理服务,使城乡二重性得以更加和谐的共生。

（四）强化或再建"农村主体性村社共同体"

乡村建设和村社共同体建设已经是一个从学术研究到社会实践都有推进的领域，有着大量的实践个案和主要来自社会学、农村经济研究等领域的研究成果。但结合本研究以及乡村振兴的主旨，我们强调"农村主体性"，亦即与城市相对而形成的二元对立性，以此来探讨我国在社会经济发展过程中实施的阶段性的实践，如农村城镇化、新农村建设，以及西方农村企业化、农民工人化的做法。

南溪村洋芋经济的一大制约就是包产到户后的家庭个体经营形式，包括个体耕种和个体销售，没有集体组织对内对耕种过程进行协调，对外进行销售渠道、价格行情等方面的统筹行动。曾经兴盛一时的玛咖种植业的顷刻崩塌，除市场不可控因素外，村民缺乏集体依托和控制，是主要原因之一。从村级层面和上级政府层面，应当更为积极地引导发挥农村集体经济综合功能，建构农村新型生产生活共同体。在环境、生态、村民利益三者完全可控的前提下引进外来资本和企业，坚持自我决策权，预防外来资本的破坏性掠夺、扫荡，让村子变成新一轮的两空村。南溪村一个积极现象是，村民与村级领导对乡村振兴有着共同的正确认识："农民不种田那叫什么农民"。坚持回归农业，以农耕为基础。外部投资与其他产业的兴办都将在保障农耕和生态的前提下进行，确保村民或村社共同体拥有绝对的自主权。

（五）大力培养年轻一代乡村振兴人才

乡村振兴青年人才可以有两个大的来源：本土青年学子，以及城市中有志于乡村建设的青年。他们的加入有益于促进乡村治理的科技化、前沿化。截至本报告完成，南溪村已经吸收一名本村大学生和旭峰通过乡村振兴人才引进的途径进入村级领导班子，任副主任，并有意培养其承担副书记一职。作为南溪村人，和旭峰有高等教育的背景，也对南溪有着深厚的感情，同时对家乡的现状和发展前景有着较为清晰的认识，这对于年轻一代返乡者来说是非常可贵的。村民及其他村委会干部对和旭峰都有非常高的期待，认为他能够为乡村振兴带来新的活力,同时希望他能够熟知南溪的每一条小沟,熟知南溪的每一个人。

我们应该高度重视有志青年的回流,以及成功创业者的回流。这个发展趋势符合习近平总书记所强调的,培养造就一支懂农业、爱农村、爱农民的"三农"工作队伍的精神。乡村振兴战略是我们国家在历经改革开放各阶段的实践后提出的又一伟大举措,引领中国在经济、科技、社会治理等各个方面进入改革新阶段,在更高层面上倡导传统、农业、生态、乡土、人文精神等更为综合性的复兴。谨望本报告能够为这一宏伟复兴贡献一份来自民族乡村的美丽景观和政策参考。

2017 年纳古镇人才紧缺
与组织振兴关系研究

冯瑜　马晓雯*

云南是集边疆、民族为一体的欠发达省份,长期以来担负着固边、稳边、兴边的重大政治责任。云南省委认真贯彻以习近平同志为核心的党中央关于从严治党、大抓基层的要求和部署,高度重视基层党建工作,集中力量大抓、狠抓基层党建工作,以"强组织、强队伍、强基层、强边疆"的目标,云南省各领域基层党建得到进一步加强,基层党组织整体功能不断增强。

2017 年,纳古镇党委对基层党组织进行分类定级。根据统计表,有农村基层党组织 9 个,其中达到先进级别的组织 2 个,一般级别的组织 6 个,后进级别的组织 1 个;机关单位基层组织 1 个,属一般级别;非公有制经济组织有基层党组织 2 个,先进级和一般级各 1 个。合计 12 个基层党组织,其中包含 3个先进级,占比 25%;8 个一般级,占比 67%;1 个后进级,占比 8%。基层党组织的先进率只有 25%,这是远远不够的,后进的基层党组织更是急需整顿。

纳古镇村干部整体素质有待提高。大专以上的党员 72 人,仅占党员总数的 26.2%。随着纳古镇经济的发展和改革的深入,部分村干部的思想观念与新形势、新任务的要求还不相适应。一方面,当前纳古镇基层党组织优秀人才缺乏,一些村在选人用人时产生"人难选""选人难"的现象,加上农村工资待遇相对低,对人才的吸引力不大,上级党组织只好"矮子里面挑高个"。另一

---

　* 冯瑜,云南大学民族学与社会学学院宗教文化研究所副教授,中国少数民族艺术专业博士,主要从事伊斯兰教、回族文化、海外华人移民等方面的研究;马晓雯,云南大学民族学与社会学学院宗教学专业 2017 级硕士研究生。

方面,部分村干部思想保守、观念陈旧,对当前农村工作中存在的矛盾和困难产生畏难情绪;工作主动性差,不安心农村基层工作,在工作中放不开手脚、迈不开步子、跟不上时代的步伐;工作能力较弱,知识老化、经验老化、管理老化;习惯于用行政手段开展工作,无一技之长,发展经济的技术和能力与普通群众相同,不能代表先进的生产力。

乡村振兴战略的实施,人才是根本。由于传统思想观念偏差、农业产业效益偏低、农村环境相对落后等,乡村大量年轻人向城市流入,而城市人才不愿进入乡村,形成乡村人才留不住、引不进的社会现象,导致乡村人才匮乏,成为乡村战略实施及组织振兴计划的主要制约因素。[①]

一、制约组织振兴战略实施的人才瓶颈

当前,乡村人才留不住、引不进、育不成、用不好等现象广泛存在,人才总量不足、素质不高、结构不优等问题已成为制约乡村振兴战略实施的瓶颈。也影响了基层组织的发展及未来的方向。

(一)高学历人才难回流,基层组织缺少新鲜血液

国家统计局发布的数据显示,自 2005 年开始,中国城镇常住人口及城镇化率一直处于上升态势。到 2017 年末,中国城镇常住人口为 81347 万人,比上年末增加了 2049 万人,城镇人口占总人口比重(城镇化率)为 58.5%,比上年末提高了 1.2 个百分点。从现实来看,随着改革开放的不断深入,乡镇人才外流和缺失变得愈加严重,有的乡镇甚至出现人才"饥荒",只剩下由老人、孩子和妇女等组成的留守大军。2019 年 2 月 28 日,中国农业农村部在京召开人才工作座谈会,据会议公布数据统计,中国农村各类实用人才突破 2000 多万人,全国农业科研人才总量仅为 62.7 万,农技推广机构人员仅 55 万。这在一定程度上反映了农村人才总量不足。也在一定程度上说明了当前乡镇真正

---

① 周晓光:《实施乡村振兴战略的人才瓶颈及对策建议》,《世界农业》2019 年第 4 期。

从事基层党组织建设的年轻、高学历人才极度缺乏。

在纳古镇走访的过程中，也能明显的感觉到，年轻人走向昆明、大理、玉溪或者是通海县城的情况比较普遍，在昆明工作的杨成告诉笔者，"就是感觉纳古这个地方太小了嘛，来来回回就是这些人，我就想来昆明闯一下，当时正好是玉溪师范跟我现在的工作单位有合作项目，就过来了。昆明生活压力肯定要比纳古大得多，但是还是想在这边安个家，以后孩子也能有更好的教育条件。"

大量从纳古镇走出去的青年，通过上学、打工等方式离开纳古以后，几乎没有再回到纳古镇再就业的，导致纳古镇的高学历人才变成了单纯的向外流动，也就是这样的人才流动现状，使得城市与乡镇之间的人才循环出现断裂，发展差距越来越大。

在传统的思想意识里，农民是一个没有前途的职业，农业是一项没有前景的产业。小孩子想方设法通过高考、经商、参军等方式跳出农村这一道"门槛"，希望能在城市"打拼"，并认为大学毕业以后回到乡镇工作是一件很没面子的事情。这种片面的思想认识影响着出生于纳古镇的人，导致其不愿回到乡村基层工作。

在大理从事销售行业的纳一凡告诉笔者，"我就是觉得大理能比纳古好一点，然后就来这边工作，我大学毕业以后在家待了一段时间，但是感觉在家的时候没办法做出一番事业，而且我也上大学了嘛，就不想再回纳古了，肯定希望自己跟别人没上大学的不一样，我现在在大理也挺好的。种地那是更不可能了，去工厂工作，我不想去。去政府工作么，我就没这个概念，好像也没往这个方面考虑。"

纳古镇的人员类型结构上，人才持续流失严重，凡有一技之长的乡村人员都进城谋生了，导致纳古镇出现人才"荒芜化"的现象，主要表现为既懂技术又懂管理的复合型人才匮乏，对经济能人、传统技艺匠人等乡土人才的培育与挖掘不够。为解决这些问题，建议采取以下措施：

吸引青年大学生返乡。以培养新农人、农创客为主要目标，对来自农村的大学毕业生进行遴选，选拔、吸引一批有志于扎根农村基层、促进农业发展的青年大学生返乡。打通人才回流渠道，修订有关法律和制度。对于因上大学将户口迁出去的返乡创业青年,允许其将户籍关系迁回农村,实现"非"转"农",同时允许其将党员组织关系迁回村里的党组织,参与乡村党建。支持各类人员返乡。地方政府要充分发挥政府资源调控和政策引导功能,积极出台、完善支持各类人员返乡创业政策、营造良好的乡村创业环境,其中关键在于解决返乡创业人员融资难的问题。

鼓励社会贤达返乡。传统的乡绅主要由德高望重的社会贤达组成,他们在垂范乡里、化育乡邻、维护乡村秩序、促进基层社会平稳发展等方面曾产生举足轻重的影响。社会贤达群体往往经济基础较好,综合素质高,有新知识、新技能、新视野、新境界,组织能力较强,在乡村里具有较高的社会威望,且有充足的时间参与乡村建设。要鼓励社会贤达回归家乡、扎根家乡,带着项目、资金、情怀到乡村投资创业。

乡村振兴离不开人才资源,甚至比任何时候都更需要人才资源,不仅要想尽办法将人才留下来,促进乡村人才回流,吸引外部人才流入,还要搭建大舞台,实现人尽其才,发挥出最大的人才能量,为乡村振兴做出卓越贡献。在汇聚人才资源方面,乡村基层党组织大有可为。打造战斗力强的基层组织,需要能力强的人引领大家共同奋斗顽强拼搏,探索乡村振兴发展模式。改革开放40余年的经验证明,要培育富有地方特色和时代精神的新乡贤文化,积极引导发挥新乡贤在乡村振兴,特别是在乡村治理中的积极作用。需要建立激励机制,吸引企业家、党政干部、专家学者、技能人才、退休教师等,通过下乡担任志愿者、投资兴业、包村包项目、捐资捐物、乡村助教等方式,共同参与乡村振兴的光荣事业。

建设基层党组织不能只靠"领头羊",也要将很多纳古镇具备超前发展思维、敢想敢干的致富能人、农民企业家吸收进基层党组织,发挥自身强项,力争达到事半功倍的效果。时任党委副书记的马恒骧讲述了当年关于"私营业主属不属于先进生产力?"这个问题的争论过程:

我在1997年十五大以后就在考虑这个问题了,2000年的时候,党中央提出了"三个代表"重要思想,主要就是说:"中国共产党始终代表中国先进生产力的发展要求、中国先进文化的前进方向、中国最广大人民的根本利益。中国共产党要始终代表中国先进生产力的发展要求,中国共产党要始终代表中国先进文化的前进方向,中国共产党要始终代表中国最广大人民的根本利益。"我就说要把纳古镇有进步思想的私营企业主纳入我们这个党组织里面来,当时也有这种进步需求的人。就有同志跟我争辩,说我走资本主义,说不能让私营企业主进来,我直接就拿这个章程给他看,我说难道他们不能代表先进的生产力嘛? 他不讲话了。后来我们又打电话给上级询问,上级说,没有哪一个文件说不让私营企业主进到组织,就这样,慢慢就有私营企业主进入党组织了。但还是不够,你看纳古就是私营经济占主导地位的地方,你多吸纳一些进来,工作就好做了嘛。

在纳古镇基层党组织现阶段的建设中,由于缺乏人才,在管理模式和建设方法上,难以推陈出新;在工作方法上,由于观念陈旧,难以提高服务水平,创建服务型党组织。少数干部服务意识不强,缺乏主动服务的精神。坐等服务的多,主动上门的少,个别基层干部工作作风仍未彻底转变,对于群众办事存在推诿扯皮现象;个别党员下基层走形式,问题处理不及时,导致群众有意见,致使基层党组织威信下降。在宣传党组织方面,难以切实抓住青年人的需求,让年轻一代对党组织建设产生兴趣,并积极地加入到党组织建设的浩大工程中。未来需要加大党建工作相关信息的宣传力度,让纳古镇人民群众知道、了解党组织是什么,从而提高纳古镇群众对于党组织建设方面的积极性,提高群众的政治参与度。

(二)人员走向大城市

相对于玉溪市或者昆明市的教育资源而言,纳古镇在人才集聚方面相对落后。一是纳古镇的基础教育环境落后,除了纳古镇中心小学以外,并没有中学部的设置,纳古镇的小孩在完成小学教育之后,只能选择就近的通海三中或者是通海朝阳中学,但是这两所中学的教育质量都有待提高。部分家长认为孩子在农村接受教育没有前途,很多乡村人才为了孩子的未来向城市转移。把孩子送去昆明读高中的纳洁告诉笔者,"我们早早地把娃娃送出去,我们的生活压力也大。但是,纳古又没有好一点的中学,就想着送娃娃出去读书了。娃娃以后肯定要比我们发展得好,他早早地出去见世面,以后也能读个好大学、有个好工作,到时候我们再努力帮他在昆明安个家。"

被问及是否愿意让孩子回到纳古镇工作时,纳洁尴尬地笑了笑,"我愿意但他能愿意吗?再说把他都送出去了,毕业再回来,人家肯定要说呢,这家人把娃娃送出去有什么用,最后还不是回来了,我们做父母的脸上也不好看。"

发达国家农村的复兴经验表明:"当年如果没有逆城市化带来的城市资本及城市精英下乡,也根本不会有发达国家后来的乡村复兴,亦不会有我们在欧美见到的美丽、富裕、文明的乡村。"①因此,人才的振兴对乡村的振兴至关重要,而对于组织振兴,人才更是必不可少的一部分。

(三)就业岗位单调,应大力发展第三产业增加就业

2017 年,全年纳古镇共实现地区生产总值 8.75 亿元,其中,第一产业增加值 0.42 亿元,第二产业增加值 5.25 亿元,第三产业增加值 3.08 亿元;全年完成公共财政收入 1728 万元;城乡居民基本医疗保险缴费人数为 8622 人,城乡居民基本养老保险缴费人数为 5456 人。

2018 年乡镇主要经济指标情况　　　　　单位:亿元

	第二产业增加值		第三产业增加值	
	绝对数	增速(%)	绝对数	增速(%)
纳古镇	5.25	23.5	3.08	−0.2

根据图表我们可以看出,纳古镇经济的主要增值还是来源于第一产业和第二产业,而第三产业甚至还出现了"缩水"的状况。

根据国务院办公厅转发的国家统计局关于建立第三产业统计报告上对中国三次产业划分的意见,中国第三产业包括流通和服务两大部门,具体分为四

---

① 丁紫耀:《后生产主义乡村的发展研究》,浙江师范大学 2015 年博士学位论文。

个层次：一是流通部门：交通运输业、邮电通信业、商业饮食业、物资供销和仓储业；二是为生产和生活服务的部门：金融业、保险业、地质普查业、房地产管理业、公用事业、居民服务业、旅游业、信息咨询服务业和各类技术服务业；三是为提高科学文化水平和居民素质服务的部门：教育、文化、广播、电视、科学研究、卫生、体育和社会福利事业；四是国家机关、政党机关、社会团体、警察、军队等，但在国内不计入第三产业产值和国民生产总值。由此可见，第三产业基本是一种服务性产业。

2017 年乡村从业人员情况

单位：个

单位名称	在乡村从业人员中（人）					
	1. 农业	2. 工业	3. 建筑业	4. 交通邮电业	5. 批发与零售业	6. 其他从业人员
合　计	1017	2424	36	343	385	558
纳古纳家营村	581	1736	36	291	281	406
纳古古城村	436	688		52	104	152

从纳古镇就业人员情况表来看，第一、二产业的就业人数还是占据大头，从另一方面来讲，就是第一、二产业提供了更多的就业岗位，这就导致了拥有高学历的人才并不愿意回到纳古镇进行就业，因为他们并不能很好地发挥自己的作用。纳古镇应该利用好自身的旅游资源优势，充分开发杞麓湖和周边的旅游资源，带动纳古镇的经济发展。就目前来说，因为旅游资源没有完全被开发出来，每年 3 月下旬，海鸥离开杞麓湖以后，旅游人数大大减少。纳家营当地开宾馆的王老板告诉笔者，"四月以后就没什么生意了，你说什么五一劳动节应该人多，根本没有，你去小海公园（杞麓湖）看一下你就知道了，那边还没修完，就差不多只有一半的路可以走，另一边还是泥巴。周围么，就是那个看看海，也没什么玩的，小孩子还能坐个小车车转转，大人么，去了啥也干不了，海鸥再一走，没人来了，只能是本地人散散步。"

当前加快发展纳古镇第三产业的重要意义主要有：有利于建立和完善社会主义市场经济体制；有利于加快当地经济发展，提高国民经济素质和纳古镇的整体实力；有利于扩大就业，缓解纳古镇的就业压力，也能为高学历的人才提供更多的就业岗位;有利于提高人民生活水平,实现小康。

(四)其他影响纳古镇党组织建设的因素

人才的培养不仅是对于大学毕业生,对于已经加入基层党组织的党员,更应该充分地调动他们的积极性,为了进一步严肃纳古镇机关干部职工工作纪律和会议纪律,转变工作作风,规范工作行为,提高工作效率,树立勤政廉洁、务实高效的良好形象,2017 年 4 月 1 日,中共通海县纳古镇委员会通过了《纳古镇机关工作纪律和会议纪律管理办法》。但还是存在一些问题。

1. 内部组织困局

纳家营村五组是一个回族聚居的村民小组,距通海县城 12 公里,群众经济收入来源主要以工业和手工业为主,2016 年农民人均纯收入 22.18 万元,共 466 户 1280 人,支部共有党员 31 名。在 2017 年开展的晋位升级和整顿软弱涣散基层党组织工作中,通过党员提、支部查、上级点的方式发现,纳家营村五组党支部被评定为软弱涣散党组织的原因主要有以下四个方面。

首先,小组班子工作经验不足。小组班子中全部都是 2016 年通过换届选举新当选的,年纪较轻,缺乏基层工作经验,且多数为企业老板,他们平时忙于自己的事业,很少关心小组发展,有工作不在状态的情况;有时对上级安排的工作存在能不干尽量不干、能少干尽量少干的现象;对需要投入大量精力的工作任务有畏难情绪。

其次,党员作用发挥不明显。由于支部党员结构不合理,年轻力壮的党员大多数外出务工或者自己经商办企业,党员意识和对党组织发展关心不够。有的参加党组织活动不积极,身处沿湖村庄,环境保护和爱湖护湖意识不强,参加镇、村组织环境卫生综合整治工作不积极;有的"双带"能力不强,除了钢材生产加工以外,其他产业涉及不多,在国家淘汰落后产能的政策背景下,对如何顺应形势、带领群众走产业转型升级之路思路不宽,办法不多。

再次,基层党建制度落实不好,对"三会一课"、民主评议党员、党员联系服务群众等制度没有落实到位,没有养成遵守制度的习惯,执行制度的自觉性不高、纪律性不严。

最后,党支部的凝聚力、战斗力、号召力不强,在群众中威信不高。少数党员存在"各种各田地,各赚各的钱,无所谓党员不党员"的错误思想意识,把自己等同于一般群众。

2. 内部运行困局

首先是,部分党员学习意识不强,没有形成习惯。对这类问题的解决措施是:将学习作为一项规章制度实行,提高思想政治素质。不断武装班子成员头脑,号召大家争做勤奋学习的模范,学以致用,学有所成,学有所悟,促进工作。引导树立正确的世界观、人生观、价值观,加强党性锻炼,加强班子整体素质,树立正确的政绩观和权力观提高领导和驾驭全局的能力。

其次,部分党员工作重形式轻效率。其解决措施为:尽心尽职的做好本职工作,增强工作的责任感和紧迫感,把精力放在抓工作落实中。每周开会及时了解干部的工作进展情况,对干部在工作上遇到的难点和疑点进行解答,对重点工作和重点项目进度及时跟进和监督。

再次,对年轻干部的培养不够。其解决措施为:发挥老同志的传帮带作用,注重了解和检查年轻干部的思想、学习和工作情况,帮助年轻干部总结经验,提高觉悟,扬长避短,少走弯路。强化监督制度建设,建立谈话制度,党组织定期与后备干部谈话,一般每半年一次听取意见,指出不足,提出要求,促进年轻干部健康成长。

还有部分党员很少到群众家里去了解情况。其解决措施是:按照分片包干的方法,干部到群众家里多走动,了解群众生产生活中存在的问题,尤其是到低保、五保的贫困户家中多关心和帮助。

部分工作人员的工作创新不够。其解决措施是:创新思想、创新观念、创新内容、创新方法,本着"有所为,有所不为"的原则,在实际工作中边实践、边探索、边总结,不断改进工作方法,推进工作不断向前发展。

最后是干部分工不明确。其解决措施为:细化分工、明确职责、强化协调、着力解决负荷运转、效率低下的问题,切实把班子建设成为职能优化、运转高效、管理规范、团结务实的领导集体。

（五）创新基层党建工作，夯实党执政的组织基础

党的十八大报告明确指出要"创新基层党建工作，夯实党执政的组织基础"，这为我们在新时期做好基层党建工作指明了方向，明确了思路。

1. 严把党员入口关，加强和完善后期管理

严把进入关，推进新党员进入的制度化、严肃化。发展党员不仅要注重数量，而且更要注重质量。发展党员要把政治标准放在首位，对入党"投机"的要坚决否定。个别党员入党动机不纯，把党员身份作为晋升的条件使用，其在以后的工作中就不可能真正体现党员的先锋模范作用，甚至会给党员队伍带来负面影响。因此，要严格推行发展对象的党课培训、考试，发展党员预备制和发展责任追究等具体规定。严格发展党员的法定条件和程序，加强对发展党员工作的严格检查和监督，严肃查处发展党员工作中的违纪、违法行为。

针对近年来党员数量增长较快的情况，党中央做出了实行发展党员总量调控的重大部署。中央办公厅印发的《中国共产党发展党员工作细则》为做好新时期发展党员工作提供了重要依据。

在把好党员入口关的同时，也要强化后期管理，推进党员管理的制度化。运用法治的手段来强化管理，畅通退出关，实现党员退出的制度化、常态化，坚持用制度管人，坚持依据制度和规则进行动态治理。强化对基层党员的管理和约束。对在监督、管理过程中发现的涉事违纪违法案件的当事人党员，对群众反映强烈的侵犯群众利益的要全面、彻底地依法依规，发现一起，查处一起。对经教育不改及严重违纪、违反党章党规的，坚决清退出党员队伍，彻底打消少数党员的侥幸心理。

2. 完善激励、奖惩措施，体现差别，提升工作积极性

基层党建工作要建立、健全奖励机制，避免干多干少一个样、干好干坏一个样、干与不干一个样，避免一刀切，要从精神上、物质上体现出差别，确保付出与获得的一致性。

一是确定考核目标。改变责任不明确、任务不清晰、奖罚不当的情形，建立一套行之有效的、科学的成绩考核标准。把年终考核与平时检查结合、定性

考核与定量考核结合、定期考核与不定期考核结合,考核结果与干部的任用、奖惩相结合,并作为评优、提拔的一项重要依据。

二是引入激励机制。要建立起精神鼓励与物质奖励相结合的机制,对在基层党建工作中做出重大贡献的单位、个人要大力宣传和表扬,树立正面学习典型,授予优秀党务工作者或优秀党员等称号,以增强他们的荣誉感、成就感和责任感。

三是设立切实有效的帮扶措施。对基层中现实存在的一部分困难党员,要真切关心他们的生产生活中的实际问题和困难,比如,通过帮扶、慰问等具体措施,提高劳动技能等方式,增加其收入,增强他们对基层党组织的向心力和凝聚力。

3. 适度增加党建经费投入,保障党建工作的正常有序开展

近些年来,在基层党建经费问题上,各地做出了一些有益的探索,采取了一些相应措施,取得了一些实效。但客观地说,部分地区基层党建经费投入还是显得不足,在一定程度上已经严重影响了基层党建工作的开展及落实。

党的十八大提出了"建立稳定的党建经费保障机制"的要求和《中央和国家机关基层党组织党建活动经费管理办法》,对于健全完善经费保障机制,具有重大的指导意义。要持续加大基层党建工作经费投入,确保基层党组织工作经费及时、充分到位,确保基层组织有人管事、有钱办事。

大糯黑乡村文化振兴
与旅游发展问题报告

陈学礼[*]

  2017 年,大糯黑村杜鹃山脚修建了一条宽敞的车路,直通糯黑彝族文化博物馆门前面积约 3000 平方米的文化广场。如此一来,即便是 50 座的大客车也能轻松进入村寨,改变了过去大车只能停在村寨入口的局面。这条道路的修建,是石林彝族自治县委县政府,圭山镇政府,以及大糯黑村民发展乡村旅游的各种举措中的最为重要的一部分。当然,在大糯黑村发展乡村旅游的规划,在九—石—阿旅游专线尚未全线通车之际就已经开始了。2005 年,大糯黑村被命名为阿诗玛民族文化旅游生态村,第一次明确提出要在大糯黑村发展旅游的意图。与此同时,邀请了昆明大学的专家学者为大糯黑村做了旅游规划的设计。只是后来大糯黑村致力于发展旅游的各种建设并未按照这个旅游规划来进行。从石林彝族自治县的整体规划来看,2005 年,石林彝族自治县政府与旅游文化相关部门在九—石—阿旅游专线沿线命名了 7 个以发展旅游、保护民族文化为目标的村落。这些村落建设的理念,来自 1998 年云南大学和石林县民宗局合作,在月湖村开展的"月湖彝族文化生态村"建设项目。民族文化生态村的建设,强调民族文化的在地保护和传承,并未明确提出发展旅游的理念。

  大糯黑村被列入石林县的乡村旅游推进规划行列,主要出于三个原因。其一,明显的地理区位优势,即九—石—阿旅游专线穿村而过的优势。到九

---

 * 陈学礼,民族学专业博士,主要从事民族志电影拍摄和教学,以及乡村影像在地培训。

乡、石林风景区、泸西阿庐古洞的游客,如果大糯黑村的乡村旅游推进成功的话,这些游客都有可能成为到大糯黑村游览和消费的潜在群体。其二,大糯黑村的乡村民族文化,即入村即可见的石头房子,以及其他撒尼民族文化元素。这些民族文化元素有可能成为游客观赏和体验的对象。其三,作为滇黔桂边纵队副司令员朱家壁1948年整编军队的地方,以及《盘江日报》的旧址,可以作为大糯黑村发展红色革命旅游的预备资源。当然,对于大糯黑村乡村旅游的发展来说,最为重要的还是大糯黑村的乡村民族文化资源,即彝族撒尼民族文化。如何借助这些民族文化资源发展乡村旅游,如何完善基础设施建设,如何调动村民的积极性,解决村民在旅游发展中可能出现的矛盾,都是发展大糯黑村乡村旅游必须面对的现实状况,也是值得探讨的问题。

一、大糯黑村的乡村民族文化资源

2009年,在人类学与民族学联合会第十六届世界大会期间,为了迎接来自世界各地的参会代表,大糯黑村的村民组织了一个250多人的迎宾队伍。

迎接人类学与民族学联合会第十六届世界大会代表的糯黑村民

这意味着平均每六个人中就有一个人加入迎宾队伍,可见大糯黑村在民间音乐、乐器、舞蹈方面的普及和兴盛程度。细乐队、鼓号队、三弦队、狮子队、面具舞等组合起来的迎宾队伍,让参会代表眼前一亮的同时,也在听觉上受到了极大的震撼。这一创举足以表明大糯黑村的乡村民族文化资源的丰富程度,也在某种程度上肯定了在大糯黑村发展乡村旅游的决策的正确性。这也是云南省各大高校美术系的老师和学生到大糯黑写生,云南大学、昆明理工大学、云南师范大学、西南林业大学、中央民族大学、厦门大学等高校从事人类学民族学研究的学者到大糯黑开展田野调查研究的原因。归纳起来,大糯黑村能够与乡村旅游发展挂钩的文化资源,主要包括以下三个方面。

第一,以石头房子为主要特色的村容村貌。大糯黑村所处地属于典型的喀斯特岩溶地貌,石头资源极其丰富,石头自然成了村民修建房屋的主要建筑材料。尽管糯黑村民的房屋屋顶曾经历了从茅草顶向瓦顶的变化,墙壁垒砌方式也经历了从不用砂浆填缝到用砂浆水泥堆砌的转变,石头房了的风格总体上一直得以保持,并延续下来。这也是自 1978 年毛旭辉等人第一次到大糯黑村写生之后,就形成了各大高校美术系学生到大糯黑写生的传统的原因之一。如云南艺术学院、曲靖师范学院、红河师范学院、云南大学艺术与设计学院美术系的师生都会定期到大糯黑村写生。

开设农家乐的曾绍华家被定为写生基地

一面石墙,一座石头房子,石头房子和旁边的梨树,石头房子和走在村寨道路上的山羊,石头房子跟前的撒尼人,在大糯黑村水塘中洗麻的撒尼妇女等,都成了美术系学生画笔下描摹和创作的素材。而大糯黑村逐渐发展起来兼具饮食和住宿功能的农家乐,其雏形就是为前来写生的学生提供吃住的人家。除了作为外显景观的石头房子之外,2009年以来,糯黑彝族文化博物馆也为游客提供了一个了解糯黑乡村文化的窗口和途径。

糯黑彝族博物馆

第二,融合在农家乐建设和发展中的撒尼饮食,以及大糯黑村出产的土特产品。在大糯黑村民开设的农家乐菜谱里,酸菜洋芋汤、水煮老南瓜、水煎乳饼、烟熏腊肉煮红豆、苦荞粑粑、清汤羊肉、清汤土鸡、骨头参、油炸核桃干辣椒等,都是最为常见的菜肴,当然也是最能体现大糯黑撒尼特色的菜肴。这些菜品都被视为具有地方特色的乡村民间饮食,用来招待外来的客人。除此之外,本地酿的苞谷酒和总也感觉唱不完、哼不尽的敬酒歌,也成为大糯黑村农家乐的特色之一。农家乐主人,或者糯黑村的民间文艺队队员,抬着酒碗,唱起敬酒歌,确实能够把游客带入一种愉悦又舒爽的状态。在住宿条件尚未足够完善,乡村旅游景点和项目也未充足发展的情况下,农家乐的特色饮食是让游客在村中停留较长时间的因素之一。不论是到大糯黑村进行学术考察的专家学者、纯粹到大糯黑体验特色饮食的游客,还是较长时间住在村子里体验生活的散客,都能够品尝到具有撒尼特点的食物。而且,食物也可以根据客人的需求,搭配出不同的价格档次。如果游客有需要,还可以在离开村子的时候,请农家乐主人帮忙买一些土鸡蛋、乳饼、苞谷酒、烟熏腊肉等带回去。当然,与土特产品一起,很多大糯黑村妇女手工刺绣的绣品,也会被喜爱刺绣的游客买走。大糯黑的农家乐,还把撒尼婚礼中抹花脸习俗,用长达七八十公分的麻杆筷子刁难新郎伴郎的习俗挪用到饭桌上,让客人体会撒尼人婚礼的特色。

晒麻的撒尼妇女

第三,能够在任何需要的时候都能搬上舞台的民族民间歌舞,以及在特定时间点举行的民俗活动。大糯黑村每年农历十一月第一个属鼠①的日子举行

---

① 撒尼人以十二生肖来记十二个月,正月为虎月,二月为兔月,以此类推,农历十一月为鼠月。同时用十二生肖来记每一天。撒尼人过密枝节的日子为鼠月鼠日,就是农历十一月第一个属鼠的日子。

的密枝祭祀活动的部分环节,以及农历十月十五每三年举行两次的何氏祭祖活动,这几年都成了部分游客参与的活动。不论是对民族活动感兴趣的研究者,还是习惯用影像记录设备对民俗活动进行记录的摄影师,还是抱着体验民俗活动目的的游客,都会在这些时间点上来到大糯黑村,一睹大糯黑民俗活动的风采。撒尼民族民间歌舞表演的可及性则更大,只要有足够数量的游客提出要求,或者说只要游客能支付演员的误工费,歌舞表演就能进行。歌舞表演通常采取与游客互动的形式,糯黑的民间歌舞队表演大三弦、叉舞、霸王鞭等舞蹈的间歇,会邀请游客表演。

在大糯黑村乡村旅游的发展中,这些卷入其中的乡村文化资源,让村民逐渐意识到,自己平时习以为常的这些文化事项,原来是应该倍加珍视和保护的宝贝。没有这些文化资源,外地的游客也不会来到大糯黑村,大糯黑村也不会具有发展乡村旅游的机会和可能性。实际上,认识到民族文化和乡村旅游之间的相互关系,是村民文化自信、文化自觉意识不断兴起的一个重要原因。

二、为迎接乡村旅游发展的基础设施建设

大糯黑村作为石林彝族自治县民族宗教事务委员会对口联系点之初,民族宗教事务委员会投资砂浆水泥,发动村民准备石料并投工投劳铺设石板路,这纯粹是为了改善村寨内部的环境,让作为民族团结示范村的大糯黑村民拥有更好的村寨内部环境和出行条件。2005 年之后,石林彝族自治县委县政府在大糯黑村的各项基础设施建设,大都和乡村旅游发展的目标紧密相关。

2005 年以来,以政府投资、村民出工出力的方式,铺筑水泥和石板道路面积 20682.7 平方米,铺筑 3000 平方米的科技文化广场,把本已坍塌的老房子重新修葺,在室内陈设与撒尼文化相关的实物和图片,建设成为糯黑彝族文化博物馆。以政府出资补贴的方式,把部分人家早年贴在墙面上的瓷砖清理掉,让墙体重现石头本色。政府出资购置树苗,发动村民在村寨内部种植小叶香樟、杨梅树、火把果等,对村庄进行绿化美化。据统计,截至 2017 年,村寨新增绿化面积达 8500 平方米。在村口竖起大石头作为大糯黑村的标志,上书"糯

黑"两字;与此同时,建成石头寨门,上书"石头寨"。作为标志性的建筑,政府还投资在杜鹃山上修建了石头碉楼,以回应明代大糯黑村的称呼"藤子哨"。为了全面整治村寨环境,新建垃圾收集点 10 个,公厕 3 个,清理柴、草堆 309堆,清理粪堆 65 堆。人类学与民族学联合会第十六届世界大会来临之前,政府出资补贴,于 2008 年为每家每户都修建了沼气池,并投入使用。一方面解放了村民上山砍柴的劳动力,另一方面也缓解了村民薪柴使用和周边森林保护之间不可调和的矛盾。继 2009 年人类学民族学世界大会之后,大糯黑村迎来了一批旨在对村寨进行整体建设的项目。省级示范村项目带来了村寨内部大水塘的环境综合整治,新建的村内道路宽 6 米,长 1070 米,面积为 6420 平方米,采用石板铺筑路面;新建规模为 196 立方米的污水处理氧化池,配套湿地 100 平方米;新建污水管道 1230 米。另外,还采取了门前塘子水体置换、水生植物栽种、水塘周边乔木补种、截污管道铺设及检查井配套设施、红土种植及植物管养等措施,来维护村寨内部大水塘的环境。大糯黑"传统村落"的称号带来了环境综合整治,实施了村庄污水处理收集工程、生活垃圾收集清运工程、禽畜养殖污染治理工程。到目前为止,已完成污水管网的铺设,并配置了 38只垃圾桶(240L),以实现垃圾不落地的目标。2016 年的云南省村级"四位一体"项目,分 2 年实施,围绕提升农村人居环境、扶持村集体经济发展、提升农村公共服务水平和支持农村基层组织建设四个方面,通过省级财政"四位一体"项目补助资金和村寨集体投资,新建公厕 2 个、垃圾房 2 间,购置垃圾桶 40 个;安装太阳能路灯 60 盏,进一步完善了村寨的基础设施。与此同时,项目还对 450米的密枝林围墙进行修缮,采取措施对村内水塘堵漏以维持水位,并修建引水沟渠 200 米保障水流的通畅。为了进一步改善村寨内部环境,减少人畜之间相互影响,统一规划建设养殖小区(一期),约 90 座,每座 30 平方米,共 2700 平方米,将村内畜牧圈分期分批全部迁移到养殖小区。为了提前做好迎接乡村旅游的准备,经政府出资补贴和村民自筹资金相结合的方式,在村寨入口处建立了600 平方米的旅游商品交易中心。交易中心是可停车、可组织大型活动的广场,四周是自筹资金建设的商铺。2017 年,大糯黑村作为传统村落保护建设的项目得以立项,2017 年底,大糯黑村作为美丽宜居乡村省级重点村建设项目获得立项,已经进入逐步铺开实施的阶段。除了这些外来注入资金在大糯黑村开展的建设之外,在石林彝族自治县招商引资促发展的大背景之下,引入花卉公司,承包大糯黑村的土地来种植花卉和多肉植物,并为村民提供就业岗位。

经过政府部门的不断投入,大糯黑村的村寨内部环境得到了极大的改善,为乡村旅游的发展奠定了基础。

三、乡村旅游发展中面临的问题

大糯黑村的乡村旅游发展,目前主要面临以下问题。

其一,虽然村寨基础设施已经较好,但能够让游客住下来的住宿条件并不完善,能够让游客住下来以较长时间观赏游玩的景点也不多。在政府投资建筑材料,村民投工投劳的理想合作下,大糯黑村的道路变得干净宽阔,停车场也平整宽敞,门前塘子四周也建成了舒适的休憩环境。然而,糯黑村的农家乐,如彝王宴、奇石乐园、玉兰园、青石园、四通园等,都还未能具备完善的住宿条件。所以,住在大糯黑村的外来人员,依然以写生的学生、田野考察的学生,以及到大糯黑村游玩的散客为主。除此之外,虽然杜鹃山碉楼、糯黑彝族博物馆、盘江报社旧址、王家大院、民国三年建成的小学,都得以修建或恢复重建。但是,如何把这些景点中真正有价值的文化要素挖掘出来,让游客欣赏并喜欢,还有待探索。

其二,虽然乡村文化资源较为丰富,但真正能够整合到乡村旅游发展中的文化资源并不多。如上所述,目前整合到乡村旅游中的文化资源,并和游客发生密切关系的主要是撒尼饮食、糯黑彝族文化博物馆、民间歌舞三个方面。而且,因为糯黑彝族文化博物馆不是每天都有固定的开放时间,到大糯黑游玩的散客不一定有机会看到博物馆内部的展览,常常只有团队或者专门预定的人才能参观博物馆。同样地,要是没有游客的预定,民间文艺队也不会展演他们的民族歌舞。诸如竹编工艺、刺绣技艺、乳饼制作、生产生活等地方性知识,只有专门从事民族学人类学研究的专家和学者才会关注这些内容。至于村寨历史、撒尼民间传说故事等文化要素,目前也几乎没有机会进入乡村旅游的视野。另外,王家大院、彝族文化博物馆、《盘江日报》旧址、杜鹃山等这些景点,目前尚未有除了建筑和地点之外的更丰富的内容向游客展示,这一现状也大大限制了这些文化资源整合到乡村旅游中的程度。

其三,就目前的状况而言,因为只有农家乐能够从乡村旅游中获得收益,致使全体村民共同维护村寨环境的约定受到威胁。为了保证村寨内部干净整洁的面貌,村民通过村规民约的形式,形成了每周一次、按社划片打扫卫生的规定,并逐渐形成了村民默认的习惯。然而,由于在乡村旅游发展的过程中,最先受益的是村里开设农家乐的人家。不管是仅仅奔着撒尼饮食来的游客,住下来体验撒尼民风的散客,还是前来绘画写生和开展田野研究的老师和学生,都只能让农家乐受益。所以,曾经有一段时间,村民认为村寨的道路给游客走,游客到农家乐去吃饭,最后农家乐赚了钱,所以道路的清扫工作应该由开设农家乐的人家负责。这种村寨道路应该由开办农家乐的人家负责打扫的舆论,曾经引起村寨内部的不和谐。而且,即使同是开设农家乐的人家,收益也存在差别。这种因为收益分配不均而引发的问题,还发生在大糯黑村另外一些要求全体村民共同完成的公共事务当中。

其四,由于对游客数量的估计过于乐观,致使村民筹资建设商铺的行为显得过于超前。在大糯黑村口有一个面积很大的广场,广场上有一个阿诗玛塑像,广场四周是商铺,这就是大糯黑村旅游产品交易中心。这些商铺建好之后,在相当长的时间内都闲置着,处于等待游客来消费却始终不见游客的状态。这些商铺是在政府的组织和规划下,村民按照三家或四家人自愿组合的原则,集资建成,目的是在未来乡村旅游发展起来之后每家每户都有可以经营的铺面。但是,因为过于乐观地估计了乡村旅游的发展速度,不仅建成的商铺无法即刻投入使用获取收益,还严重影响了村民投入到乡村旅游发展中的积极性和热情。

四、糯黑村未来乡村旅游发展的趋势和建议

为了让大糯黑村未来乡村旅游获得一个良好的发展态势,不仅需要从乡村旅游的需求入手,解决目前乡村旅游开发中的问题和短板,还应该考虑乡村文化资源和乡村旅游如何协调进步的问题。只有这样,才能既让外来的游客

在大糯黑村获得身心上的愉悦体验,也能让大糯黑村村民在乡村旅游发展的过程中不断完善自己的精神家园。据此,提出如下糯黑村未来乡村旅游发展的一些建议。

第一,通过扶持农家乐或其他有意愿发展乡村旅游的人家完善住宿设施,并保证日常用水的供给,以及做好生活污水的处理,创造能够让游客住下来的基础条件。目前大糯黑村几个农家乐能够为外来游客提供的住宿条件,让相当一部分游客打消了在村子里住下来的念头。因此,这一部分游客根本无法对大糯黑村的环境、文化事项、村民生活获得全面的了解。清晨的鸡鸣鸟叫,傍晚的牧人归来,晚上的文艺队节目排练,不能在一天之内完成的节日庆典等,那些不能在村子里住下来的游客都无法体验到。

第二,继续加强村寨道路等基础设施建设的同时,进一步丰富景点、文化事项的展示内容和展示度,让游客从中获得更多关于景点的知识和撒尼族文化的信息。对于《盘江日报》旧址、朱家壁整编军队旧址、老旧石头房子、老学校、封山碑记、山神庙、密枝林、碉楼、村寨水井、古树名木等可作为游客认识大糯黑村的景点,不仅需要竖立旅游标识牌,还需要考虑在没有解说员的情况下如何向游客传递其中的基本信息。对于糯黑彝族文化博物馆,除了对那些有预约的团队开放之外,应该建立每天的定时开放的制度,在节约人力资源、电力的情况下,让外来散客在开放的时间段内参观,以相对全面地了解石林县撒尼文化的面貌,加深游客对大糯黑村的了解。

第三,建立农产品合作社制度,依据村民自愿的原则把村民生产的土特产品集中销售。或者依赖农家乐所在地点,建立一套农产品、土特产、手工刺绣产品的行销体系,让大部分村民在乡村旅游的发展中获益。乳饼、荞面、土鸡、土鸡蛋、腊肉、辣椒、花豆、腐乳、刺绣制品等,都是大糯黑村民常有的土特产品,不论是以合作社的形式,还是依赖农家乐进行定点销售的形式,都能够激发村民从不同层面投入到乡村旅游发展中的热情和积极性。而且,还能缓解开设农家乐的村民和没有开设农家乐的村民之间的矛盾,减少村民小组在开展村寨公共事务建设过程中的阻力。

第四,建议石林彝族自治县人民政府、圭山镇人民政府部门追加投入,把现有的商铺盘活,一部分发展旅游产品交易,一部分发展民族文化体验实践工作坊。旅游产品应该集中在体现大糯黑村文化和石林彝族文化上面,比如,老电影《阿诗玛》《阿诗玛》叙事长诗复件、撒尼歌舞或斗牛的光盘、撒尼文化研究图书、各种图案的撒尼刺绣、原尺寸或缩小尺寸的撒尼乐器,草编或竹编器物等。只有这样,游客才能摆脱"天下旅游产品大同"的刻板印象。建立民族文化体验实践工作坊,可以包括乳饼制作工作坊、版画制作工作坊、农民画工作坊、刺绣工作坊、石刻工作坊、苞谷酒工作坊、竹编和草编工作坊等,把大糯黑村发展成为中小学生课外知识拓展和素养教育的基地。工作坊生产的产品,一部分让参与体验实践的游客带走,另一部分留下来进入旅游交易品流通体系,从而带动饮食业和旅游产品交易的发展。

第五,不论采取何种措施促进大糯黑村的乡村旅游发展,都应该避免见子打子的简单行为,而要时时提醒能够让大糯黑村乡村旅游持续发展的动力源泉在于民族文化,在于民族文化的保护和传承。石林彝族自治县的相关部门,应该在大糯黑村此前民族文化保护传承行动的基础上,建立民族文化保护传承的机制。2009 年,由云南大学民族研究院(现为民族学与社会学学院)何明教授在大糯黑村倡导实施的糯黑阿诗玛文化课堂,不仅深受村民和在校学生的喜爱,也是乡村文化保护传承的有益尝试。因为孩子们在学校的时间越来越多,和本民族文化接触的时间越来越少。文化课堂由糯黑小学和云南大学少数民族田野调查基地合作,每周四下午上一次课,授课老师是糯黑村村民,授课内容包括中草药知识、麻布的纺织知识、大三弦的制作和演奏、生产工具的认知和组装知识、玩石子和砸核桃的传统游戏、刺绣知识和刺绣操作实践等。

糯黑阿诗玛文化课堂诞生了两个重要成果。其一,村民授课,孩子们学习本村历史文化的形式,在相当程度上培养了村民的文化自信和文化自觉意识。其二,作为阿诗玛文化课堂的组织者和召集者的曾绍华,在文化课堂结束之后,组织了"糯黑阿诗玛文化传承文艺队",挂牌成立了"阿诗玛非遗传习所",邀约村里有志于撒尼族文化保护传承的村民,把文艺队的表演节目不断推陈出新,还专门聘请编导,指导文艺队成员一起排演《阿诗玛》歌舞剧,把文化传承和非遗传习的工作做到实处。从他组织实施糯黑阿诗玛文化课堂,到自发

云南大学少数民族（彝族撒尼）田野调查基地

成立文化传承文艺队和阿诗玛非遗传习所,这种把民族文化自觉意识转化为实践的行为,正是乡村文化振兴所需要的。

在阿诗玛文化课堂上教孩子玩砸核桃游戏的曾绍华

只有建设好村民的精神家园,撒尼民族文化才会具有足够的吸引力,激发游客对大糯黑村撒尼民族文化的兴趣和热情,才能发展健康的乡村旅游。只有这样,乡村旅游、民族文化保护和传承及乡村振兴之间,才能形成协同发展的良性关系。

柿花箐烟草产业振兴乡村经济实践报告[①]

郑宇　高源　姜兰英[*]

2018 年 3 月 8 日,习近平总书记在参加山东代表团审议时提出,实施乡村振兴战略要从产业、人才、文化、生态、组织五个方面着手。其中,产业振兴被放在了首位。通过对一个苗族村烟草产业发展历程的调查,阐释烟草种植在不同发展阶段的主要特征和成效体现,我们希望为国家乡村产业振兴发展战略在民族地区的实施提供一个有价值的个案,进而总结其成功经验,并为其他区域民族乡村的发展提供比较和借鉴。

柿花箐是云南省富民县的一个苗族村,全村现有 77 户 253 人,皆为苗族,自称"阿卯"(苗语"Ad Hmaob"),他称"大花苗"。柿花箐村村民的传统生计方式主要包括种植、养殖、采集、狩猎等。在新中国成立初期,国家大力推广粮食作物种植,该时期柿花箐村的生计集中体现为玉米、荞麦、水稻等农作物的种植。20 世纪 80 年代以后,该村形成了以农作物种植为主导,以饲养牲畜为辅助的生计方式。此后,随着市场化逐步加深,政府着力推动民族地区经济社会的发展。1985 年前后,东村镇政府秉持因地制宜的发展思路,在考察全镇不同地区农业发展的特殊性与适应性之后,开始引导柿花箐种植烟草、板栗、核桃、雪莲果、魔芋等经济作物。近年来,烟草产业成为了柿花箐村经济收入的主要来源,成为振兴乡村经济的关键行业。

---

① 本报告为 2020 年国家民委民族研究项目"当代云南省柿花箐苗族村代际生计变迁调查研究"(2020-GMF-016)阶段性成果。

* 郑宇,博士,云南大学西南边疆少数民族研究中心教授、博士生导师,主要从事经济民族学研究;高源,云南大学民族学与社会学学院博士生,主要从事云南苗族经济发展研究;姜兰英,云南大学民族学与社会学学院硕士生,主要从事经济民族学研究。

该村受烟草种植影响最深刻的群体,当属 20 世纪 70 年代前后出生的这一代人。他们经历了烟草种植从萌芽、兴起再到兴盛的全部阶段,至今仍是当地烟草种植的主导力量。他们是烟草产业发展的亲历者,同时也是这一产业振兴当地乡村经济的见证者。

一、烟草产业的发展历程

烟草产业是东村镇实施农业产业带动经济发展的重要措施。1985 年,在政府和烟草公司推广烟草种植的过程中,虽有不少乡村最终放弃种植,但柿花箐村村民一直种植并延续至今,成为相当一部分家庭经济收入的主要来源,可以说是烟草产业振兴民族乡村经济的一个典范。柿花箐村烟草的种植历程,大致经历了探索、发展与创新三个基本阶段。

(一)探索阶段:烟草的引进与种植

改革开放之前,柿花箐作为祖库大队下辖的十四个生产队之一,又下分为四个小组,包括柿花箐一组、柿花箐二组、祭天山和马鹿塘。当时每个组的组长带领成员参与集体生产并按工分分配粮食,主要种植的粮食作物有玉米和荞麦。自家庭联产承包责任制实施之后,村民分到了土地,集体经济转向了以家庭为生产单位的个体经济,虽然每个家庭可以根据自身情况选择性种植不同的农作物,但普遍还是以玉米、荞麦等传统农作物居多。

直到 1985 年,东村镇政府与烟草公司共同考察了柿花箐的气候、土壤、水资源等自然环境、资源条件之后,认为当地可以发展烟草产业,这就为柿花箐村解决温饱、摆脱贫困提供了途径。由于烟叶的价格比较稳定,烟农的利益在相当程度上能够得到保障,因此,在 1987 年,柿花箐就有 10 户家庭参与到烟草种植的行列。不过,地方政府和烟草公司最初只是将适宜品种引进当地,整个种耕管理、生产、销售均需要农民自身来探索。因此,在初期,农户种植烟草的棵树普遍较少,每家大约只是栽种 2—5 亩,约 2000—5000 棵不等,而大部分土地种植的作物依然是传统农作物。就此,柿花箐第一家种植烟草的张 HZ

（已逝）的大哥张 HM 谈到：

> 1981 年，东村烟站成立，祖库村村委会周边的几个汉族村，以及苗族村芭蕉箐最先开始种植烟草。我二兄弟有亲戚在芭蕉箐，他看到亲戚种烤烟有了不小收入后开始学习种植，成为我们村第一户种烟的家庭。第一年，他是背着烟叶去亲戚家烤的，一共卖了不到 2000 元，比种植苞谷要好得多。于是第二年他便盖起了烤房，开始自己烤制。我们另外几个哥弟便跟随着开始栽烟。到了 1987 年，我作为当时的村长，受到东村烟站和村委会的要求，在我们村宣传、推广栽烟。当时大约有十家栽种，大家在相互交流、自己摸索中掌握了种植、管理和烤制的方法。

不过，政府和烟草公司当时对烟草产业的扶持力度很小，只是给农户提供一定的烟苗，并指派辅导员指导栽种方法，于是，农户种植烟草的技术依然延续着传统农作物的种植经验。这样，一方面形成了烟草品种的多样性与种植过程的复杂性，这是因为当时烟草公司没有固定品种，农户会借鉴邻村的不同品种而自由选择种子，导致整个村的烟草品种非常多样。此外，种植的过程也相当复杂，每个环节都需要精心照料，一般是在清明节后播撒种子，二十多天之后进行移栽，之后的生长阶段需要定期浇水、施肥、养护，等到农历六月开始烤烟叶，八月底交烟完毕。另一方面，种植过程中需要投入大量劳动力。特别是在烟草栽种、采摘烟叶、烤烟以及刨烟根等重要环节，每个家庭几乎全部劳动力都要投入其中。尤其是烤烟环节，土房烤制烟叶对人力的要求非常高，需要付出相当长的时间成本，一般每个家庭都要两个人轮流看守、添柴，以保持温度的恒定。

所以，在柿花箐村引进烟草产业的初始阶段，烟农的种植方式受到了技术、生产资料、人力等的限制，因而需要投入极高的时间和劳动力等成本。不过在家庭收入方面，烟草产业明显改善了不少家庭的经济条件。这一阶段依然种植传统农作物、饲养牲畜的家庭，已经不及种植烟草的家庭。在这一阶段，20 世纪 70 年代前后出生的这一代人是作为辅助父辈种植烟草的帮手，亲历了家庭经济收入逐步提高的过程。

（二）发展阶段：烟草种植的规范化

2000 年以前，柿花箐村在地方政府和烟草公司引导、支持烟草产业发展的过程中，村民主要是通过传统的种植经验、技术手段，以及合作生产等方式，尝试了烟草种植。同时，烟农的经济水平已经呈现出向好的发展趋势。在此基础上，2000 年左右，政府和烟草公司对烟草种植的数量和质量设置了新的标准与要求，通过改善种植烟草的经验、技术和管理方式，以及新一轮的广泛推广与普及，推动了烟草种植规范化局面的形成。

2000 年以来，地方政府根据柿花箐村烟草种植十多年实践经验，要求持续种植烟草的家庭要逐步解决各类存在的问题，而具备种植条件却尚未参与烟草种植的农户，也要求他们积极尝试。此时，在地方政府与烟草公司的协商之下，针对柿花箐村基础设施不完善和农户资金短缺等问题予以了专项帮扶和补贴。在帮扶方面，祖库村村委会于 2002 年率先实施了集体育苗行动，解决了不少农户担心的育苗不成功、过程烦琐等问题；在补贴方面，烟草公司于 2003 年资助了柿花箐村 2 万余元用于修建蓄水池以改善居民的灌溉条件，并实施了对种子和幼苗的补贴措施。

在此阶段，柿花箐村烟草种植的户数由探索阶段的 19 户增加到了 36 户。但同时也产生了相应的问题，因为烟草产量递增甚至超过了总需求量，导致村民烤制的烟叶有相当一部分无法上交。尤其是 2003 年到 2005 年，村民面临着更为严重的交烟困难的问题。这是因为，一方面，土烤房带来部分村民难以掌握准确温度的问题，以至于很多烟叶都被烤废；另一方面，烟站在收烟的过程中，价格高低的判定很大程度上要靠熟人关系，与烟站不熟悉的农户的烟价会被压得很低。所以，在之后的几年里有不少农户选择放弃种植烟草。

为了解决这些问题，2005 年前后，地方政府和烟草公司着手加强市场监管，同时也调整了部分政策措施；同时，进一步对烟草种植技术、管理制度进行了改善和提升：一是育苗技术的更新。烟草公司要求农户摆脱播撒种子的传统育苗方式，而是选择采用营养液和营养袋培养幼苗，以便压缩育苗周期并节省劳动力成本。而且,随着生产技术的发展,机械耕作逐步替代了牛耕。二是管理制度的改进。从 2004 年开始,柿花箐村村长王 GZ 承担了集体育苗的任务,统一育苗并供应包括柿花箐、万宝山等在内的种植烟草的四个小组,并且传授烟农关于烟草种植、上交等环节的实践经验和技能。三是烟草公司初步与烟农签订了种植合同,农民需要按照合同亩数交烟,在交烟时会派不同村小组的辅导员来进行价格方面的公正裁决,从而相当程度上解决了村民交烟困难的问题。

(三)创新阶段:烟草种植技术革命

在改善烟草种植的诸多问题后,地方政府和烟草公司在 2014 年开启了烟草种植的创新改革举措,核心放在了烟草种植的品种、管理、烤制等技术环节的规范化方面。在此背景下,柿花箐烟草种植的生产数量、质量、生产过程等有了更为较为成熟的标准规范,它们主要体现在品种更新、设备改进与验收机制等技术性方面。

一方面,更新烟草品种并完善验收方式。在 2014 年,烟草公司要求烟农统一种植新品种"红花大金元"。因为该品种的烟叶能够加工为高档香烟成品,烟叶的价格非常可观,但烤制过程相对困难,因此,对于普通烟农而言是较大的考验。从种植数量来讲,一亩地的种植量如果超过了 1000 棵,烟叶在生长时期会因间隙小、光合作用弱而导致叶片厚度、亮度不理想。这就要求烟农控制烟草的种植量。从种植质量来讲,烟农需要更为严格地按照公司标准控制化肥、农药的使用量。而且,在烤制过程中,即便烟农按照指定要求进行烤制,但绝大多数柿花箐村的烟农最后烤制的烟叶总是带有青色而达不到全黄色的标准,由此让烟农产生了不小的困惑。因此,有不少烟农继续选择用大部分烟地来种植老品种,而只是在规范的连片种植区域种植新品种。而验收方式的具体实施体现在烟站合并和深化合同方案这两个具体措施上。2014 年初,东村镇和款庄镇的两个烟站进行了合并,使得政府和烟草公司的任务安排与实施更具规划性、有效性,同时为烟叶的收购提供了一个集中化、便捷化的平台。与此同时,在烟草公司执行任务与烟农实施方式方面,公司规定了各个村小组种植烟草的具体品种、数量、质量,以及上交的确切时间,并通过合同来予以落实。

另一方面,完善种耕的技术性过程。面对种植新品种的高标准要求,烟草公司在监管、设备和培训等方面展开了新的举措,而烟农也普遍能够按照要求展开具体行动。一是公司加强肥料与农药使用的监管力度。农户在管理烟草生长的环节中,需要使用定量的生物肥和农药,并定期接受公司对农药残留的监测。二是更新烤房设备。为提高烟叶烤制的成功率,烟草公司自主设计了生物烤房。目前,在柿花箐村的 29 户烟农中有 12 户建立了新烤房,通过自动调节温度、使用生物燃料等方式,极大地降低了劳动力、时间等成本。三是定期培训并解决实际问题。烟草公司会定期针对特殊技术环节展开详细指导,同时安排辅导员对农户种植过程中面临的各类细节问题进行一一解答,从而为烟农的整个种植、烤制过程提供了系统性帮助。

二、烟草产业在不同阶段的成效体现

改革开放初期,烟草的初步引进使柿花箐村部分家庭解决了温饱问题,同时为后期烟草的广泛种植奠定了基础。在此过程中,柿花箐村种植烟草的人数历经了逐步增多、稍有下降、相对稳定的变化过程,柿花箐村的经济状况逐年向好。烟草种植不断显著提高了当地家庭经济收入,同时也为地方经济发展做出了贡献,烟草产业已经成为振兴当地乡村经济的核心产业。

(一)改革开放初期:烟草种植有效解决了温饱问题

1955 年出生的王 HM 回顾了新中国成立到改革开放初期柿花箐村的生计方式以及收入变化的基本情况:

> 在"土改"之后,我们每户拥有的土地是很少的,能种植的东西只有苞谷和一点旱稻,养不起猪,更没有钱,根本吃不饱。到了"大集体"可以一起种地的时候,劳动力多的家庭可以吃得上饭,他们可以凭借工分分得

比其他家庭多的粮食,之后可以拿着粮食去乡政府换粮票,用来买其他更多的粮食填饱肚子。1980 年以后分到土地后,多数家庭还是很穷,尤其是土地少、劳动力少的家庭,吃的粮食依然是苞谷,很少家庭吃得上米。不过在 1985 年之后,不少农户开始种烟草,大家手里才有了积蓄,到街上买东西的次数也多了起来。

所以,虽然家庭联产承包责任制使得柿花箐村每个家庭分到了土地,但是因为当地土地资源有限,同时家庭人口数量普遍偏多,而且大家依然延续着种植传统农作物的生计方式,种植的均是市场价格较低的传统农作物,这就使得当时大多数家庭仍很难解决温饱问题。直到 1985 年,烟草种植的引进才真正解决了相当一部分家庭的温饱问题。

一方面,在烟草种植引进之后,虽然村民们才刚刚尝试种植烟草,而且种植的数量还非常少,但与之前相比,经济收入有了显著提升。关于当时烟叶的售卖、收入以及家庭消费情况的改变,张 HM 谈道:

> 我们刚开始栽烟的时候,不知道烟草能不能成功,可不可以赚钱,所以基本都是拿一小半的田地来种植。不过,烤烟的价格是比较稳定的,均价在每公斤 6 元,一亩地每年可以收入 1000 元左右。所以种烟之后的生活条件有了改变。在卖烟之后,手里会攒下一点钱,时不时去街上买东西,而且买东西的次数也多了。比如之前两三年才买一次布给全家人做一次衣服,有了零钱以后,一年就可以给家里人换一次衣服;之前一般吃苞谷饭,不经常买米,有了积蓄之后开始吃米了。

另一方面,烟草收入的提高使得个体家庭生产资料的购买力也得到提高,这也促使了传统协作生产方式的消解。传统上,当地只要是兄弟多的家庭,无论成家与否,都会采用共用生产资料的合作种植方式。生产资料的合作使用主要体现在共同选择种子、共用耕牛、共用烤烟房等。随着烟叶价格的逐渐提高,由最初 1985 年的 5 元/千克涨到 2000 年前后的 15 元/千克左右,农户有了一定的资金储备,有能力自购农具、自建烤房。此后,生产资料的合作使用便逐渐转向了生产资料的个体家庭拥有。合作种植传统的逐步消解,也从另一个侧面表明烟草种植极大地改善了个体家庭的经济条件。

(二)新世纪之初:烟草产业成为摆脱贫困的重点产业

摆脱贫困不仅仅限于收入层面,同时还包括道路、蓄水池等基础设施建设方面。烟草种植不但带来了村民家庭收入的提高,同时还明显改善了柿花箐村的基础设施条件。

政府与烟草公司在这一阶段加大了对柿花箐村基础设施投建的力度,为村民日常生产生活提供了更多便利与保障。2003 年,政府修建了富民县东村镇至寻甸县鸡街镇的公路,柿花箐村作为此公路沿线当中的一个村得到了诸多便利。更重要的是,同年,柿花箐村修筑了碎石道路。道路的修通为村民种植农作物、饲养牲畜,还有产品的运输提供了便利,为改善整个村的贫困局面起到了重要推动作用。当然,基础设施的建设对烟草种植的农户同样提供了直接的便利。在没有公路的时候,村民前往烟站完全要靠人力,要背着背篓去交烟叶。而修建公路之后,大家就可以通过牲口或拖拉机来交烟了。另外,烟草公司于 2003 年赞助柿花箐村 2 万余元用于修建蓄水池,这就大大缓解了烟农种烟缺水的困境,同时也有效改善了村民的生产生活条件。

另一方面,地方政府和烟草公司继续跟进烟草产业的帮扶工作,进一步激发了贫困烟农的内生发展动力。被帮扶的对象从之前的几户家庭拓宽至村内大部分家庭,只要愿意从事烟草种植的农户均能够享受福利。帮扶措施主要包括,烟草公司每年会对烟农有数量不等的包括种子、薄膜、塑料管以及其他相关生产资料的补贴,且安排了技术辅导员给予烟农种植过程的全程指导与帮助。帮扶工作为烟农中的中坚力量提供了必要的物质与精神支撑,同时为面临交烟困难但仍然坚持下来的烟农增添了信心,这就进一步推动了柿花箐村烟草产业的发展,进一步让更多的村民摆脱了贫困。

可见,2000 年以后,因为烟草种植,柿花箐村的道路、水利等基础设施得到显著改善。随着烟草公司对烟草种植进行技术性改革并进一步加强规范化管理,村民自身的内生发展动力也随之明显提升。这些举措促进了当地乡村经济的发展,烟草产业由此成了振兴当地乡村经济的重点产业。

(三)当前阶段:烟草产业成为振兴乡村经济的核心产业

近年来,柿花箐村在政府和烟草公司的引导发展之下,村民的内生发展动力明显提升,依赖传统生计方式的思想观念明显转变,相当部分的村民通过烟草种植走上了脱贫奔小康的道路。从 2015—2020 年期间来看,烟叶的均价从 27 元/公斤逐步上涨到 38 元/公斤,不过由于公司对烟叶质量和数量的要求有所改变,上交的烟量从 140 公斤/亩下降到 120 公斤/亩。因为产量基本平稳,所以户均收入从 3780 元/亩上升到 4560 元/亩。其中,2017 年烟叶的均价为 34 元/公斤,上交的烟量为 130 公斤/亩,户均收入达到 4420 元/亩。这些变化表明,该村的烟农已经充分接受并适应了这一生计方式。

当前,当地政府和烟草公司更进一步注重提升村民的种植技术,加强对村民的专业技术指导,增强与村民之间的沟通交流。以柿花箐村烟草种植辅导员王 GZ 为例,作为连接烟站与烟农的重要中介,指导员在柿花箐村烟草种植的种耕过程中,尤其是打通交烟关系方面发挥了关键作用,有效解决了村民种烟、交烟的困难,甚至对村寨的整体发展也发挥了重要作用。

王 GZ 一直以来秉持以群众利益为重的工作思想,希望自己能够帮助柿花箐村的烟农不断提高经济收入。在政府和公司的支持下,他每月能够领取 1500 元的工资,同时也以慷慨、利他的态度,积极地将技术、种耕、管理等经验传授给有需要的烟农,并且想尽办法解决烟农们面临的各种困难。例如,烟草公司与烟农签订的收购合同要求,每亩需要上交约 120 斤烟叶。在烟农种植数量、质量均达不到合同要求的时候,烟农们便会与王 GZ 协商,请他想办法将不足的部分补齐。比如,当遭遇天气严重干旱致使烟草减产,致使很多烟农的产量达不到合同要求的时候,王 GZ 便灵活利用自己的社会关系,到马龙、宣威等地购买烟草,帮助烟农们填补了空缺,完成了合同要求的任务。

正是因为得到了指导员的诸多支持与帮助,柿花箐村烟农的内生发展动力才得以不断增强。在指导员的带领之下,烟农与烟草公司才逐渐形成了紧密合作、共同发展的良好局面。

三、烟草产业中存在的问题及其对策建议

目前,柿花箐的烟草产业已经具备了一定规模,并凸显出振兴乡村经济的成效。然而,烟草种植的发展并非一帆风顺,现在依然存在诸多问题,主要表现在烟草公司与烟农之间的矛盾;烟农种植烟草"先投入、后产出"的意识浅薄,以及自身能力不足;烟草产业持续振兴存在后续动力不足等方面。针对这些问题,应当进一步协调各方利益关系,加大专项补贴与扶持力度,进一步加强对烟农的针对性培训和引导。

(一)存在问题

1. 烟草公司的制度措施与烟农种植的实践之间存在张力。例如在烟草公司与烟农签订烟叶收购合同方面,烟草公司掌握的主要权利与所需履行的义务主要体现在:一是根据市场需求和烟叶生产要求,安排烟农选择适宜种植的片区并展开轮耕任务;二是为烟叶的生产环节提供补贴和扶持;三是为烟农提供技术、咨询等服务;四是规定烟农的种植亩数及其收购量。同时,烟农需按合同遵循相关要求。但是,在实际实施过程中却出现了一些困难。目前,双方之间最大的问题是烟草公司规定种植新品种"红花大金元"。种植这种新品种在幼苗培养、种耕管理以及烤制技术等方面的要求非常高,而绝大部分村民烤制的烟叶几乎都达不到公司对烟叶质量和数量的要求。由此产生的结果首先是因为种植困难导致农户入不敷出,不少农户不得不选择放弃种植;其次是劳动力和资本充足的烟农会选择栽种其他品种的烟叶,以弥补新品种产量的不足。这样的结果显然对双方都是不利的。

2. 村民有关烟草种植"先投入、后产出"的意识浅薄,以及自身技术和能力不足。烟农种植新品种成功率低的主要原因有两个:一是环境、气候的不适应以及植株的高发病率;另一个则是大部分村民使用的土烤房而很难精确控制温度,烟叶被烤坏的现象在所难免。然而,绝大部分中年烟农都不愿选择新

建烤房,并且有相当一部分依然坚持自己育苗,另有接近一半的烟农在选择新烤房后,还因资金短缺而放弃使用生物燃料。所以,问题的症结在于,烟农无法或不想提前在新烤房、生物燃料方面投入太多的钱,在自身技术、能力方面也不愿投入更多的时间。

3. 作为烟草种植核心力量的中年人的后代,他们并没有强烈意愿继续选择种植烟草,烟草产业的持续性推进因此显现出后续动力不足问题。目前村里的年轻人大多不愿局限于从事某种单一生计,而是普遍倾向于选择更为多样化的生计方式。更重要的是,种植烟草需要付出大量劳动力,尤其是在烟叶采摘、烤制时期,即使下暴雨也必须到烟地采摘烟叶,以防止烟叶变黄而遭受产量损失。然而,多数年轻人难以承受种植烟草所伴生的这些辛劳。随着年轻一代不愿继续种植烟草,柿花箐村烟草产业的可持续发展便可能产生停滞问题。

(二)对策建议

第一,针对烟草种植的合同与村民实践存在张力的问题,需要进一步协调各方参与者的利益关系。柿花箐村烟草产业的运作存在地方政府、烟草公司、烟站、指导员与农户之间的多方交涉关系,烟叶种植合同的制定、实施、评估过程很大程度上是各方主体之间利益关系及其博弈的结果,难免产生矛盾。针对烟草公司与农户之间合同的矛盾纠纷,应当在尊重各方主体基本权益的基础上,坚持公平正义、公开透明,协调各方利益关系。特别是在推广种植新品种方面,烟草公司应进一步加强与村民的沟通交流,加强针对性宣传和培训,同时考虑在过渡期采用更为灵活、机动的解决方法。

第二,针对村民种植烟草"先投入、后产出"意识浅薄、自身能力不足的问题,需要给予那些积极主动但资金缺乏的农户以更多补贴与扶持。虽然村中有不少积极性较强的烟农,但他们因劳动力缺乏、只拥有传统烤房等问题,而产生了放弃种植烟草的想法。面对这一现象,烟草公司可以考虑出台特殊的补贴和照顾措施,以降低这类烟农烤房建设、种耕管理方面的投入成本和风险。地方政府在科学规划农业产业发展互助资金、财政补贴等方面,可以有针对性地调整并加大补助,特别是提供专项小额信贷,进一步切实为烟农提供帮助。

第三,针对柿花箐村民尤其是新生代种植烟草积极性弱化的问题,应当大力加强有关烟草种植低风险、稳收益的宣传与引导。当前,整个东村镇的烟草种植已经达到种耕过程的科学规范,整个环节的有序、良性运作,基本实现了收益分配的公平合理。然而,柿花箐村作为一个相对传统的苗族村落,直到目前仍有少量村民认为种植烟草具有较高的风险性,不如种植传统农作物保险。这很大程度上源自对经济作物和市场经济不确定性、高风险性的传统观念,因此,需要地方政府、烟草公司和指导员进一步加强宣传、引导和培训,有针对性地解决烟农面临的一系列实际问题,同时为他们提供更多的资金、技术等保障,最终推动他们思想观念的根本转变。

元阳县旅游发展中的
民族艺术展演发展报告

郑佳佳[*]

在"生产和消费都成为世界性"的时代,"民族的片面性和局限性日益成为不可能",取而代之的是"各民族的各方面的互相往来和各方面的相互依赖",是精神产品成为"公共的财产"。[①] 各民族间的交往与合作达到新的高峰,与此相伴的是,各类文化事象转换为艺术本身,已经成为一种普遍而广泛存在的社会现象。民族文化越来越多地被当作资本进行运用,[②]民族文化资源富集区尤为如此。元阳县隶属于云南省红河州哈尼族彝族自治州。近十年来,生活在此的哈尼族、彝族等民族的文化事象不断被认定为非物质文化遗产[③]。在六个世居少数民族人口中排名前三,分别占全县总人口的 54.97%、23.46%以及 4.32%(2015 年末元阳县统计数据)的哈尼族、彝族和傣族的节日(昂玛突、火把节、泼水节[④])不断发展为当地的代表性民族节日。哈尼梯田

* 郑佳佳,云南大学社会学博士后科研流动站研究人员,昆明理工大学国际学院副教授、博士,主要从事民族文化发展研究、海外民族志研究。

① 《马克思恩格斯选集》第 1 卷,人民出版社,2012 年版,第 404 页。

② 马翀炜:《民族文化资本化》,《民族研究》2001 年第 1 期。

③ 哈尼族的《四季生产调》、《哈尼哈吧》以及《祭寨神林》分别于 2006 年、2008 年以及 2011 年被列入国家级非物质文化遗产第一批、第二批及第三批名录。此外,在元阳县拥有的七项省级非物质文化遗产中,《哈尼梯田农耕礼俗》《迁徙史诗——哈尼阿培聪坡坡》《矻扎扎节》《长街宴》《哈尼腊猪脚制作技艺》五项属哈尼民族文化事象,《彝族民歌(彝族尼苏阿噜)》《那里土陶制作技艺》分别属彝族与傣族民族文化事象。

④ 根据红河州人民政府的规定,哈尼族的"矻扎扎节"以及彝族的"火把节"(即每年农历六月十六日)是红河州的"两节"。

自 2000 年启动申遗之旅,于 2013 年成功进入世界文化遗产名录,世界遗产、国家湿地公园、最受欢迎的风景区等各种桂冠接踵而至,访问元阳梯田景区的游客数量也在逐年攀升。在人员流动性大幅提高、社会交往不断扩大成为日常的背景下,各种民族文化开始密集地出现在大众的视野之中。在梯田舞台上演出梯田民族的歌舞顺理成章地成为彰显梯田这一大地艺术的有力表现形式。梯田民族丰硕的民族文化无疑是梯田文化在对外呈现时得到有力补充的现实基础。要想理解旅游发展中元阳县民族艺术展演的活动,需要从历史、现实的多维度展开。

元阳县新街镇及攀枝花乡的 18 个村委会、82 个村民小组是哈尼梯田核心保护区的中心区域,当越来越多的游客、学者和专家等外来他者进入这个区域的村寨,这里的艺术展演也变得频繁起来。在元阳县旅游发展的过程中,哈尼梯田早期的文化展演多以文艺演出为主。新街镇土锅寨村村委会的箐口村是当地政府在哈尼梯田核心区打造的第一张哈尼文化"名片",元阳县旅游局曾在旅游村内配备了专门的文艺队。箐口村早期组建的文艺队表演哈尼歌舞节目,观看精彩的演出成为游客的难忘经历。2003—2009 年间箐口民俗村曾组建文艺队,用于祭祀神灵和祖先的铓鼓舞、具有多种来历传说的棕扇舞、庆祝男孩儿出生的木雀舞、哈尼古歌形式的敬酒歌等成为核心节目,哈尼文化也因此在一个"与社区原本的日常生活几乎是零距离的舞台上"被带到了那些"处于主流文化中的人们的眼前"。最初,元阳县各地的知名民间艺人被邀请加入到文艺队中以"增添传统文化内涵"。表演的歌舞凝练着大量的社会宗教仪式符号,要确定符号的意义就需要确定它所引起的习惯①,阐释这些"习惯"并非易事。因此,对这些歌舞节目的介绍过多偏重于其"娱乐性",有些简略的说明甚至还和仪式中的文化意义不相符,最终,歌舞作为一种社会存在所指涉的深层民族文化内涵被遮蔽。后来,随着民间艺人相继离开,辛苦培养出的一批批年轻演员也陆续离开了文艺队。文艺队只得在村中寻找年轻媳妇以减少演员流动性。2009 年,云南世博集团正式接管梯田旅游景点,由于公司

---

① Charles Morris.*Signs*,*Language and Behavior*,New York:Prentice-hall,1946:1—16.

并不想把文艺展演作为重点来发展,文艺队也随之被解散了。①

每个民族都需要建构自己的符号,这些符号的重要性就在于,人们通过符号的建构而创造意义,同时也通过对其他人的符号的把握去理解他者。各民族丰富的文化在国家"舞台"上经历着长期的符号建构历程,各个民族的艺术被搬上梯田舞台上向文化他者进行展演,离不开国家赋予各民族的平等地位。在特定节日之外,由于艺术与其他各种文化事象一起组成了社会文化,因而以歌舞等为代表的艺术也有可能成为各民族的符号。当某种歌舞被默认为是独属于某个民族的,那么这些特定民族艺术在被搬上舞台的同时,也就不断构筑为民族的符号。正因为某种民族歌舞属于某个民族,这种歌舞也就因为民族平等而在更大的社会关系网络中成为符号。然而,由于什么样的艺术能够被展演在舞台上是充满变化的,艺术成为象征符号的过程极具时代性和场域性。

总的来说,展演什么样的艺术与达成什么展演目的从而获得特定利益密切相关。在中国古代先贤的观念中,艺术的功能是突出的,"音"是"由人心生"而起的,作为音乐、舞蹈甚至诗歌总称的"乐"根本就在"人心之感于物",故而乐可以与礼、刑、政作用一致,目的是"通民心而出治道"。② 在这种观念的影响下,歌舞艺术通常是实现教育、动员及整合等多重目标的首选。这在元阳地区亦不例外。抗日战争时期,为了全面动员各族人民从思想上、行动上积极投入全民抗战的群众运动,新街中心小学的全体师生踊跃参加抗日救亡的宣传活动,学校聘请无线电台台长在音乐课时教学生唱抗日救亡歌曲,如《义勇军进行曲》《黄河大合唱》《救亡进行曲》《保卫黄河》等。③ 20 世纪 60 年代,中国评剧院、中国京剧院先后到红河地区演出,《农奴》《夺印》等电影也在红河州进行了哈尼语配音。④ 在抗日战争至中华人民共和国成立之后的一段

---

① 参见马翀炜:《梯田搭起的舞台——元阳县箐口村哈尼族歌舞展演的人类学观察》,何明:《走向市场的民族艺术》,社会科学文献出版社 2011 年版,第 79—122 页。
② 杨天宇:《礼记译注》(下),上海古籍出版社 2004 年版,第 467—468 页。
③ 何文光:《回忆元阳的抗日救亡宣传活动》,中国人民政治协商会议元阳县委员会学习文史委员会:《元阳文史资料选辑》(第五辑),内部资料 2005 年第 1 页。
④ 中共红河州委党史研究室:《红河历史大事记》,中共党史出版社 2013 年版,第 326、331、343 页。

时期内,各类非本地民族艺术以及反映其他地区人民生活的艺术频频深入元阳当地,这些艺术展演符号不但形塑着中华民族,也有助于培养元阳当地人民对中华民族、对国家整体的认识与热爱。

更加值得注意的是,毛泽东思想宣传队为激活元阳地区的艺术活动发挥了巨大的影响力,这种推动作用不仅仅体现在大量艺术业余人才的培养之上,还表现在当地艺术与非当地艺术的交融中。至今,曾参加宣传队的当地老年村民依然记得他们在每一次群众大会召开前的演出中,在当地的巴乌、三弦、四弦等乐器之外,也要使用手风琴、口琴等乐器进行表演。表演的形式不仅仅局限于歌舞,也包括打快板、说相声等,宣传队表演的歌舞也不仅是乐作舞等当地民族歌舞,还有《北京的金山上》《阿佤人民唱新歌》等。舞台上的艺术看似处于不断的流变之中,然而正是这些变化构成了"连续统",舞台上的艺术在各时期虽有不同的侧重,展演甚至也曾趋近中断,但不断被展演的艺术总体上保持着一种连续性,这也为当前民族艺术活跃在各类舞台之上提供着深厚的历史积淀。

发展至 21 世纪初,元阳县为了配合申遗工作以及旅游发展,曾常态化地每年组织梯田文化旅游节,其中以 2009 年的旅游节活动最具代表性。2009年 3 月,"中国红河 2009 年哈尼梯田文化旅游节"在元阳县启幕,杨丽萍作为艺术顾问指导的原生态农耕文化节目《元阳梯田》在箐口梯田进行实景演出,这场气势恢宏的展演带给人们视觉、听觉和心灵的震撼至今仍为人们所津津乐道。一千余名当地民众、数百头水牛一起参与到《元阳梯田》的演出中,耕、种、收三个篇章展现了哈尼梯田的整套农耕劳作过程,45 分钟的表演浓缩了春夏秋冬四个季节里哈尼族典型的生产和生活片段,也收获了中外游客的高度赞誉。遗憾的是,这一场演出仅在梯田实景中表演过一次,如此场面壮大的演出效果极好,但也是不易于持续并常规化的,主要原因是在其筹备过程中所要耗费的不可小视的时间、精力、财力、物力与人力等投入。

伴随着梯田的闻名天下,哈尼等少数民族文化走到"聚光灯"之下,传承文化的重要个体成为新的文化表演者。箐口村的大摩批是国家级非物质文化遗产项目"哈尼哈巴"的省级非物质文化传承人,当一些重要部门和机构的人员访问箐口村的哈尼文化陈列馆时,大摩批通常被请到现场演唱一段"哈尼哈巴"。每当箐口村附近的哈尼小镇举行长街宴等活动,大摩批及村内的咪古等宗教祭祀人员也会被请到现场表演。大摩批还被邀请到几十公里外的知名客栈为游客表演。在梯田景区中时常组织的长街宴活动中,村民身穿哈尼服饰为远道而来的客人唱起祝酒歌也成为活动的一个固定组成部分。旅游语境使遗产地的多民族艺术日常化地向来自其他文化系统的游客进行展演。同时,在向外来他者进行展演的过程中,哈尼梯田当地的民族艺术以及民族文化也迎来了新的发展契机。

距 2009 年令人震撼的梯田实景演出之后,梯田舞台上很少再组织大型的文艺演出了。这种情况于 2017 年迎来了改变。2017 年 4 月 30 日上午十点半,在箐口村上方的梯田中举行了隆重的"开秧门"实景演出。仪式伊始时,来自攀枝花乡洞浦村的民间歌手朱小和身着靛蓝色徒步衣服并包着裹头巾坐在田头抽着水烟筒一语不发,而他的徒弟则负责整个仪式活动的系列祈福演唱。这个徒弟曾经于 2015 年赴意大利米兰世博会参加表演农耕文化原生态民族歌舞剧《哈尼古歌》,自 2017 年春节期间开始入驻哈尼小镇进行古歌的常态化表演。唱响开秧门之歌,朱小和师徒二人即在县文化传习馆工作的一名参与仪式演出的彝族小伙陪同下沿着新修的小路撤出梯田"舞台"的视野。接下来的五十分钟里,村民及传习馆的工作人员表演了迎接秧姑娘、扔稀泥大战、栽秧比赛,国际哈尼族服饰展穿插其中。当这些演出旋将结束时,朱小和三人又从田脚缓缓走出,为秧苗叫魂,随着"苏拉乌拉"(回来吧,秧魂)的呼唤声传遍山岭,仪式结束。在整场展演中,很多非本地的元素相继展现在新鲜搭建的"舞台"上。① 巧遇开秧门仪式的三名法国女青年十分激动,称自己实在是太幸运了,因为她们在进入梯田世界的第一天就赶上一场当地人演出的文化盛宴,这也为接下来一周的深度游览谱写了华丽的第一章。

---

① "开秧门"仪式表演以及服饰展的总导演周老师指出,相对其他景点的实景演出,"开秧门"的实景演出是唯一不使用钢筋水泥、无须搭建舞台的真正的梯田舞台。为了配合表演,编导人员是要在众多梯田中挑选出最利于展演观赏角度、拥有多条出入通道的一整片表演区。当编导组在表演前二十天确定了最终选点后,县政府专门从哈尼小镇下方的广场修建了一条石子路,穿过表演区并连接上箐口村至大鱼塘的小路。

　　开秧门实景演出的主办方从哈尼小镇周边的箐口、大鱼塘以及黄草岭三个哈尼村寨选出了两百名当地村民参与到梯田实景舞台上的演出。然而,三个村寨在整合进入政府主导的大型演出过程中表现出各自为政、以各自村寨整体利益为首要原则的特征。最初当政府派出的筹备组深入到哈尼小镇下方的梯田中进行舞台选址时,为了控制某种话语权,村民们纷纷传出一种说法,指出演出舞台所占用的梯田主人家年龄不能比届时主演仪式的民间艺人朱小和年轻,否则朱小和表演下跪后主人家将会遭到厄运。尽管这个传言随着舞台地址的选定得以解决,但后来又因为地方政府给予参与演出的村民每天100 元的补贴,三个村寨为了尽力争抢更多的参与实景演出的名额而产生了一些矛盾。这些现实发生的问题也将成为民族艺术展演事业推进过程中必须解决真实的问题。深入理解村寨内部的运行逻辑即解决这些问题的开端。

　　此外,仅从展演本身而言,"开秧门"这台大型的展演也揭示出在元阳县哈尼梯田的舞台上展出的是整个哈尼族甚至更大民族群体的符号元素。按照当地人的传统,"开秧门"时节的祭祀活动是农历三月间,由每家每户根据自家的农事安排在栽秧前来进行。主人家用植物将糯米饭染为黄色,又在饭头上放着鸡蛋一枚,端着碗来到自家秧田的出水口处,由老人简单念诵一些带有"祈福丰收"的祝愿话语。2017 年,代表金平县、红河县等其他哈尼族聚集地的哈尼族各支系的 11 款、合计 260 套哈尼服饰被编排到青壮年耕田竞赛、老人守望秧苗、姑娘相约田埂采野菜、年轻媳妇背孩子看望秧田以及摩批祈福等表演中。就连仪式展演中最为核心的要素——即将"嫁给大田的秧姑娘"也是从山下的邻县专门采买来的,据说这是土锅寨一带的秧苗因为气候原因尚未发育到可以栽种的时节,所以"个头"不如山下的秧苗那么高挑,从观众的观看效果考虑,还是"外地秧姑娘"更合适。与此同时,从外地引进的草坪被栽种到专门填平的一台台的位于舞台上方的观众席地面上,数十家新闻媒体单位的无人摄影机盘旋在"舞台"上空对实景展演进行录制。2017 年,"开秧门"文化节安排在五一小长假期间,"开秧门"仪式的演出又专门被安排在 4 月 30 日上午,也就是假期的第二天,这些做法更多的是考虑了游客的角度。来自土锅寨附近的水卜龙、全福庄以及胜村乃至山下各村的数百名村民也自发地来到哈尼小镇观看表演,他们连同来自国内外的游客一起惊叹于演出的精彩。受限于宣传效果、游客的时间限制等,真正由"开秧门"文化节吸引前往梯田景区,特别是入驻哈尼小镇的游客并没有达到预期数量。如何整合传统文化、结合旅游发展中的实际需要与困难也是亟需解决的重要问题。

现代社会比较突出的现象之一就是"人类活动被当做文化来理解和贯彻了。而文化就是通过维护人类的至高财富来实现最高价值。文化本质上必然作为这种维护来照料自身,并因此成为文化政治"[1]。对于元阳县旅游发展过程中不断兴起但尚处于漫长的探索路途中的民族艺术展演实践,恰需要从文化的视角对其所面临的机遇与挑战进行更为深远的观察与理解。当下的民族艺术展演常表现出随机性、低收益化的特点,一些特定情况下甚至会引起村寨与村寨、村民与村民之间的矛盾,这些问题都是需要结合丰硕的地方社会与文化研究成果、保持更新各方面田野调查从而进行深入全面的分析与思索。

---

[1] [德]海德格尔:《林中路》,孙周兴译,商务印书馆 2015 年版,第 83—84 页。

曼腊村的甘蔗产业发展
与劳动力保持研究

张振伟　马青云[*]

农业作为全人类的"母亲产业",远在人类茹毛饮血的远古时代,就已经是人类抵御自然威胁和赖以生存的根本条件。农业养活并促进了人类的发展,可以说,没有农业就没有人类,更不会有人类社会的现代文明。早在 20 世纪二三十年代,农村及农民问题就已经成了当时人类学与社会学普遍关注的问题。在现代科技迅速发展及机械化浪潮的影响下,世界范围内的农业都有了快速的发展。同样地,在中国,无论是广大汉族地区还是少数民族地区,农业都有了长足的进步与发展。就目前而言,学界对农业问题的研究,更多的是关注其带给农民的物质层面的影响,却忽视了其给农民带来的精神方面的诉求。曼腊村是位于西双版纳自治州勐海县的一个典型的傣族村寨,由于地理条件的限制和发展经济的需要,曼腊村逐渐转变了传统的经济发展模式,转而开始在当地大面积推广甘蔗种植。如今,甘蔗已成为曼腊村农业的支柱。甘蔗种植业对劳动力严格的要求,使得曼腊村的年轻人成了甘蔗种植的主力军。甘蔗种植对当地农民来说,不仅具有重要的经济意义,更对整个村落的稳定和傣族社会的发展产生着重要影响。从文化意义上来对农村经济的发展进行解读,能为农村经济研究提供新的视角,加深对农业发展文化意义上的认识。

---

* 张振伟,云南大学西南边疆少数民族研究中心副教授,《思想战线》编辑部编辑,主要从事南传佛教及相关民族研究;马青云,云南大学民族学与社会学学院民族学专业在读博士生。

一、曼腊村甘蔗种植的历史与现状

甘蔗,是一种热带经济作物,是提炼蔗糖的原料。它原产于印度,现在被广泛种植于热带及亚热带地区。甘蔗对生长环境的要求很高。其喜温、喜光,年积温需达到 5500—8500℃ ,无霜期 330 天以上,年均空气湿度 60%,年降水量要求 800—1200 毫米,日照时数在 1195 小时以上。甘蔗的种植,一般都集中在中亚热带、南亚热带和热带季风气候区中。其中最适宜种植的气候区,基本上都位于北纬 24°以南。而曼腊村就处在最适宜甘蔗种植和生长的纬度范围内。

(一)曼腊村甘蔗种植的历史沿革

在明代以前,关于云南地区甘蔗种植的记载非常少。明代时,关于甘蔗和蔗糖的史料记载变得比较丰富。明代的史料中明确提到的甘蔗及蔗糖产地有三个:一个是楚雄武定府的和曲州(辖今武定县和元谋县),"土人用酸枣、蔗浆、盐梅和饮之,谓能去疾"[1]。一个是以今潞西为中心的芒市长官司"土产蔗",一个是临安府的纳楼亏容甸(纳楼亏容甸在今红河州建水县和今红河县地区)"土产糖,纳楼亏容甸出"[2]。

据村里一位上了年纪的老人回忆,关于曼腊村种植甘蔗的历史记忆,最早可以追溯到 20 世纪 80 年代中后期。据了解,勐海县自 1984 年开始在全县范围内推广种植甘蔗,如今已经有了近 30 年种植甘蔗的历史。尤其是"九五"以来,甘蔗种植和制糖生产迅速发展,形成了规模化和产业化,勐海县成为全省甘蔗生产大县、国家糖料基地县。在 2011 年至 2012 年榨季,勐海全县甘蔗砍收面积约 19.86 万亩,农业产量 83.26 万吨,工业入榨量达 78.92 万吨,实

---

① (明)陈文修,李春龙,刘景毛校注:《景泰云南图经志书校注》卷二,《和曲州・井泉・香泉》,云南民族出版社 2002 年版,第 148 页。

② (明)周季凤纂修:《云南志》卷十四,《芒市长官司・土产》明嘉靖三十二年刻本影印本。

现工业产值 3.5 亿元、农业单产 4.2 吨、工业单产 4.0 吨。在 2012 年至 2013 年榨季,全县甘蔗种植面积已经 20 多万亩,种植户达 2.7 万多户,农业产量 90 万吨,工业入榨量 80.64 万吨。如今,甘蔗产业已经成为勐海县多年以来不可替代的支柱产业,维系着全县近 15.7% 的工业产值和近 15.5% 的财政收入。勐海县蔗糖年产量占全州产糖量的 90%,对促进农民增收、企业增效、财政增长起到了十分重要的作用。曼腊村作为勐海县下辖的一个自然村,有着温热的气候和适宜甘蔗生长的地形条件,再加上曼腊村距离勐海县城较近,且具有便利的交通条件,因此,我们大致可以推断出曼腊村开始种植甘蔗的时间应该是与勐海县开始推广甘蔗种植的时间大概一致,约在 1984 年或之后的两三年内。

据村里一位村民回忆,曼腊村最早开始种植甘蔗时(大约在 1987—1988 年),一吨甘蔗的售价大约在 56 元左右。当时曼腊村周边只有景真一家糖厂,糖厂为村民提供甘蔗种,到甘蔗砍收之后村民要把糖厂提供的甘蔗种还回去,然后再把剩余的甘蔗卖给糖厂。"那时候,每家能拿到 3 吨到 4 吨的甘蔗种,由于地肥,是刚砍了树林焚烧开垦的土地,所以基本上 1 亩地可产 8—9 吨甘蔗,回本很快。"两年后,勐阿新建了一个糖厂,村里也开始与勐阿的糖厂合作。在跟糖厂赊贷甘蔗种的时候,"把要什么甘蔗种、要多少报给村里的会计,会计统计后报给糖厂,糖厂根据村民不同需求发放甘蔗种"。同样地,在甘蔗成熟后,村民以 56 元/吨的价格先把赊贷的部分归还给糖厂,再卖其余的。

(二)曼腊村甘蔗种植的现状

由于曼腊村的的地形中多山地和丘陵,因此,在土地面积上,耕地的面积(主要指水田和一些较平整的旱地,约 1292 亩)是远远小于林地(主要指一些不太平整的山地和丘陵地区,约 5840 亩)面积的。在曼腊村,村民种植的农作物主要包括水稻、茶叶、甘蔗等,有些人家也会种一部分玉米和蔬菜。一般情况下,村民会用两三亩田(指水田)种植水稻和蔬菜,来供自己的家庭内部食用,并不会拿到市场上进行售卖;玉米的种植规模也比较小;剩下的田、地(旱地、山林)都会用来种植甘蔗和茶叶。在曼腊村所有的农作物中,甘蔗的种植面积是最大的。2014 年时,曼腊村甘蔗种植面积已经达到将近 1147 亩,在曼短村村委会下辖的 13 个村民小组中排名第二,仅次于曼派村的 1545 亩。

下图是笔者随机访问的 5 户人家的土地使用情况。

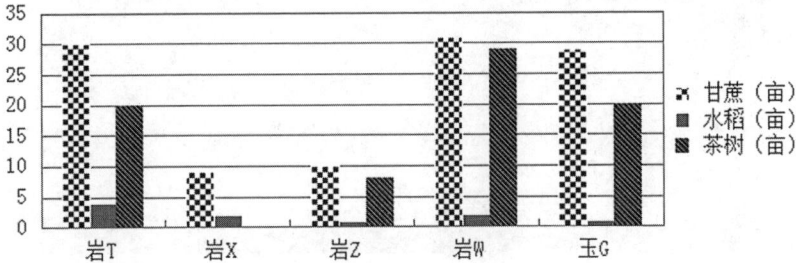

曼腊村 5 户人家土地使用情况图

从图中可了解,5 户人家中,只有 1 户人家种植了甘蔗和水稻两种作物,其他 4 户人家都种植了甘蔗、水稻、茶树这 3 种作物。5 户人家的水稻种植面积都比较小,主要是供家庭内部消化的,而甘蔗在 3 种作物中的种植面积是最大的,说明在这 5 户人家中,大部分的土地是被用来种植甘蔗的。

在曼腊村,尽管甘蔗种植面积比较大,在村民的经济生活中所占比重也比较高,但是甘蔗种植的高投入和低回报却也让村民感到有些沮丧。

甘蔗种植的投入主要分为人力投入和财力投入。人力投入主要是指种植甘蔗的人工成本;财力投入则包括甘蔗种、农药(包括杀虫剂、除草剂等)、化肥等各项投入。

甘蔗种植工序复杂。首先要整地,在整地的过程中,要将烧过或者打碎的甘蔗叶子与土壤均匀,目的是松碎土壤,使土地充分吸收草木灰的肥力。接着就是种植。种甘蔗前先要挖好沟,甘蔗横放,盖上土,而后铺上一层薄膜以防寒保暖。等甘蔗发芽后,要将薄膜褪掉,要是甘蔗周围长草了,就要马上打除草剂。第三步就是要进行田间管理。在这个过程中,要为土地松土,施肥,喷洒除草剂和杀虫剂。当甘蔗长到 1.5—1.8 米的时候,要进行第一次剥叶(有助于甘蔗生长)。最后一道工序就是收获,即砍甘蔗,但在砍甘蔗前,还要进

曼腊村的甘蔗

行一次剥叶,二次剥叶完成后,才能开始砍甘蔗。甘蔗的种植是从当年的1月到2月底开始的,而收获则到了来年的一、二月,中间有将近一年的生长期,在这期间,需要专门的人员进行施肥、除草、除虫、松土、剥叶等工作,工作量大且耗时较长。

甘蔗种植不但要投入大量的人力,还要投入大量财力。在笔者与村民的交谈中发现,几乎没有村民对他们种甘蔗的收入表示满意,"主要是投入得太多了,一年四季都有活干,还要投入那么多的化肥、农药,实在是不划算"村民岩T告诉笔者。下表是笔者对岩T、岩X、玉G三家种植甘蔗的物力投入所做的统计表,也许能更直观地反映出曼腊村村民种植甘蔗的投入与产出情况。

曼腊村3户家庭甘蔗种植支出表

项目 户主	杀虫剂 (数量×单价) 单位:箱 单位:元	除草剂 (数量×单价) 单位:件 单位:元	化肥 (数量×单价) 单位:袋 单位:元	甘蔗 (重量×单价) 单位:吨 单位:元	甘蔗种植 总收入(元)	甘蔗种植 总支出(元)	甘蔗种植 纯收入(元)
岩T	2×300	10×300	25×107	60×420	25200	6275	18925
岩X	2×300	8×130	40×107	100×420	42000	5920	36080
玉G	1×300	12×110	50×107	110×440	48400	6970	41430

由上表可以看出,曼腊村的甘蔗种植虽然收入还算可观,但是由于一年四季都要投入人力,并且财力的投入成本也很高,所以村民对种植甘蔗收益的满意度并不高。既然曼腊村的甘蔗种植面临着投入高、收益低的问题,那么曼腊村为何不转变农业生产模式,而继续将甘蔗作为农业生产的核心产物呢?这就与甘蔗在曼腊村经济生活中的地位有关了。

二、甘蔗种植在曼腊村经济生活中的地位

傣族作为传统的"依山傍水"而居的民族,其水稻种植业有着悠久的历史和发展稻作农耕的得天独厚的优势——平坦肥沃的土地和便利的灌溉条件。水稻种植的工序和物力投入相对较少,只需进行播种、育秧、插秧、水田管理(灌水、除草、防病、治虫)、收获即可。在南方地区,传统的水稻种植一般是一年两熟甚至三熟,但在曼腊村,水稻属于长期作物,一年一熟,每年 6 月播种,10 月左右收割。在水稻收割之后,田地就被闲置下来,农户只在田里放牛,这在当地人看来是对土地资源的严重浪费;加之水稻种植对水利条件的要求是很高的,需要有发达的灌溉系统。曼腊村虽然水资源丰富,在村中有用于灌溉的溪水,但溪水灌溉的范围却十分有限,只能流经一些水田,而曼腊村由于地形的限制,水田的面积相较于山地丘陵是十分有限的。傣族人有传统,一般情况下是不用旱地(山地、丘陵、林地)种植水稻的。自然条件的限制,加上传统习俗的制约,使曼腊村水稻种植业的发展受到了很大的限制。因此,即使曼腊村的水稻的亩产能够达到 700—800 公斤,一吨水稻的价格能卖到 2500 元左右,曼腊村水稻种植规模依然很小。

在曼腊村传统的农业模式中,茶树的种植面积也是非常大的。据村民介绍,在 2007 年前,村里的茶树种植面积是大于甘蔗的种植面积的,2007 年之后,逐渐有村民减少茶树种植面积,转而种植甘蔗。作为曾经甘蔗种植的最大竞争者,曼腊村茶叶种植减少的原因主要包括以下两方面。

第一,茶叶产量的不稳定。在曼腊村中,茶树可以分为两类,一类是大树茶,一类是小树茶。大树茶树龄老,树高枝壮,将近两三米高,发出的茶芽

长且嫩,做出来的茶质量高、价格好,但大树茶每年只能采摘两次;而小树茶树龄小,高度大多在半米左右,枝繁叶茂,每年可以采摘很多次(春茶、雨水茶、谷哈茶),茶叶枝芽老了就砍掉让它再发新芽,小树茶的产量高,但价格低。茶叶采摘对于时间有着极其严格的要求,多长几天或者少长几天,都会对茶叶的品质造成重大影响。如果过了采茶的最佳时期,茶叶就会变老,这会直接影响到茶叶的口感,因此,过老的茶叶会被茶厂以非常低的价格收购或者直接被拒收。一般情况下,一公斤鲜嫩的小树茶能卖6元,老一些的能卖4元/公斤,而老到一定程度的茶叶,就卖不出去了。在笔者进行调查的过程中,就遇到一对小兄妹采摘的茶叶被茶厂拒收的情况,原因是他们的茶叶太老了。曼腊村春茶采摘的最佳时间应该是在每年的4月,而这时候,正是砍甘蔗的农忙时节,由于甘蔗种植的面积大,再加上砍甘蔗的工作量大,因此,大多数村民家没有办法很好地兼顾甘蔗和茶叶,所以只能选择在砍甘蔗的间隙去采摘茶叶,这就容易错过采茶的最佳时机,使茶叶产量不稳定。

第二,茶叶价格不稳定。在曼腊村,一方面,由于很多茶树的采茶期比较短,一旦错过最佳采茶期,茶叶的价格就会大幅下跌;另一方面,茶树的生长对于土壤和气候的要求是非常严格的,一旦土壤酸碱性达不到要求,或者气温和降水的标准不符合茶树的生长,都会对茶叶的品质造成影响,而茶叶品质的高低,直接会影响到茶叶的价格。因此,在曼腊村,茶叶的收购价格并不是一成不变的。2010年发生在云南省的那场重大的旱灾中,各类农作物受灾严重,减产明显,曼腊村的茶叶种植也受到了严重的影响,茶叶减产严重,价格起伏巨大。

与种植茶叶和水稻相比,甘蔗虽然需要投入更多的人力、物力,但甘蔗对于土地、水源的要求并不是非常高,再加上甘蔗的产量和价格比较稳定,起伏较小,更重要的是种植甘蔗的收入相比较种植水稻和茶叶来说更多也更集中。因此,甘蔗目前仍然是曼腊村最主要的农作物类型,在曼腊村村民的收入中,也占有较大比重,对于增加家庭的收入,维持人们的生活起着重要的作用。这就决定了曼腊村在短期内不会改变以种植甘蔗为主的农业种植格局。

三、曼腊村甘蔗种植的劳动力来源:第三代年轻人

由于甘蔗种植是劳动力密集型农业,对于劳动力的要求比较高,这就决定了曼腊村的第三代年轻人必然要担负起种植甘蔗的重担。

在曼腊村,早婚现象很普遍,因此,曼腊村四世同堂的家庭很多,在农活的分工上也很明确。第一代人(曾祖父母:约 60 岁及以上),这一代人已经到了安享晚年的年龄,他们不会再从事重体力活,通常只是在家看孩子,干一些轻松的农活,比如采茶或编织;第二代人(祖父母:约 40 岁—50 岁),这代人由于正处在中壮年时期,所以通常会外出打工或在家务农(从事一些比较轻松的农活),若外出打工,他们通常会在邻村或在勐海县城,从事一些修房子或在工厂帮工的体力活,若到了农忙时间,他们会回到家里来帮帮忙;第三代人(年轻父母),这一代人结婚时间不是太久,年纪也比较轻,他们是家里干农活的主力,承担种甘蔗、采茶等多数农活,这代人由于家庭农活的负担比较重,因此,在这代人中,外出打工人员的数量非常少;第四代:婴幼儿。

在曼腊村,由于每家每户的村民种植甘蔗的面积都比较大,而劳动力并不是很充足,单纯的依靠第三代年轻人种甘蔗和砍甘蔗显然是不现实的,因此,曼腊村村民自发组成了村民互助小组,每个小组约 4—5 户人家,每户人家出两个得力的劳动力(通常是第三代年轻人)。在砍甘蔗的时候,互助小组的成员会一起行动,依次帮助组员家砍甘蔗,而被帮助的那一家只需为互助组成员提供简单的饭菜,并不需要提供金钱作为报酬。但值得注意的一点是,参加互助小组的每个成员都必须是干农活的好手,他们必须竭尽全力为别人家帮工,若是有人偷懒,那么互助小组的其他成员就可以选择不跟他结成互助小组。结成互助小组,对劳动能力的硬性要求,使得第三代年轻人不得不承担起家庭主要劳动力的重担。

四、曼腊村甘蔗种植的劳动力保持功能

自从 1938 年法国著名哲学家、社会学家奥古斯特·孔德在对社会进行研究的过程中提出了社会学概念以后,社会学以其独特的思维视角和对社会问题的关注而得到了迅速的发展。而在社会学发展的过程中,西方许多社会学家从各自的观察视角出发,提出了许多有关的社会整合理论。社会整合是社会不同的因素、部分结合为一个统一、协调整体的过程及结果,亦称社会一体化。它是与社会解体、社会解组相对应的社会学范畴。美国社会学家 T.帕森斯在其著作《社会体系和行动理论的演进》一书中,把社会整合规定为如下含义:一是社会体系内各部门的和谐关系,是体系达到均衡状态,避免变迁;二是体系内已有成分的维持,以对抗外来的压力。曼腊村的甘蔗种植对于青年人来说,就承担着这样一种社会整合的功能。

云南由于处在特殊的地理位置上,近几十年是我国毒品走私及运输的重要渠道。云南省的边境少数民族地区,由于其地处边境,并且大部分与“金三角”地区接壤,因此,受到“金三角”毒品贸易的影响严重,使我国边境地区面临了严重的毒品危害。勐海县由于地处西双版纳的西部,东接景洪市,东北接思茅市,西北与澜沧县毗邻,西和南与缅甸接壤,特殊的地理条件使它受到毒品的侵蚀也很严重。当然,不仅是西双版纳的傣族年轻人,其他处在边境地区的少数民族吸食和从事毒品贸易的人并不在少数。这一方面是由于其地缘特征的影响,另一方面,也是由于毒品贸易的巨大利益,驱使这些年轻人走上违法犯罪的道路。据调查,在缅甸购买一公斤的海洛因,大约只需要 6 万人民币,而走私入境后,一公斤海洛因在云南的黑市价可以达到 24 万元人民币,运到广州则更高。在这样高昂利润的刺激之下,一些年轻人选择铤而走险。

在曼腊村进行田野调查期间,一位邻村的男子向调查人员讲述了他以前吸毒贩毒的一些经历。“当时还小,也不懂事,在跟朋友出去玩的时候,当时喝了酒,朋友给了我一些小药片,让我拿一个小烟筒一样的东西去吸,当时吸完之后觉得整个人都很兴奋,后来才知道那个东西叫麻黄素,是一种毒品。再

后来我也帮别人运过毒品,有好几次都差点被警察抓住,所以后来也不干了。"据村民介绍,曼腊村目前吸毒的人员约有四五个人,这些人主要吸食的毒品也是麻黄素。对毒品长期的依赖不仅损害了他们的身体,也使他们的家庭面临着一定的不稳定性。

除了毒品贸易泛滥,赌博也是毒害人们正常生活的一颗大毒瘤。自从先秦时期的"六赌"到如今的游戏赌博、商业赌博等各种类型的赌博,赌博在我国可谓由来已久。自古以来,有无数人因为赌博而丧失斗志、家破人亡,因欠下赌债而选择铤而走险、走上违法犯罪道路的人也不在少数,因此,历朝历代的统治者都曾不遗余力地想要铲除赌博这颗毒瘤。随着我国市场经济的快速发展,人们的生活水平有了极大的提高,这就为赌博之风的再次兴起提供了条件。如今,赌博的形式千变万化、丰富多彩。而云南省地处祖国的西南边疆,与缅甸、老挝、越南接壤,便利的地理条件再加上边境地区复杂的政治环境,使跨境赌博一直是国家整治赌博的难题,而少数民族地区进行跨境赌博的人也不在少数。在曼腊村,也有一部分年轻人会参与赌博。像曼腊村一位名叫岩香 Z 的年轻人就是曼腊村"有名"的赌徒。长期赌博而身欠巨债的岩香 Z 不得不把家里的田地都卖了,老婆也和他离了婚,并带着儿女改嫁到了别处,他自己也到勐遮去做上门女婿,过了两年又跑到缅甸去了(也有人说是老挝),现在也去向不明。为了偿还欠下的巨额赌债而走上违法犯罪道路的人也不在少数,由此可见,赌博对家庭和社会的危害是巨大的。

由于甘蔗种植是一项劳动力密集型产业,需要大量青壮年劳动力作为支撑,因此,在曼腊村,青年人不可避免地成为了甘蔗种植的主要劳动力。甘蔗种植使曼腊村的青年人被固定在这片土地上,土地成了牵引他们的一根"风筝线",让他们能远离吸毒、赌博等不良嗜好,从而促进家庭及社会的稳定。这正是甘蔗种植带来的社会整合的体现。

傣族是一个有着悠久历史的民族,早在公元前 6 世纪时,傣族的先民哀牢人就已在澜沧江、怒江中上游等地形成了一定规模的部落联盟。在傣族社会数千年的发展历程中,傣族人民以其勤劳、勇敢、质朴、友善等的优秀品质,在中国 56 个民族的大家庭中赢得了良好的声誉。众所周知,傣族是一个"水的

刷甘蔗叶的年轻妇女

民族"。不仅因为傣族有为大众所熟悉的盛大的民族节日"泼水节",还因为傣族人有如水般温润透亮的性格。

由于曼腊村土地面积较大而人口数量相对较少,对于农业生产而言,无法仅仅依靠自家的力量完成农业生产,因此,曼腊村组成了很多农业互助小组,在农忙时,互助小组的成员相互帮衬,共同完成农业生产。在甘蔗地里,经常会看到很多人一起劳作,大家有说有笑,气氛十分融洽。

傣族社会的和谐还表现在傣族人良好的家庭关系上。在傣族,由于年轻人结婚比较早,因此,傣族社会中四世同堂的家庭十分常见。在这样的大家庭中,虽然四代人同处一个屋檐下,却罕有矛盾产生。晚辈会自觉承担起家庭的重担,同时尊老爱幼;而长辈也十分爱护晚辈,四代人其乐融融。即使偶尔有矛盾产生,也都会在家庭内部自行解决。这样良好的家庭氛围对傣族人性格的塑造有着巨大的影响。

曼腊村的甘蔗种植使青年人能够守在这片由世世代代的祖先遗留下来的故土上，在这片土地上，他们勤劳的耕作，享受着这片土地带给他们物质上的丰腴，同时还有精神上的满足和愉悦。在这里，他们将祖祖辈辈遗留下来的善良、勇敢、勤劳深深地刻进心里，也融进血液里。同时，他们也将把这些优秀的品质传给他们的下一代，再下一代，生生不息。

收 割 甘 蔗

傣族是一个比较传统的社会，拥有着勤劳勇敢、自强不息的传统美德，傣族人尊老爱幼，与人为善，是一个以"和谐"著称的民族。在傣族人的传统观念中，有着中国人普遍的"安土重迁"的观念。

傣族人把"家"看得十分重要，没有特殊情况，他们甚至不愿意出远门。在傣族人的传统观念中，"家"是必须要有人守护的，因为他们相信亡灵之说，认为老祖宗的灵魂会定期回来，如果房子空着祖宗的亡灵回来找不到吃的会到别人家里去，这样会很晦气。村民告诉笔者，在50年前的傣族地区，家里只要一个月没人，村民会直接放火把空房子烧了。而被烧房子的人家也不会有什么怨言，因为大家都遵守同一个原则——"家"必须要有人守护。如今，曼腊村已没有"烧房子"的举动，但仍遵守古老的传统，尽量不出远门，守护在家中。即使要出外打工的人，他们也基本不会走远，只会在村寨周围的地区或者勐海县城打工,并且会经常回家。

因为傣族人这种对家的强烈眷恋和守护,也使得西双版纳的傣族并不是十分重视子女的教育问题,因为他们并不希望子女外出学习和工作,远离家乡。在他们看来,故土和家才是他们真正的牵挂和眷恋的东西,外面世界的繁华注定无法替代家的温暖。所以,在曼腊村大部分的学生都是在勐海县读完初中之后就回到家中务农,承担起家里农活的重担。在曼腊村老人的眼中,"早生子早享福"的观念很浓厚,父母希望子女能够早点成家立业,担起家庭重担。对他们来说,守住土地,守住家才是第一要事。

傣族人也有很浓厚的家庭和谐的观念。大部分傣族人都能遵守老祖宗留下的传统美德:尊老爱幼,家庭和睦。所以在傣族社会中,分家的情况很少,大部分的四世同堂的傣族家庭都能和睦相处。为了维持夫妻和睦与家庭团结,傣族年轻人会选择留在家里进行农业生产。而且,随着目前城乡一体化经济格局的发展,农村和城市之间的收入差距正在逐渐缩小,这也使得曼腊村的年轻人更愿意待在家里从事农业生产。曼腊村甘蔗种植的规模还在继续扩大,而机械化种植还未得到普及,这就决定了曼腊村的年轻人将继续承担起种植甘蔗的重任。

曼腊村的甘蔗种植不仅为曼腊村带来了良好的经济效益,更重要的是,它能作为一种聚合力,将年轻人凝聚在这片土地上,让他们不至于被外面花花世界的各类诱惑所吸引,沾染上毒品、赌博等不良嗜好。从而能维护家庭、社会的良好秩序。在未来,随着曼腊村甘蔗种植面积的扩大和种植技术的进步,曼腊村的甘蔗种植必定会对年轻人的教育和规训产生更加深刻的影响。

五、结　语

在一个国家中,若各类事项都遵循一定的规则和秩序,大量的劳动力都有工作可干,各人为自己的工作而忙碌,那么人们就会因为缺少额外的时间而避免许多社会问题的产生。若一个社会缺少对社会劳动力合理的安排和规划,就会产生例如聚众赌博、打架斗殴、酗酒、吸毒等一系列的社会问题。曼腊村的甘蔗种植就是合理安排社会劳动力的具体体现。因此,就目前而言,曼腊村的甘蔗种植在经济收益和社会功能方面都扮演着一个不可替代的角色。如何在科技席卷全球的浪潮之下,提高曼腊村甘蔗种植的品质和产量;如何使曼腊村的甘蔗种植发挥更好的社会功能,使青年人更愿意留在这片祖辈流传下来的肥沃的土地上,这是我们今后应该思考的问题。

IV 案例分析

赤恒底村精准扶贫实施成效的案例分析

高志英　沙丽娜　马青云*

一、社区概况

赤恒底村隶属怒江州福贡县鹿马登乡。截至2018年底,全村农户517户2110人。该村是典型的傈僳族村庄,傈僳族人口占总人口的99%以上。① 当前,赤恒底村民多以种植水稻、玉米、蔬菜与草果为生,此外一部分村民靠外出打工、生产民族服装、跑运输、做小买卖等渠道增加经济收入。近年来,赤恒底村在精准脱贫工作中加大了对产业发展项目的投资力度,并取得了一定成效。本研究就2017年赤恒底村精准脱贫实施情况,对村民肯叶恒、社伍、此路恒等建档立卡贫困户做了跟踪调查,并具体分析本村精准脱贫成效。

二、精准扶贫实施成果

历史上,因自然与社会环境等多重因素,赤恒底村民长期处于贫困状态。20世纪80年代以来,赤恒底村受到国家扶贫政策之惠,人们的生活水平有所提高。2014年开始,赤恒底村开展脱贫攻坚扶贫工作。自2017年,精准脱贫工作组入驻赤恒底村并对9个村民小组挨家挨户做了精准扶贫识别工作。通

* 高志英,云南大学特聘教授,云岭学者,博士生导师,主要从事中国西南与东南亚民族文化研究;沙丽娜,民族学博士,云南民族大学社会学院在站博士后、助理研究员,主要研究中缅北界跨境民族文化的互动与变迁;马青云,云南大学民族学与社会学学院民族专业在读博士生,主要从事中国西南边疆民族文化研究。
① 《2018年赤恒底村情》,赤恒底村委会提供。

过国家与地方政府帮扶和村民自身的努力,截至 2018 年 1 月 30 日,赤恒底村实现了整村脱贫。

三、精准扶贫落实中的家庭案例分析

(一)案例 1:从单一农作物种植业向多种产业转变的中共党员肯叶恒

肯叶恒是赤恒底村娃底人,男,傈僳族,生于 1962 年,小学文化,中共党员,当过村民小组长。家有 6 口人,包括妻子、大女儿、女婿、二儿子、外孙女。全家参加了"鹿马登乡生态合作社"和"赤恒底村党支部+贫困户养殖合作社"两个合作社。

1. 精准扶贫实施与村民生计方式的转变

据肯叶恒回忆,在 2014 年扶贫工作队驻赤恒底村以前,他家还比较贫困。当时经济收入主要是靠种植玉米和水稻,每年能收获 2000 多斤玉米和 1000 多斤稻谷,另外还种植少量的南瓜、芋头、红豆等农作物。自 2014 年以来,肯叶恒与大多数村民一样积极响应国家号召,结合扶贫项目,种植了 150 亩草果。如今,草果收入成为肯叶恒家主要的经济来源。肯叶恒家种植的草果一部分已挂果,前几年草果价好时,1 斤生草果可卖到 10.5 元,每亩收入 3 万元左右。2017 年草果收入达 30 万元左右。2018 年草果价格大跌,1 斤生草果只能卖 3.5 元,肯叶恒家经济收入比前几年就减少了许多。另外,肯叶恒还承包修公路、水沟、挡墙之类的工程,一天可以挣 150—200 元,每年有 40—60 天的时间用于做建筑工程,这也给他带来一定的经济收入。另外,他的女婿在外省务工,一个月收入 3000 多元,每年打工 8—10 个月,这也为他的家庭带来了一笔收入。

肯叶恒虽参加了"赤恒底村党支部+贫困户养殖合作社",但目前还没有办养殖场,他打算等建好房子再发展养殖业。目前,他家养了 2 头猪、13 只鸡,主要供自家食用。另外,当地村民习惯养狗,但并不吃狗肉,肯叶恒家也养了 1 条土狗。

等新房落成,肯叶恒打算借国家发展乡村旅游文化产业之机,开一家食宿农家乐。为此,他特地送二儿子到昆明学习厨艺。

从肯叶恒家的案例看,他家现在每年的经济收入比过去有了明显地增加,生计方式也出现了种植、务工、开农家乐等多种。

2. 精准脱贫政策下的村民素质提升

当肯叶恒越来越意识到技能培训对多种经营,特别是发展旅游业的作用时,他就安排二儿子到昆明学习厨艺。到昆明学厨艺是当地精准脱贫项目之一,不用交学费,只需要自备生活费。赤恒底村里有不少年轻人就是通过这些减免学费的项目,学到了各种新技能。一旦有技能培训机会,肯叶恒就积极参加学习。同时,他还通过阅读傈僳文宣传册,学习科普知识和科学种植技术。

据肯叶恒了解,近几年国家对农村教育投入大,建档立卡户农村生只要考上大学(本科),就由政府全额资助,家长只需支付孩子的生活费。2018 年,赤恒底村有一个女孩子考上中央民族大学,她家是建档立卡户,所以不用交学费和住宿费。村里还有 10 多个大学生,有的已经毕业,有的还在读,他们都不同程度地享受到了国家的教育扶贫政策。肯叶恒希望外孙女将来能考上大学,因此他坚持竭尽所能地辅导正在读小学的外孙女。因国家各种扶贫政策,加之草果每年都有一些收入,即便将来没有免学费优惠政策,肯叶恒也有信心供外孙女完成大学学业。

3. 精准脱贫与家庭经济收入、消费状况的改变

近几年,肯叶恒家的收入主要来自出售草果,所得收入主要用于建房,所以他家还没有存款。2018 年,肯叶恒家正在建的一幢 4 层楼房,前后共花费120 多万元,肯叶恒说还需 15 万元左右才能完工。肯叶恒说,如今村里有闲钱的人家选择将钱存入银行或做产业投资。村里有一户人家提供提现业务,只需支付一点手续费。

目前,肯叶恒家有 1 台微耕机、1 台除草机、2 辆二轮摩托车和 1 台价值20 余万元的轿车。肯叶恒在已装修好的一间客厅里购置了沙发、电视机、茶几等家具,另外还买了电冰箱、电磁炉、电饭煲等电器。家中除外孙女之外,人手一部手机。

基于国家优惠政策,目前赤恒底村民种植草果所需种苗、肥料、农药等基本都由国家免费提供,村民只需投资土地和劳动力,以及割草机等生产资料。如果生产工具坏了,可免费到乡政府农技站借。故每年投入草果种植的费用比较少,最多的投入是劳动力,需要定期到草果地检查、修剪、浇水、施肥,采摘的时候更是需要人手。家里除了日常生活开支之外,还需支付外孙女上学期间的作业本费、零花钱等,一个月大概花费 100 元。肯叶恒不抽烟、不饮酒,没有烟酒方面的开销。全家人都参加了农村医疗保险,家里有人生病可以按最优惠的医药费在村、乡、县级以上医院就诊、治疗。目前,肯叶恒家最大支出主要为购买建筑材料费、运费和工钱;其次是二儿子在昆明学厨艺期间每月 800元的生活费。

人情往来支出,也是一项重要支出。村里每年都有婚丧嫁娶和亲友生病、小孩出生等事,肯叶恒家每次随礼在 50—200 元不等。他的人际关系圈并不局限于村里,每年需随礼三四千元。这几年,村委会按照国家规定,对婚丧嫁娶期间的宴请规模制定了标准,酒席一般不超过 20 桌,每次送礼也不超过100 元,人情消费负担也就相应少了一些。

(二)案例 2:副业变为主业的社伍

社伍是赤恒底村娃底二组人,傈僳族,出生于 1978 年,初中毕业,当过代课老师。社伍是一名中共党员,现担任娃底二组村民小组长(2021 年开始担任赤恒底村村委会副书记)。妻子是赤恒底村对面(江东)怒扒久村傈僳族。育有 2 个男孩,目前两个儿子都在昆明读技校。社伍家参加了赤恒底村"党支部+贫困户种养殖合作社"。

1. 精准扶贫实施与村民生计方式的转变

自 2014 年脱贫工作小组进驻赤恒底村后,村里开始大搞经济建设,主要是发展草果产业。目前,凡是能种草果的地方,社伍都种上了草果,前后总共种了 20 亩。2017 年,社伍参加了"党支部+贫困户种养殖合作社",办起土鸡养殖场。他将旧房子改装成养殖场,并养殖 100 多只土鸡,鸡苗品种为在当地孵化的缅甸土鸡。土鸡价格 20 多元/斤,平均每只土鸡重四五斤,算下来 1 只土鸡可卖100多元。经过试验养殖后,社伍下一步准备扩大养殖规模,并打算自己成立一个土鸡养殖合作社,以此增加社员的经济收入。另外,社伍准备攒钱开农家乐,他计划的主打特色有竹筒酒、竹林鸡、缅甸鸡。因此,在建新房时,他家也是按照农家乐的规格设计的,有一定的民族特色。社伍还依靠国家扶贫政策,主动报名到昆明安宁免费学习挖掘机和铲车驾驶技能,获得相应的驾驶证。如今只要有人雇他,开一次就能有200元的收入。社伍也是一个建筑小包工头,能建房、修水沟、砌挡墙,一天工钱可得收入180—250元,但2017年因自家建房,没时间出去务工。

社伍家的生计方式从粮食种植为主逐渐转变为以种植草果、养殖土鸡、经营农家乐等多种副业并存的发展模式。这些"副业"正在逐渐变为主业,并开始占据赤恒底村民经济收入的大头。

2. 精准脱贫背景下的村民生产、经营模式的转变

社伍参加了赤恒底村"党支部+贫困户种养殖合作社"后,政府派技术人员到村里教授种植/养殖技术,加之社伍常常与合作社社员交流、合作,学到了很多新知识、新技术。社伍和妻子总结过去的养殖经验,结合新方法,不断改进土鸡养殖技术。

早在四五年之前,村里通了网络之后,社伍家就安装了无线网、电脑,并学会了在网上查阅资料,他说好多不懂的养殖技术可以在百度上浏览学习,有一定的借鉴价值。此外,他还学会了网购,村里不少中老年人也请他网购。在此过程中,社伍受到了启发,打算以后在网上卖草果和土鸡。社伍说,等农家乐开业后,他要把农家乐信息挂在网上,吸引更多游客到村里观光、用餐。

3. 精准脱贫工作推进中的人力资本提升

社伍家两个儿子高考成绩一般,没考上本科。在填报志愿时,社伍就认真关注国家对怒江考生的优惠政策,并向驻村工作组请教。在多次咨询福贡县教育局等相关部门之后,社伍给大儿子报了一所由政府对口扶持的技校,主要学习汽车维修专业。又结合实际需要,给小儿子报了厨师专业。这样,两个儿子都能学到实用性较强的一技之长。社伍希望孩子们将来能够自力更生,自主创业。

说到孩子上学的事情时,社伍说这一切多亏了精准扶贫"扶智"项目,让

孩子们都有学可上,能根据考生实际情况做出恰当的选择。在每天省吃俭用供孩子读书的过程中,父母也得到了成长。另外,国家各项技能培训对社伍的影响也很大,如草果种植培训、养鸡培训与机械作业培训。社伍就是靠这些技能培训,使其生产门类多样化,技能多样化,以往不入眼的副业不再是副业,从而改变了家庭生产与经济结构。

4. 精准扶贫与家庭经济状况改变

自 2005 年至今,社伍担任赤恒底村民影像志记录员,刚开始每月发放200 元酬金,近几年每月发 800 元。这份收入虽不多,但算是固定收入。2014年以来,草果成了社伍家主要的经济收入来源。2017 年,草果收入 5 万多元,村民影像纪录酬金收入 9000 多元。他家养的土鸡目前还没有出售,养的两头猪主要用于自家食用。

2017 年,社伍家主要的开销是建新房。全家消费项目主要有以下几项。

建房支出。这几年,社伍总共攒下 20 多万,但都用在建新房上,另外还向银行贷款精准扶贫安居房建设款 6 万元。社伍属于建档立卡户,建新房时国家补贴 4 万元。社伍自己会盖房子,房子由他自己设计、建盖。几次浇灌都是请亲友和同村人相帮,平时则有哥哥和几位亲友帮忙砌墙,因此,建房花费最大的是材料费和运输费。因资金不够,社伍家只建了两层楼。他说等攒够钱,再建一层,将来可以办农家乐。

再生产消费。近几年,由当地政府提供草果苗、肥料、遮荫网,因此,再生产消费投入比较少。草果种植过程中需要用到的喷雾器、割草机等工具,由乡农技站提供免费出借服务,为村民节省了一大笔开支。为方便出行和运送草果等农副产品,社伍买了 1 辆三轮摩托车(二手车)和 1 辆二轮摩托车,大概花了 3 万元。

医疗费支出。2017 年,社伍一家都参加了新型农村医疗合作,因全家没什么大病,故基本没有产生医疗费用。

教育支出。目前社伍的两个孩子在昆明上学,因赶上脱贫攻坚优惠政策,建档立卡户孩子不需要交学费和住宿费,只需承担生活费。社伍每周给两个孩子分别汇 300 元生活费,一年下来总共花费 3 万元左右。

日常生活消费。主要包括食用油、盐、米、肉等，每个月大概500元。其他商品如衣物等则根据需要采购，不固定。社伍每个月用来招待客人的"饮料费"（啤酒）为四五百元，近几年来，村里一些不信基督教的村民习惯用啤酒待客。此外，社伍和妻子每个月的电话费、电费、网费支出加起来不到300元。四五年之前，社伍家安了无线网。社伍不仅通过网络学习科学种养殖技术，而且还会在淘宝上买东西。他说在网上买东西比较划算，质量也不错。2017年，社伍在网上买了一部华为手机，花费1499元。此外，他还网购鞋子、衣服、弩弓零件等商品。2017年，社伍用在村内村外婚丧嫁娶等人情往来方面的礼金约产生5000元。

（三）案例3："新时代不种地的农民"此路恒

此路恒，男，傈僳族，1967年生于赤恒底村，家有4口人。他8岁时因发高烧没能及时治疗，导致左腿残疾，只能依靠一根拐杖活动，行动很不方便。但他身残志坚，从小跟当地老人学习傈僳族传统文化，特别是傈僳服饰文化、音乐文化。2007年，在哥哥的帮助下开始学习缝纫技术。小时候的遭遇与学习积淀，为他后来发展民族文化产业奠定了基础。

1. 精准脱贫实施与生计方式的转变

此路恒由于身体残疾，不能下地劳作。在家人的鼓励和政府的扶持下，走上了民族文化产业发展之路，先后成立了多个与民族文化产业相关的合作社和公司，成为"新时代不种地的农民"。

此路恒从2007年开始学习缝纫，设计傈僳服饰。先后成立民族服饰加工厂、民族服饰加工专业合作社、民族服饰工艺制作有限公司，带动赤恒底村100多户村民发展民族服饰文化产业。在此路恒的带动下，赤恒底村目前有负责织布提供布料的76户，做服装加工的35户，二者兼做的有24户。这些合作社多数社员的年均收入超过6万元，最少的也有5万元左右。他不仅带领赤恒底村民致富，还多次受怒江州残联的聘请，担任全州残疾人民族服饰加工培训老师。据统计，他在7年内共培训了150余人。近年来，到他的民族服装加工厂学习手艺并实现自我创业的人就有310人。其中，残疾人有20人。

2015 年,此路恒注册了"云南民族服饰网",并在网上销售民族文化产品,同时在网上介绍云南民族文化、民族工艺等民族文化知识。

织　布

2015 年,此路恒注册了"福贡自力民族服饰工艺制作有限公司",采取"公司+农户"的发展模式,大部分服装款式都由他本人设计。在他作坊间里摆满了各种各样的服饰,他说最贵的一套服饰为傈僳族女装,价值 6200 多元。价格一般的民族服饰售价在五六百元至一两千元不等,价格最低的,从一两百元到三四百元不等。除了销售自家服装,此路恒还帮村民销售傈僳服饰配件,主要有哦勒帽、挎包、小弩弓、嘀哩图(傈僳族乐器之一)、拉本(圆块海贝串)、珊瑚珠串等。

此外,此路恒还结合赤恒底村傈僳族能歌善舞与傈僳族民歌的特色,于 2010 年 4 月组建了赤恒底村无伴奏傈僳语四声部农民红歌合唱团。合唱团代表歌曲有傈僳语四声部版《党啊,亲爱的妈妈》《爱我中华》《没有共产党就没有新中国》《我爱你,中国》《春天的故事》《友谊地久天长》等。目前,合唱团有 100 多人参与,这支合唱团不仅在怒江境内有影响,在国内外也小有名气。他们的歌声飞出怒江大峡谷,享誉国内外。先后获得县级、省级、国家级多项奖励。通过合唱团,赤恒底村民走出峡谷看世界,也让世界了解怒江大峡谷、了解傈僳文化。2017 年,此路恒注册了赤恒底"农民红歌合唱团",该合唱团已成为宣传怒江傈僳族文化的又一张名片。

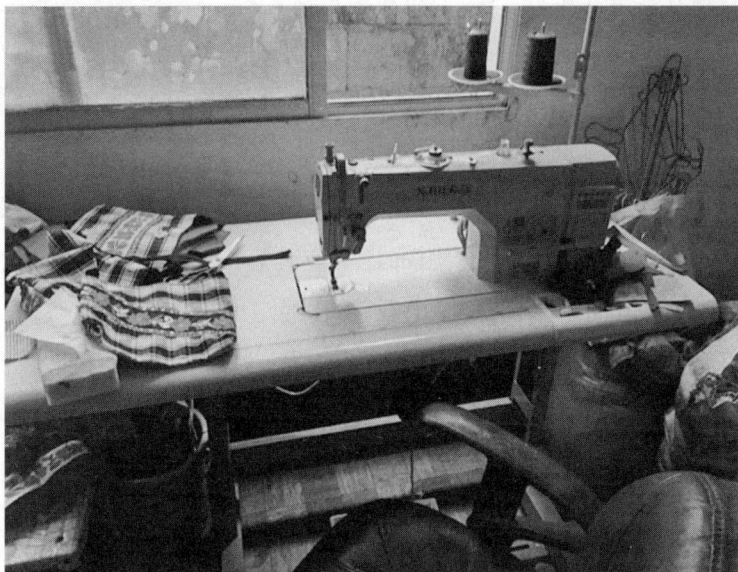

村民在家缝制傈僳服饰

赤恒底农民红歌合唱团

　　从这个案例中可以看出，此路恒从一个行动不便的残疾人，发展成为兼顾民族服饰文化产业与歌舞文化共同发展的企业人，成为"新时代不种地的农民"。他的发展不仅仅是他个人和家庭的发展，也是赤恒底村生计方式转型的体现，更是国家精准脱贫实施成效的见证。

2.精准脱贫工作落实与生产、销售模式转变

近年来,此路恒在驻村工作小组与州、县残联等单位的帮助下,成立了多个合作社,还注册了"云南民族服饰网"。这对世世代代手工织布、缝制傈僳服饰的赤恒底村而言,是服饰发展史上的一次革命。

目前,福贡县50%以上的傈僳民族服装生产加工都出自此路恒的民族服装加工厂。此外,他家的民族服饰还供应到怒江州内外与国外傈僳族地区。可见,此路恒设计、制作的傈僳服饰,已经走出峡谷,走向世界。

近几年,在电视、新闻、网站等多媒体平台都能看到关于此路恒的报道。每当有人采访他时,他常常挂在嘴边的一句话是:"一个人富不算富,要带领村民共同富裕才算富。"此路恒对党和政府心存感恩,他说:"政府部门对我们也很关心,每年还帮我们介绍一些客户。2018年,贡山学校学生的校服就承包给我们做了,这样也为我们解决了一部分产品销售问题。"可见,精准脱贫精准到每一个村民的特点、特长,使很多仅仅靠传统生产方式连养活自己都困难的村民,各尽其能地走上致富路,成为当地脱贫致富带头人。

3.精准脱贫工作推进中的人力资本提升

此路恒被村民称为没有读过大学的"傈僳文化专家"。以往的傈僳村民,织布用的是土织布机,脚踏手动,一线一缕,没日没夜地织成布幅,再手工缝制成适合男女老少穿的傈僳衣服、裙子。过去,织布、缝衣是当地家庭妇女在田地劳作休息与忙完家务之余的事,男人并不介入傈僳衣服的缝制。因此,从女人的活路变为男人的饭碗,此路恒也是从一针一线的学习中开始。他先跟村里的织布能手、缝衣能手学习基本的缝制技术,然后到县城的缝纫店现场看师傅们的技术,也通过电视、手机获取信息。久而久之,成为当地既能剪裁,又能缝纫,还会不断地加以创新的第一个傈僳族服装设计大师。在从学习民族文化到发展成为民族文化产业发展带头人的过程中,此路恒同样不吝啬付出时间、精力与金钱,拜师学艺贯穿了他的一生。如今,他的付出有了丰厚的回报,更以作为榜样引领着村里更多的村民进行人力资本投资,从而成为脱贫攻坚和精准脱贫的主力军。

　　此路恒在他的致富路上，深深懂得掌握服装加工技术的不易，也知道通过这个产业可以致富。所以，自己一边学一边做，同时也不厌其烦地手把手教村民学技术。可以说，目前所有通过从事傈僳服装加工而致富的村民，没有哪一个没有得到过他的传授与帮助。他除了成立民族文化产业相关合作社并培训员工外，还曾多次以培训老师身份培训怒江州境内服装加工厂技术人员。从21世纪初开始的兴边富民，到2014年开始的脱贫攻坚，再到2017年的精准扶贫，此路恒都是重点帮扶对象。当下如火如荼的乡村振兴又拓展了此路恒的民族文化产业发展之路。因此，类似此路恒这样乡村脱贫致富能手的人力资本就是在国家各种扶贫政策下得到逐步提高，并在当下精准扶贫实践中得到进一步提升的。

　　4.精准扶贫与家庭经济状况的改变

　　经过20多年的努力，加之精准扶贫工作在赤恒底村的落实，此路恒一家的生活也发生了翻天覆地的变化。他家盖起了5层小楼，告别了矮小、透风的茅草房。在谈到个人的收入情况时，此路恒总说他每年的收入还可以，并没有透露具体数额，只是说这几年大部分的收入都用于成立合作社、注册公司，也有一部分的收入用于建房。但仅仅从其成立的多个文化产业合作社，以及五层"洋楼"，就可以看出其经济实力。此路恒的家同时也是用于加工民族服饰和办公的地方。

　　如今，此路恒全家的工作重心都放在了民族服饰产业的发展上，基本脱离了农业生产。因此，这几年此路恒家基本没有产生农业生产工具的开销。全家的开销主要花费在民族服饰加工厂的运营上。目前，他在福贡、泸水开了多家民族服饰加工厂分店，故此每年都要拿出一部分资金用于维修、采购缝纫机，以及订购布料、饰品、线等生产资料，进行再生产。另外，此路恒每个月需要给员工支付一定数额的工资。显然，此路恒办的服饰加工厂不只增加了他家的经济收入，同时也为其他村民带来收入。

四、精准扶贫实施中遇到的问题及解决方法

（一）国家对多元化产业资金投资与技术扶持不足

肯叶恒想要丰富经济作物种类，在原有草果种植基础上，适当种植重楼、白芨等中药材，但效果不佳。中草药的种植，由于投入成本大，产出周期长，国家在这方面的扶持力度小。因此，肯叶恒认为如果国家以后能够对中草药的种植进行投入和技术扶持，村民的经济收入会比现在更好。

（二）村民新型产业技能培训尚需增多

由于之前没有经营农家乐的经验，对于肯叶恒来说，目前最棘手的问题是不知道该如何为已列入工作日程的农家乐做宣传。肯叶恒希望相关部门能够从实际出发，给以网络宣传技能的培训。他深知办农家乐不会刚投入就会有利润，需要回头客流量。如今，村里计划开农家乐的农户不少，竞争将会比较激烈，如何能在众多农家乐中脱颖而出，做出各自的特色，让家家都能从中获利，肯叶恒希望政府给予这方面的指导。

（三）村民抵御市场风险与养殖风险能力弱

对于草果销售价格波动大的问题，肯叶恒听说老板卖干草果可以卖到196.5元/公斤，这与农户所卖价格落差极大。如何才能把中间差价装入农户钱袋子中，这是肯叶恒一直在思考的问题，他希望政府和社会各界关注草果销售渠道问题，并给予相应的解决措施。社伍认为目前草果价格不稳定，如果价格高，农民收入就多，反之收入就低。因此，社伍希望国家对草果市场价格加以调控，以免增产不增收而影响村民的积极性。

另外，虽然目前不少村民加入了合作社，但由于当前对畜禽瘟疫的防范技术尚处摸索阶段，而瘟疫具有突发性、不可控性，因而一旦有瘟疫出现，养殖业就会受到影响。因此，需要政府派驻专业技术人员加大对村民畜禽防疫知识

的培训,从而促进养殖规模化发展。只有这样,村民才敢规模化养殖畜禽。

(四)改善交通仍然是精准脱贫中的重中之重

此路恒作为一名残疾人,从一无所有的农民到如今年收入不菲的企业家,其间他付出了很多努力,他也时常感恩党和政府一路上给予他的支持,并尽自己最大能力带动着村里村外的人们走民族文化产业发展致富之路。对于此路恒而言,精准脱贫工作实施中存在的显著问题是交通问题。他开的服装厂每隔一段时间都要进布料、线等材料,还要给一部分客户送服装,在一进一送之间,就更需要便捷的交通做保障。然而,精准脱贫期间,正赶上修建"怒江美丽公路",这两年从六库到福贡、贡山的公路三天两头堵车,这就影响了服装厂的送货进度。从而影响了服装厂的整体经济效应。但他相信再过几年,怒江美丽公路一定会畅通无阻,民族文化产业一定会发展得更好。

五、赤恒底村脱贫状况

2018年1月30日,经过上级部门的严格考评审核,赤恒底村实现了脱贫出列,摘掉了贫困村的帽子。截至2020年11月,赤恒底村有9个村民小组,农村常驻居民522户2290人,其中,建档立卡户241户1033人,已全部脱贫,贫困发生率清零。脱贫指标为包括村脱贫出列7条标准和户脱贫5条标准,以下为赤恒底村脱贫出列情况。

村出列7条标准达标:1.贫困发生率:2020年3月,2户5人易地搬迁户顺利入住,贫困发生率清零。2.交通:到村委会驻地和各村民小组已通硬化路。3.电力:所有村组已通10KV生产生活用电,完成娃底片区(村委会所在地)380V农网改造升级项目。4.广播电视:9个村组全部通网络电视和村村通卫星接收广播电视。5.网络宽带:村委会、学校、卫生室以及9个村民小组已通宽带网络。6.医疗设施:全村有标准化的农村卫生室1个,有专职医师2名,基本药品配备齐全。7.活动场所:全村共有6个党群活动室,分别为娃底组、密丁戈组、王咀组、旺然组、亚朵组、干老布组,建有7个篮球场。

户脱贫 5 条标准达标：1. 人均纯收入。2019 年底，全村人均可适配收入为 9842 元，超过国家规定 3750 元标准，实现了贫困地区农民人均可支配收入增幅高于全国平均水平。2020 年 11 月，人均纯收入为 11682.27 元；2. 住房安全。2020 年 5 月，全村共申报 52 户危改对象，其中，粉刷内墙和门窗安装 3 户、修缮加固 3 户、墙抬梁处理 14 户，新建钢架房 1 户，6 月中上旬可全面改造完成，其余农户住房安全已达标，预计到 6 月中旬，该条指标达标。3. 义务教育。2020 年 5 月，全村有 2 个学前点，分别为娃底学前点和王咀学前点。全村共有学生 383 名，其中，学前班 74 名、小学 170 名、初中生 87 名。高中生 32 名、十四年义务阶段外学生 12 名。4. 基本医疗。全村有标准化的农村卫生室 1 个，有专职医师 2 名。5. 饮水安全。2018 年，赤恒底村实施了安全饮水工程项目，所有农户已通自来水，饮水水源有保障，取水半径满足国家规定要求，不超过 800 米，水质水量达到规定标准，已实现农村饮水安全有保障。①

虽然，目前赤恒底村已全面脱贫，但仍需关注村民因病返贫、因教育返贫等问题，从而在脱贫巩固阶段，找准问题并做出相应对策，稳住村民增收，真正实现脱贫致富。

---

① 参见：《赤恒底村驻村工作队 2020 年度总结》《赤恒底村村情贫情》，村委会提供，2020 年 11 月 26 日。

迪政当村精准扶贫落实中的家庭发展案例分析

高志英　　和肖文*

一、案例一:积极谋致富之道的能人陈氏三弟兄①

在迪政当村,以家庭经营方式尝试发展多种产业,以陈氏三弟兄为代表。老大陈永华,1979 年出生,初中毕业,目前担任迪政当村支书,孩子有二女一男。老二陈永群,1981 年出生,家有妻子与三个儿子。老三陈建荣,1985 年出生,家有妻子与一儿一女。陈永华与母亲、三弟一家一起生活,陈永群夫妇独自生活,但大家一起种地、挖药材,一起各尽其能地经营客栈与旅游业。以下主要从陈永华三弟兄的个案呈现当下独龙人是如何利用国家精准扶贫政策,改变家庭经济状况的。

(一)精准扶贫实施与生计方式转变

陈永华家每年按照农时安排分别种植有玉米、荞子、土豆、黄豆。就像很多独龙人家一样,陈永华家的农作物不对外出售,主要用于自家食用、酿酒和喂牲口。这是因为很多山地退耕还林了,粮食收成数量与种类减少,没有多余的粮食可以出售。而且,因为断断续续游客住店,荞面粑粑与玉米稀饭都作为

* 高志英,云南大学特聘教授,云岭学者,博士生导师,主要从事中国西南与东南亚民族文化研究;和肖文,云南大学民社学院民族学专业硕士研究生,主要研习中缅北部跨境民族文化。

① 材料来源于多年的跟踪调查,以及个案访谈。最近访谈时间 2018 年 11 月 22 日—23日,访谈人:张劲夫、和肖文。

特色美食,给家庭带来一些收入。包括母亲与两个儿媳在房前屋后种植的蔬菜,也是留给游客吃的。所以,他们家种植业的成果,开始与客人分享了。

陈永华家的家畜家禽有鸡、猪,一般也不主动出售,大部分由自家人食用。只在村民或下乡工作队前来购买时才出售,因母亲有饲养经验,每年卖的鸡与鸡蛋还是不少,也有三四头小猪出售。每年杀两三头年猪,除了请亲戚朋友吃杀猪饭外,多数都腌制成腊肉,有游客住客栈时是一道美味。但是就目前来看,养殖业在陈永华家的生计模式中也尚未体现出明显经济效益,但和粮食作物一起构成了陈永华家的饮食结构。未来在独龙江乡公路全面完善之后,预计大量涌入的游客将会是本地品种家畜家禽的有力消费者,届时养殖业将成为陈永华家的重要经济来源。

一进迪政当村,最显眼的客栈便是迪政当村村委会旁白忠平所开的"辛梦缘"客栈。陈永华与陈永群兄弟俩也曾于 2014 年 9 月—2016 年 5 月在村中承包村委会附近的房屋经营旅店,而且将陈永群的独龙新村房子一套与老房子里的几间腾出来作为客栈。因为交通原因,游客少,虽然每年都有收入,但是生意并不稳定。在 2016 年 5 月,陈永华的妻子不幸离世,租房开的客栈也随之关闭。目前收入因年份、月份差异大,但随着未来怒江与独龙江乡公路条件彻底改善之后,特别是修通计划中的贡山机场之后,自然景观与民族文化独特的独龙江将迎来大量游客,独龙族的旅游业蓄势待发。陈永华准备抓住机会,使旅店重新开张,提高经济收入;陈永群则计划在客栈装修方面突出民族文化元素,并搞一个小小的民俗博物馆,希望从现在的简单的劳动力投入给客人食宿、导游兼司机,向民族文化旅游转变,以期突出特色,提高服务质量,增加经济收入。

像大部分村民一样,陈永华也曾外出务工,只是不像一般的村民一样到省城打工,而是在 2016 年 2 月至 5 月中旬到广东省珠海市润星泰配件厂打工,主要工作是打磨汽车零件。不错的工资待遇使得陈永华想继续在配件厂多工作一段时间,但由于妻子突然离世,不得不回到了家乡,承担起养育和监护儿女的义务,从此便再没有机会外出务工。其弟弟陈建荣在昆明中专毕业之后,不想回来务农,就去成都务工,曾被骗进传销组织两年。后来设计脱身,又娶了陈永群舅子的遗孀,从此安心在独龙江当农民。务工对于普通独龙族人民而言,一方面可以获取远高于村中务农所带来的经济报酬,另一方面又可以开阔视野,亲自获取外部信息,学习技能,加快对现代社会的适应。

(二)精准扶贫落实与经营管理机制转变

从1980年开始持续到1998年省委民族工作队进驻之前的扶贫,可谓是"一刀切"的粗放式扶贫。之后,又经历安居工程、兴边富民、整乡推进整族扶贫、扶贫攻坚、精准扶贫、乡村振兴等一系列扶贫政策的落实,越来越走向精准扶贫,使其经营管理机制也随之发生明显变化。

独龙江木材资源丰富,政府制定了未来大力发展木雕业的计划,并为此进行培训专门人才。2015年,云南技师学院招收大量独龙族青年男性学员到剑川办学点学习木雕,准备大力发展木雕产业,带动怒江州少数民族,特别是独龙族群众尽快脱贫致富。当年夏天,由独龙江乡政府组织,陈永华及一些村民前往剑川县进行木雕培训。2018年,陈永华及另外49名独龙江乡村民再次前往云南省昆明市安宁技师学院进行木雕培训。据陈永华说,两次木雕培训都对他带来了很多帮助,培训过程很充实,培训老师很负责,让他在这个经历中不但收获了技术,还打开了很多思路,同时他希望这些技术和思路会对他日后的生产生活状况带来大的改变。他说,目前主要是学技术,还没有跟独龙族文化结合起来。他自己将慢慢思考,尝试雕刻出具有独龙族文化特色的木雕产品。他认为,不用砍伐树木破坏森林,只要用心,捡一些洪水、泥石流冲下来的树根就足以雕刻出游客喜欢的木雕产品了。所以,还希望有专家指导如何将独龙族文化用木雕产品呈现出来。

2016年,政府聘请楚雄彝族绣娘到独龙江教授独龙族年轻妇女学习刺绣,希望能够组织妇女们以刺绣合作社的方式发展刺绣与独龙毯工艺相结合的文化产业。但一是游客尚少,二是独龙族的特色是以麻线、棉线加工的,颜色鲜艳如彩虹的独龙毯,如何将彩色的独龙毯工艺与机绣技术相结合,还没有找到合适的突破口。因此,刺绣技术学习了,但还没有什么经济效益。一有空,家里的女人都习惯于织独龙毯,但是销售是被动式的,即客人来了,喜欢了就买一床。如果没有客人来,就销售不出去。但是陈永群客栈客人相对较多,销售的机会也较多,因而有村民寄售。村里每个小卖铺,也都有寄售的独龙毯。或许在未来会形成一条产销链。

2017 年,政府又聘请昆明饭店厨师来独龙江教授厨艺,也仍然是昆明大饭店的厨艺、食材与菜谱,村民们并没有能够将厨艺与独龙江特有生态食材结合起来,甚至放弃了传统的采集山茅野菜,转而用从市场购买的蔬菜加工给客人吃,远方的客人当然也就留不下来。而陈永群两口子偶尔给客人熬一锅玉米稀饭,打一桶漆油茶,煮一锅山茅野菜,倒一杯自己熬制的葛根酒,倒是很受欢迎。因此,开发出富有独龙族特色的饮食文化,并将全家男女老少或群落相关人员形成旅游产业链,以合作社的方式经营管理,将越来越有必要。

2018 年 2 月,由政府提供重楼种子,陈永华三弟兄和其他村民一起,以合作社的方式进行除草、施肥、自我管理。迪政当村选出了村中土质及位置比较好的三家人的土地共三亩作为集中育苗地,等到育苗结束后将分发给村民。目前,人工种植的重楼,因为生长周期长,还没有见到明显的经济效益。

另外,陈永华一家也种植花椒,养殖猪、鸡,都是以家庭兄弟间合作的方式进行。虽然分了家,政府也分配给三套独龙新居,而且分工不同,陈永群主要负责旅游业,陈永华负责外联(以前当村领导时的熟人多),陈建荣与女人们负责种植、养殖,但是仍然一起种地,一起挖药材,一起分享劳动收成。因此,在迪政当,乃至整个独龙江跨家庭的经营管理机制尚未出现。

(三)精准扶贫与家庭经济状况改变

上述可见,陈永华家的经济收入从无到有——以往的种植业与养殖业产品产量不多,只能满足自家消费,而且他们也不习惯销售;如今不再依赖于传统的种植养殖业,而是转向兼客栈、导游、背夫与司机一身的家庭旅游业,而季节性采挖贝母、黄金果与重楼则是家庭经济的大宗。家电种类较多,现代家电一应俱全,与城市居民生活的差距越来越小,农村居民的生活水平离现代化越来越近,这从侧面反映了国家扶贫攻坚的成效。

每年五六月或六七月,陈氏三弟兄就随同村村民一起上山挖野生贝母和野生重楼,根据运气好坏、体力情况等因素差异,可以挖掘出数量不等的药材,获利两三千元到两三万元不等。估计在重楼的挂果期到来之前(还需要四五年),这样的采挖生活还会持续几年,不过越来越难挖了。但随着独龙江公路的全面开放,旅游业的到来势必会给以陈永华为代表的迪政当村民新的谋生手段,那时即便重楼尚未挂果,也不再需要以安全获取利益了。

除了管理家中粮食作物和协同村民种植经济作物之外,陈永华还由当地林业部门和外事办分别指派担任森管员和界务员。此外,当地财政局每年还为陈永华一家发放边民补助,加起来也不少。弟弟陈建荣担任云南大学村民日志记录员,每月也有 1000 多元的收入。这三部分收入构成了陈永华家主要的资金来源。由于熟知独龙族文化及当地地形,陈永华每年还会为来独龙江进行调研或拍摄的团队和个人担任向导或翻译,这部分收入属于不稳定收入,受客观因素诸如来访人数和天气情况影响,以 2017 年冬天为例,陈永华因担任向导、翻译获利数千元。这些现金收入给陈永华的家庭带来了显著的改变,随着收入的提高,他们不用再担心子女的生活费与零花钱问题,也可以为自己的未来发展做一个良好的规划。

有收入当然也存在支出,2018 年,由于女儿陈北运生病,陈永华带其到云南省怒江州六库县的州医院看病,花费数千元,这对于陈永华而言是一笔不少的开支。但由于国家精准扶贫到位,这次支出并没有使他对生活产生巨大压力。由此可以看出,整体而言陈永华家的经济状况还算良好,并未出现入不敷出的情况,甚至还有结余。陈永华与陈永群告诉笔者,等到旅游业在独龙江兴起,他们会抓住机会,利用手里的资金大干一番事业。

二、案例二:教育帮扶下退学再复读的学子陈学龙

陈学龙,1995 年 12 月出生,毕业于云南农业大学。其父陈荣,1960 年 8 月出生。其母太王 1960 年 1 月出生。父母都在村中务农。我们通过访谈陈学龙①,了

---

① 访谈时间:2018 年 11 月 25 日,访谈人:张劲夫、和肖文。

解到他们家庭的经济生活状况。特别是他考上大学后因专业与家庭经济原因而辍学，又得到国家教育扶贫政策扶持获得农村有用专业学习机会，而又迈进大学之门。这在迪政当独龙族中比较典型。

（一）精准扶贫实施与家庭生计方式转变

陈学龙家现有的土地主要种植的是玉米和土豆，主要用于自家食用、赠送亲朋好友和喂养牲畜。陈学龙说："我们上半年吃土豆，下半年吃玉米。"可以看出陈学龙家的粮食作物品类较为单一，但是总产量足以维持一家人的饮食所需。

此外，在政府号召下，陈学龙家和迪政当村村民一起种植了经济作物重楼。政府提供了重楼种子，正处于第一、第二年育苗阶段。按照标准，政府规定等到育苗结束后，每家最起码要种一亩，有能力可以多种。除了重楼之外，2014 年，陈学龙还跟姐夫白忠平通过国家帮扶而种了 10 亩左右的草果。但由于迪政当村海拔较高，不像大范围种植草果的独龙江下游村落一样温暖，导致草果产量不高。普通的草果要四五年才会挂果，到 2017 年陈学龙收获了少量草果，又因收购商出价较低，所以还囤着没有卖。但最大的经济收入的希望还是适应独龙江北部气候的重楼。如果像南部的草果那样丰收，那么这种经济作物每年将会产生很好的经济效益，这对陈学龙家生活水平的提高将会有相当显著的作用。

据陈学龙回忆，他家小时候有牛羊，他六七岁时就天天赶羊放牛。在不通公路的马帮时代，陈学龙家还养了几只骡子驮运物资。他自己也跟着父亲跑运输，但只从村里到龙元之间的路程，再远父母就不让他走了。初中三年级之后，村际公路与县城的新公路通了，马帮逐渐消失，骡子也卖了。因为姐姐嫁人、陈学龙读书，羊缺人看护，就被狗熊吃了。陈学龙家通常一年杀两头猪，其中一头卖了用作陈学龙读书的生活费，另一头作为年节肉食享用。家中还有鸡，有人来收购就出售，大部分是待客或者年节时享用。

陈学龙从考上大学、辍学、复读，也是一个不断为家庭做贡献的过程。第一次考上的是三本学校，学费很高，当时国家对教育的扶贫力度也不大，而且所选专业也在独龙江没有大用,就退学回来,一边务工一边跟姐夫一起为开客栈做准备。到 2016 年,云南省政府跟很多大学挂钩免学费接收学生接受职业技术教育,近年还有到德宏、大理、临沧,以及远到珠海的挂钩学校读书。怒江学子就在这样的教育扶贫全面铺开背景下,以比较低的考分,以及全免学费的优惠条件进入大学学习。陈学龙就是在这样的机会再复考、复读进入云南林业学院,学习园林管理专业,希望待独龙江发展旅游高潮到来之时,可以学有所用。

陈学龙读书不但不需要家人给零花钱与生活费,相反利用自己的努力反哺年老多病的父母。入学前,通过高志英老师调研团队的推介,卖出去 20 多床独龙毯。每一床独龙毯他得 100 元的代销费,购买读书生活用品与交通费已经绰绰有余。他在昆明读书的过程中认识了很多朋友,基本上每年寒假都出去务工。第一次出去是因为在学生会的 QQ 群里看到招工信息,于是就在2015 年底和一个昆明理工大学的学生共同前往广东佛山打工。当时去到一家空调厂上班,主要工作是制作配件主壳铁。可能由于陈学龙是学生,老板每天给他安排的工作时间超出了社会平均工作时间,但当时的陈学龙并未在意,而是一心想着多赚些钱。干了五十天左右,收入 6000 多元。他说这是他父母种地辛苦一整年都达不到的收入。他把第一个月工资拿来过年,又用第二个月的工资买了笔记本电脑用于学习制图设计。这样,全家年关过得很富足,也没有因为买电脑而增加家庭负担。

2017 年,有经验的他跟招收寒假工的企业合作,带了 10 个人过去(其中独龙族 4 人,傈僳族 2 人,其他的是汉族、佤族和拉祜族),获取了三四千元提成。收到提成后,出于民族情谊,陈学龙请同去的 10 个人吃饭和唱歌,花了大半提成。同年,他还在深圳德普特公司工作,专门给华为手机公司做配件,累计务工一个月,每天的工作时间依然超出了社会平均工作时间,但是这次的工作比较轻松,最终赚了 4000 多元。加上平时打零工,以及销售独龙族土特产如独龙毯等的收入,每个月还是有一笔对于学生而言是不小的收入。对于未来的职业规划,陈学龙是想毕业后考上怒江事业单位回去发展,当然如果昆明有就业机会的话他也会考虑留在昆明,因为觉得在昆明赚钱机会多,也能够学到更多东西。

陈学龙的母亲像大部分独龙族妇女一样,熟悉独龙毯的制作程序,每天都花一些时间坐在自家简陋的纺织机前,用传统的手法编织独龙毯。日积月累,现在家中有七八床独龙毯,有一些已经被陈学龙卖掉了。等到大量游客来到独龙江,独龙毯销售价格提高,将成为家庭的一项更为重要的收入来源。

但是,自从陈学龙父亲生病以及母亲年老不能远行从事收入较高的挖草药劳动,家庭经济收入大大减少,而致使家庭屡次脱贫又返贫的情况来看,下一步精准扶贫需要有针对不同年龄群体与劳动力素质的合适的工作机会,如编织竹器、独龙毯等手工艺合作社,将这些劳动力组织起来,并通过合作社实现生产与销售的规模化效益。

(二)教育惠民政策与人才培养

陈学龙一年级至四年级在迪政当小学读书,五六年级到贡山县省定民族完小读书,初中又回到独龙江乡三乡九年一贯制学校,高中则考到了贡山一中。2013年高中毕业后他在云南大学旅游文化学院读了一年,因学费太高退学回到县里复读。他平时喜欢读书,想着要坚持读下去,但校长不打算要他,三乡九年一贯制学校的校长帮他说情之后才收他复读,后来也没收他的复读费。2015年,他考取大专,到云南林业职业技术学院园林专业读书。2018年,陈学龙专升本来到云南农业大学就读,继续攻读园林设计专业。在教育扶贫政策的帮助下,学费和生活费都有了保障。特别是他脑子灵活,有闯劲,务工赚钱不但支撑自己读书,还反哺家庭。

因为陈学龙父亲残疾和建档立卡户的原因,2017年县扶贫办、县残联、乡政府、县民政局、县检察院、县税务局等各级部门分别为陈学龙提供了助学金、残疾子女教育基金、教育扶贫基金、建档立卡户子女教育基金、扶贫挂钩户教育扶贫金,在校期间陈学龙还享受到了一等国家助学金。

对于政府的一系列精准扶贫"扶智"政策,陈学龙评价说:"如果没有被评建档立卡户,我也不会继续读本科。精准扶贫实施挺好的,没有不满意。以前觉得没有落实到需要的人身上,后来落实到自己身上后,觉得很好。没有享受到的人会觉得有问题,但从我本人来看,至少给学生带来了好处。"陈学龙觉得,近年来迪政当村村民对教育更加重视,迪政当村成为独龙江乡出大学生最多一个村子。他认为这首先是国家教育扶贫政策,其次是父母的教育观的转变,还有学生自己努力的结果。

(三)因病返贫者对精准扶贫的期待

陈学龙的父亲陈荣以前是村里种地、射猎与采集能手,还会赶马帮。母亲非常勤劳,一年到头、一天到晚都不舍得休息,不是在挖地,就是在打猪草,或是织独龙毯。加之只有陈学龙的姐姐与陈学龙两个孩子,因此,那个时候经济收入与生活条件,在村里属于比较好的。陈荣2007年在义务修公路时被石头砸到了腿,左腿残疾,做了两次手术。尽管有合作医疗,而且怒江州农民被减免交医疗费,但是一次看病、一台手术下来,没有能够报销的费用过多,所以成为因病返贫的典型户。

陈学龙高三毕业后的2013年,其父陈荣到县里医院做了第一次手术;2018年4月他在昆明解放军医院又做了一次手术。开客栈的姐夫白忠平贷款帮忙交医疗费,姐夫与陈学龙一家都不堪重负。还好后来募集到了一部分资金,也有亲友帮衬得以勉强维持治疗。父亲前后换了4家医院才得以完成手术,现在左腿上都是缝针的伤疤,不过比起刚开始残疾时好多了,但劳动力已再难恢复到以前。

如果陈学龙父亲不生病,姐姐与姐夫开客栈,父母种粮食、重楼,养猪养鸡,母亲织独龙毯,加上国家近年各种名目的扶贫项目,家庭不至于一次又一次沦为贫困户。根据跟踪调查,类似陈学龙家因为有重病、慢性病的拖累,外出看病一次就是一次家庭经济的硬伤,过三五年才能缓一口气。如果再次生病办理住院手续,就又再次返贫。而且是沦为村里或整个民族的贫困户的最底端,如果没有教育扶贫政策与爱心人士的资助,[①]陈学龙要继续读书根本就

---

① 中国社会科学院民族学所原书记张新昌给过陈学龙学费、衣物等帮助。

不可能了。

目前政府以安排森林管理员与界务员的方式补偿退耕还林后无地耕种的村民,每月固定发工资,也发服装。但由于身体原因,陈学龙的父亲无法担任森管员和界务员,因此,陈学龙家的现金收入只是财政局每年发放的边民补助和民政局每年为陈学龙家发放的低保。虽然现金收入和实物收入较少,但是由于陈学龙受教育扶贫政策扶持与爱心人士帮助,以及陈学龙自力更生,再加上姐姐姐夫的帮衬,无论是家庭基本生产生活,以及父亲看病,陈学龙在昆读书,都还能够基本维持下去。否则,一家人就难以为继了。而影响他们家脱贫最大因素是父亲腿受伤后的多次住院做手术,因此,以后的精准扶贫中还需要更有针对性的扶贫政策,从而杜绝因病返贫问题。

针对上述问题,在"十三五"规划下,中央和省级财政不断加大对云南省民族地区医疗卫生、就业、住房、社会保障力度。因此,迪政当村全面建立基本医保、大病保险、医疗救助、医疗费用兜底"四重保障",迪政当村易地搬迁任务全面完成,4类重点对象农村危房改造任务已全部"清零",基本完成了加强基本医保主体保障功能的任务,从而发挥医疗救助对贫困人口的托底保障作用。目前迪政当村贫困群众已百分之百参加基本医保和大病保险。

三、精准扶贫实施中存在的突出问题

在上级政府大力扶持下,通过"整族帮扶"等一系列的扶贫工程,独龙江乡扶贫工作确实取得了突破性的成效,特别是对独龙族家庭来说影响至深,明显改变了他们的生活方式和物质条件。如对龙睿超来说,受惠于政府扶贫政策,能够支撑他们家庭和姐妹读书学习。当然,由于受主客观因素影响,扶贫之路并非坦途。

(一)整族脱贫与个别贫困并存

因独龙族贫困人口比重大,贫困程度深,难以在短期内得到彻底解决。党和人民政府整合全社会资源于独龙族脱贫,特别是因在基础设施改善、产业扶贫等方面的突出成就,而使独龙族整体上实现整族脱贫。但因区位、交通,以及脱贫主体个人的能力与素质等代际、性别、学历差异等多方面因素,实现人人脱贫是很困难的,持久脱贫就更难了。如老一辈独龙族村民的思想封闭、僵化、保守、胆小还是比较突出,任何产业扶贫项目也不敢尝试。

在整族脱贫中还得注意因病返贫和意外事故返贫,后者既有人的意外事故,也有大牲畜的意外事故。所以,对于独龙江时常发生的这一类问题,更需要通过精准扶贫来防止返贫。

(二)项目资金整合及集中力量发展产业难度大

各部门在项目规划、资金安排和组织实施过程中,难以做到统一规划和统一实施。受访人陈学龙认为,政策实行没有像书面文件上说的那么精准,扶贫变成了短期的工作,没有长远的计划,导致很多家庭扶贫就富一年、不扶贫就返贫的状态,当地政府应该着眼于产业化扶贫。但是身为一个受到政府扶贫政策照顾的独龙族大学生,受惠于精准扶贫的建档立卡贫困户政策,教育上他受到了很大的帮助,家里的负担也减轻了。

(三)村民市场博弈能力与意识不足

长期习惯于在熟人社会与非商品经济社会生活的独龙族,较少以法律手段维护自己的权益。做生意、办事情,你好我好大家好就好了,最后造成彼此不愉快的事情也时有发生。

如陈氏兄弟经营的客栈,如果客人不问价钱,他们也不会讲价。碰到自觉的客人还好,会自觉地留下该留下的住宿费、伙食费与车费等。但是碰到不自觉的,就成了被骗吃骗喝的冤大头。陈永群曾经带一群内地老板去缅北考察,辛辛苦苦的导游费、背夫费被赖债一年多,至今老板都杳无音信。不但他自己得不到一分钱,还要给被他邀约的村民劳务费。一个多月下来,还倒贴五六万元。

独龙江南部种植草果丰收了,但是村民并不跟市场对接,也无合作社负责此事。因此,在草果种植、收购到销售环节里,收益最小的是草果种植者。特别碰到市场价低迷的年份,就变成增产而不增收。因此,需要政府拓宽销售渠道,也需要村民逐渐培养博弈市场与维护自身权益的能力。

(四)新型产业门类还比较单一,抵御市场与自然灾害风险能力较低

虽然有"南草果、北重楼"的经济作物种植结构,并且辅之以花椒等种植,以及独龙牛、独龙原鸡,本地土猪等饲养业,以及养蜂业,但除了南部的草果之外,尚未形成气候。这就好比很多鸡蛋放在一个篮子里,风险很大。

根据陈永华的反映,某些精准扶贫政策没有落实到位。主要的问题在于缺少固定收入,在独龙江乡难以开展养殖业,无规模、无技术;重楼种植要三四年才见效,如何度过空白期是个问题,需要国家帮助村民通过各种方式获取一定的经济收入,并保证家庭开支。

(五)民族传统文化的挖掘与保护力度不够

此外,旅游业的开发与传统民居建筑的保护存在冲突,陈永华认为传统建筑也是少数民族文化,因而不能舍弃。为了让村民搬迁到新农村安置房,木当、向红小组的老房子被拆迁了,并且只给每户 500 元补偿。正确的做法应该是摆事实、讲道理,用心说服老百姓迎接新生活,而不是把主观意志强加在老百姓身上,还拆除了兼具历史记忆和文化价值的传统木楞房。

又因民族传统文化的挖掘、保护不够,就把发展产业变成邯郸学步。如参加木雕培训,接受的是剑川白族木雕师傅的技术与文化;参加厨艺培训,学习的是昆明厨师的烹调技术与文化;参加刺绣培训,接受的是楚雄彝族的刺绣技术与文化。技术学到了,也学到了其他民族的文化,但恰恰把自己的文化搞丢了。这样发展起来的产业所生产的旅游产品也是同质化的产品,难以形成市场竞争力。

因此,为了优化上述的问题,迪政当村村委会和村民正在有意识地宣传自身的特色文化,村书记陈永华联络独龙族最后一位"那木萨"(巫师)积极开办

"卡雀哇"节,从而宣传独龙族的传统文化,祭山神仪式和"剽牛祭天"仪式非常深入地挖掘了独龙族的传统文化,"卡雀哇"节作为中国的非物质文化遗产保护项目,是弘扬和传承民族文化,宣传旅游文化资源,展示贡山旅游品牌形象的重要文化节日。此外,以村民白忠平为代表的迪政当村村民,以"抖音'ID'独龙族独立松"拍摄具有独龙族文化的短视频来宣传独龙族文化。因此,独龙族在今后应当继续挖掘传统文化,用大力的宣传来提升文化竞争力,以文化振兴来带动乡村振兴各个方面的发展。

乡村能人带动下的南溪式产业振兴个案分析

和晓蓉　李继群　张宁[*]

一、村落能人与乡村产业振兴

我国过去 40 年间发生的深刻社会变革,特别是城镇化运动的不断发展,已经完全改变了中国乡村的图景。随着青壮年劳动力的大量转移,土地荒废,农业经济衰退,空巢村、老人村、留守儿童村大量出现。农民离开乡土不仅造成了乡村日益凋敝,同时也没能改变城乡差距大的问题,大部分农民依然没有能够走上富裕之路。正是在这样的现实背景下,党的十九大报告提出了"实施乡村振兴战略"。

从现实背景分析到产业振兴战略出台,一个非常核心的问题就是农民必须回归乡土。以上的报告中,我们业已提到,如果不解决空壳与空心这个"两空问题",则乡村振兴无从谈起,产业振兴也成无源之水。

然而,对许多从乡村中走出来的人来说,当年离开乡土也是不得已的选择,如今,再要回去似乎也不是那么容易的事。网络上有一句非常流行的话,道出了许多人离乡背井的辛酸:我是一个搬砖工人,抱着砖就无法抱住你,我放下砖就无法养活你! 如果留在乡村就能为家人谋求富裕的生活,谁愿意离开? 或者说真正实现了"让农业变成有奔头的产业、让农民变成有吸引力的

* 和晓蓉,云南大学民族学与社会学学院副研究员、硕士生导师,主要从事民族文化传承学及佛教等研究;李继群,云南大学民族学与社会学学院讲师,主要从事生态人类学、纳西族历史与文化等方面研究;张宁,云南大学民族学与社会学学院硕士研究生,主要从事民族宗教研究。

职业、让农村变成安居乐业的美丽家园",回归乡土就是自然而然的事。那么,什么才叫"有奔头"? 怎样才能"有吸引力"?

在对南溪村的调查中,我们发现村民们对自己所希望生活的设想总会落到"我希望我家和某某家一样"的叙述。村落上的"某某家"是他们可以真实看到的未来,也是吸引他们奔过去的真实目标。这些"某某家"不是随便挑出来的,正是村里都认可的"能人"。这些能人不仅能够靠自己的能力挣下大房子小车子,也能够在村里带动更多的人走乡村振兴之路。

二、典型案例

和尚贤,男,48 岁,纳西族,南溪村村委会旦前组人。家里有兄妹五人,一个姐姐,两个哥哥,还有一个小妹妹,自己排行老四。兄弟姐妹成立自己的家庭后,按照纳西族的传统,作为小儿子的和尚贤承担了赡养父母的责任,如今,父母都已因病去世。

和尚贤的父母是典型的农民,由于家里孩子多,家庭并不富裕,和尚贤也只上了小学二年级就不读书了。一大家人的命运转折发生在 2000 年。

这一年,和尚贤的妹妹从南溪村嫁到了丽江大研古城,妹夫是出租车司机。两家人来往多了,和尚贤也冒出到丽江城里务工的念头。当时,南溪村鹿子村小组已经有人到城里跑出租车,而且在与妹夫的交流中,和尚贤也了解到跑出租的收益比较高,于是他毅然前往城里跑出租车。他算得上是南溪村第一批前往丽江城里开出租车的村民。后来村里很多人都是在他的带动下,下山经营出租车生意,这其中也包括他的兄弟姐妹。

刚刚去到丽江城里,根本没有钱购置出租车及牌照,和尚贤最初是以 2800 元/月的价格承包了一辆出租车。当时,丽江的旅游业已经呈现发展的势头,所以平均下来一天能赚到 140 元左右,除去汽油钱、承包费以及租房、吃饭等基本生活成本,一天能有 70—80 元的利润。这样一个月就有两三千元的收入。这对靠洋芋种植养家的人来说,已经是非常可观的收益了。

就这样干了两年,和尚贤对出租车行业有了更深的认识,于是花费了

122800元购置了一辆手续齐全的出租车及牌照。这辆出租车当时已经只剩7个月的使用期,是一辆马上就要报废的车。此时,和尚贤让妻子赶快考取驾照,与他一起在古城里经营出租车生意。他自己坦言,这辆车就是给妻子拿去练手的。2004年,这辆车正式报废。和尚贤与妻子决定贷款买车。出于对行业的了解,做出这个决定,他们还是有底气的。但是当时贷款的手续并不好办,于是和尚贤发动村里的兄弟姐妹及亲戚朋友,这家贷5000元,那家贷8000元,终于才凑齐了买车的钱。这次和尚贤是花费了99800元购置了一辆捷达车,加上购买保险、车辆装饰等费用,总共是12万元左右。从为了买出租车牌照而买一辆即将报废的车,到现在他正式拥有了属于自己的出租车,25万元是花出去了。

2007年,和尚贤和妻子互相搭档着跑出租车,终于还清了全部的贷款,而且还有能力再次购买新车,这次他买了一辆价值10多万元的"桑塔纳3000"。感觉到经济上没有太大压力的时候,和尚贤的妻子提出想在丽江城里购房。妻子和孩子也跟着在城里多年,一直租住房子也逐渐不方便,关键是这时夫妻俩的收入已经可以承担买房。最后他们选中了位于现在丽江市政府背后的"大研上瑞"小区,买了一套150多平方米的公寓,当时市场价是2900元/平方米,先交了10多万元的预付款,第二年装修房子又花费10多万元。至此他终于成为在城里有房有车的人。

和尚贤说,他和妻子搭档跑出租车,白天妻子跑,晚上他接着跑,车都没有闲下来的时候,就这样日复一日地经营了近10年。他说那时候真的非常辛苦,平时他自己黑白颠倒不说,有时村子里有红白事,他白天就回南溪,晚上再赶下山来开出租。其实,在最开始那几年,他和妻子带着孩子在城里,父母还住在南溪,父母一直在坚持种地,所以每年春耕秋收时,他们都要回南溪帮忙,但是出租车停运就完全没有收入,所以妻子和他也不敢随便就休息,白天忙着种洋芋、挖洋芋,晚上再去跑跑出租车。

2012年的一个夜晚,和尚贤像往常一样到烧烤摊吃夜宵,遇到了同村的和万辉、杨志远。他们三人的情况颇为相似,所以经常在吃夜宵时聚聚、聊聊天。这天,他们聊到了丽江鲁甸乡正在大力发展重楼等的药材种植,讲到高兴处他们三人就决定合伙回南溪村搞个基地种重楼。三个男人决定先让老婆孩子留在城里，白天老婆仍然跑出租，晚上则把出租车承包出去。他们三人说干就干，回到南溪租下十几亩土地，准备大干一场。

重楼等药材在南溪村的山林里就有，但是，种苗一时满足不了大面积种植的需要，所以三人去往鲁甸买重楼苗。他们一腔热血，但是当时对重楼品种并不了解，最后买到了"毛重楼"。毛重楼根不长，也长不大，根本卖不出好价钱。但当时他们根本不知道，于是一次种植了近 7 亩，前后投入 40 多万元，忙碌两年，最后也没有一分的利润，以亏本告终。但他们三人并没有因此放弃。

2014 年 5 月 5 日，和尚贤、杨志远、和万辉合伙注册了"玉龙三音种养殖有限公司"。公司经营项目中注明除了经营中药材的种植外，还进行蜂、羊、鸡的生态养殖。三家人以公司的名义共同租下了 280 多亩的土地，当年除了种植重楼外，还种植了 100 多亩的玛咖。当年玛咖的售卖价格达到了最高，但是和尚贤等三人种植面积太大，管理跟不上，最后赚得也不多。

由于 2014 年玛咖的市场售价高，带动了南溪村的很多村民开始大面积扩大玛咖种植。但和尚贤他们的"三音公司"走的是不寻常路线。他们并不忙着跟风张罗扩大种植，而是考虑在玛咖销售中能否有所突破。恰逢四川泸州老窖的老总来到南溪考察玛咖种植，此位老总多方考察后，并不特别想跟格林恒信这样的大公司合作，最后找到了和尚贤他们，在认真考察和尚贤他们的玛咖种植基地后，最终决定与他们签订订购协议。考虑到对方的诚意，和尚贤他们三人也决定以 2014 年市场价的最低价格与四川泸州老窖公司签订合同，即黄玛咖 160 元/公斤、紫玛咖 360 元/公斤、黑玛咖 480 元/公斤，协议规定在2015 年玛咖成熟时交付总共 5 吨玛咖给泸州老窖公司，泸州老窖公司则预付80%的资金给和尚贤三人投入玛咖种植。村民们听到他们以最低价格签订协议后，都觉得不可思议。但更加不可思议的事情随即发生。

2015 年，玛咖市场突然崩盘，价格一路下跌，最后无价无市。南溪村家家户户堆满玛咖，卖不掉、丢不成。最后，和尚贤他们以 20 元/公斤、30 元/公斤的价格收购村民们卖不出去的玛咖，再进行加工，最后装车运往四川泸州老窖

和尚贤和他的重楼基地

公司。出于对方是否会履行协议的担忧，和尚贤等三人亲自押车去往四川泸州。幸好毕竟是大公司，最后还是履行了承诺。最终，和尚贤他们三人的玛咖售价成为当年市场的最高价。

2015 年，和尚贤等三人不仅忙于玛咖的种植与售卖，同时还开始了第二批次的重楼种植。这次，他们选择在南溪村购买苗子，他们收购了村民在山林里找到的重楼，这是适合当地气候海拔特点的滇重楼。重楼的种植需要一定的周期。

2017 年，他们在 7 亩土地上收获了 3.8 吨的重楼，最后卖给了云南白药集团分公司，价格是 390 元/公斤，一共卖得 140 多万元。除了将长成的重楼卖给药材公司，还以 1100 元/公斤的价格出售重楼的种子，2017 年单这一项就有 6 万元的收入。几年的辛苦最终没有白费。

和尚贤说，他们几个人一直在自学摸索重楼的种植技术。从最初上当受骗买到了"毛重楼"，到后来慢慢能够识别出重楼的不同品种并鉴别优劣，再到现在开始培育重楼的种子，都是慢慢学习摸索的过程。由于南溪的主产作物是洋芋，村镇一级的科技种植培训都没有涉及药材种植方面的内容。

2018 年，和尚贤他们的"三音公司"还有蜂、羊、鸡的养殖收入。单单是蜂蜜，每斤能卖到 70 元至 100 元不等的价格，一年下来有 7000 多元的收入。这一年，除了公司的共同收入外，和尚贤自己还有另外两项收入。一是出租车的承包费。他们三个男人回到村子种植重楼后不长时间，和尚贤的妻子也回到南溪帮他们，这样只能将出租车承包给别人来开。一个月的租金是 6000 元，

和尚贤展示种植的重楼

缴纳各种管理费和保险等以后,一年有 5 万元固定收入。二是卖洋芋的收入,和尚贤和妻子在 2017 年就重新开始种洋芋,由于和尚贤的两个哥哥都在城里开出租,他们的土地也由和尚贤来种植,总共 54 亩。2018 年,和尚贤种植了两个洋芋品种:丽薯 6 号和丽薯 9 号,共 45 亩。丽薯 6 号收获 58 吨,平均售价是 1500 元/吨,丽薯 9 号收获 30 吨左右,平均售价在 1400 元/吨。剩下的 9 亩土地,种植了 3 亩油菜,6 亩的蔓菁和萝卜,这些是自家需要的。

谈及回家种地和在城里开出租车的不同生活,和尚贤说,现在是回家种地好。出租车承包给别人开,自己收租金就有 5 万元,加上种重楼、种洋芋,一年挣 17 万多元。如果单跑出租车,是不可能挣这么多钱的,而且跑出租车压力也很大,一方面现在对出租车行业的管理严了,另一方面城里的生活成本也高,但是种地完全没有这种压力,干活很锻炼身体,心情也放松。

讲到高兴处,和尚贤带我们去看他种的重楼,他小心翼翼地用手扒开土层,让我们看土里正在长大的重楼。他遥指着他们租下的大片土地说,今年(2018 年)又买了 6 万元重楼苗,还在田间修路、拉电线,前后也投下 30 多万元了。马上就要忙完家里挖洋芋、卖洋芋的活计,他们三个已经计划着要给重楼上羊粪了……

可以说,和尚贤的经历完全浓缩了南溪村的产业发展历程。2000 年,不甘于沿袭父辈生活的他走出了村落,在出租车行业里闯荡十余年,慢慢积攒出第一笔财富。2012 年重回南溪种植重楼,2014 年开始种植玛咖,到 2016 年又开始种植洋芋。南溪的土地又回馈给他更多的收获,不单单是经济的收入,还有对未来的种种期许。

三、案例的启示

和尚贤已经成为南溪村的一个典范,也就是南溪的"能人"代表。他的传奇经历不仅造就了个人或小家庭的发展,也在村民中起到了积极的带动作用。这种带动作用主要体现在以下几个方面。

一是产业的带动。和尚贤在 2000 年去到城里开出租车,他并不是南溪村从事出租车行业的第一人,但是现在村里人都说是和尚贤带动了很多人,大家也是有了和尚贤的现身说法才有勇气下山去做自己祖辈没有做过的事情。如果说 2000 年,带动村民离开村落只是为了寻求更高的经济收入,那么,2012 年回乡村开始重楼等中药材的种植,则带动村民走上了一条可持续发展的道路。特别是 2015 年和尚贤在玛咖市场突然崩盘中的自救,更让村民们对他刮目相看,也更加信任他。如今,南溪村种植药材的农户并不少,如和尚贤所在的旦前村小组,家家都种有两三分地的药材。尽管很多人家还未能形成大规模的产业,但是发展的势头已经非常明显。

二是公司模式的带动。和尚贤的成功有个人的原因,比如他身上有南溪村人特有的坚韧不拔和吃苦耐劳的精神,另外他还有着灵活的头脑和敏锐的洞察力。他在出租车行业中激流勇退回到乡村,是因为他看到了中药材种植业的前景,他能在玛咖大涨的形势下冷静地分析市场,也是个人能力的体现。和尚贤和几个志同道合的人成立了"玉龙三音种养殖有限公司",对农民来说,公司的模式是一种挑战。

我们曾经好奇于他们公司的名字:三音公司,最后才知道所谓"三音",就是"三种声音"的简称,他们有三个合伙人,在做出某个决定之前都会有"三个声音"的表达。非常有意味的名字,也表达了三个合伙人对公司模式的深度思考。大家共同出资成立一个公司,但是这个公司不是谁一个人说了算,是要集思广益,是必须要集合大家的智慧和能力,大家是共同承担风险的命运共同体。也正是有了公司的名号,在对外的市场接洽中才占有一定的优势,比如,2015年时与四川泸州老窖公司的签约。

现在南溪的洋芋市场大好的情况下,也不断有村民反映说他们买卖洋芋往往都是单打独斗,自己在村子里"碰"到什么样的老板,就有什么样的价格。所以,单说洋芋的种植,成立"公司"或"合作社"已经成为一种必须。而和尚贤领头的"三音公司"就是很好的示范。

三是和尚贤式的家庭发展历程和生计产业发展历程,带动了勤劳向上的南溪村民,共同建构着南溪的不空景观。

纳古镇能人带领下的
基层党组织振兴个案分析

一、案例选择的理论与实践意义的精要说明

近年来,随着乡村振兴战略的实施,越来越多的"第一书记"入驻农村,扎根基层,负责基层党组织工作,成为乡村振兴发展的主心骨、带头人。2019 年的中央一号文件专门强调,各级党委和政府要提高对实施乡村振兴战略重大意义的认识,真正把实施乡村振兴战略摆在优先位置,把党管农村工作的要求落到实处。农村富不富,关键看支部;支部强不强,关键看"头羊"。乡村振兴离不开基层党组织,广大党员要发挥战斗堡垒和先锋模范作用。驻村第一书记是村级党组织建设的组织者,是群众脱贫致富奔小康的领路人,实施乡村振兴战略,第一书记要勇于扛起责任、提起"精气神",着力发挥"领头羊"的关键作用。

案例中选择的人物,是在纳古镇基层党组织工作 24 年的老党员、老干部。

马恒骧,1963 年生,纳家营人。1980 年高中毕业后,在通海县基层供销社工作,1980—1983 年连续四年参加高考,但均未被录取。1985 年,国家开始注重基层干部的党校教育,1985 年 9 月 2 日马恒骧开始在通海县党校学习。

* 冯瑜,云南大学民族学与社会学学院宗教文化研究所副教授,中国少数民族艺术专业博士,主要从事伊斯兰教、回族文化、海外华人移民等方面的研究;臧思沅,云南大学民族学与社会学学院宗教学专业 2018 级硕士研究生。

1987年开始在县委党校工作。1992年3月2日加入中国共产党。1992年底开始在纳家营工作,1993年1月16日,纳家营召开人民代表大会,马恒骧被推选为副乡长。从1996年开始,进入纳家营党委班子,开始协调管理相关事务。1997年纳家营撤乡进镇,同年3月17日,他被选为副镇长。2001年11月,马恒骧被选为人大主席,一直到2017年退休。

他在纳古镇工作24年,参与党政领导工作15年,通过他的讲述,我们了解到纳古镇从新中国成立前到现阶段的党组织建设的历史,以及在不同的历史时期,党组织发挥着的不同作用。其中主要包括协调五个方面的关系,党与政府、党政和宗教、纳家营和古城两个村、纳古与周围各民族、政府与老百姓。

二、纳古镇党组织一直与纳古镇
人民群众紧紧联系在一起

从1921年中国共产党成立到1949年10月1日中华人民共和国成立,再到1978年改革开放,我党经历了一次又一次的重大转变,纳古镇的党组织建设活动始终跟着党的步伐,并且以党的方针政策、目标以及所取得的成果作为学习的对象,积极执行党的路线。

1938年,以纳子李为首的纳家营有志青年率先向党组织靠拢,为纳家营地下党成立奠定了良好的基础,可以说,纳家营从历史上就是紧紧跟随党的脚步。

1948年,纳子厚、纳本慈、纳启荣等老师加入党组织。1949年呈半公开状态,纳子厚校长任首任党支部书记。

1989年,马恒骧作为镇委工作组成员下乡考察,从那时到2017年退休,他共与10位党委书记共事。

"1992年,县委领导和我讲:你下去以后要发挥你的作用,协调好五个关系:党与政府、党政和宗教、纳家营和古城两个村、纳古与周围各民族、政府与老百姓。我来了20多年都是在这几个方面配合主要领导工作。"

1993 年和 1996 年，纳古镇分别跟周围的村子发生了打架斗殴事件，纳古镇政府和党支部的干部都介入协调当中，马恒骧告诉笔者：

> 那几年我写了很多建议给上面，我说第一，在干部中要教育，要有民族团结观念，要用正确的马克思主义民族观和党的民族政策教育干部，另外要教育广大群众，民族一个离不开一个，谁也离不开谁，闹事双方都应该反思总结。官方更应该总结，没有及时处理，软弱、涣散导致事态恶化。
>
> 我跟县委提一定要在广大干部群众中加强党的民族政策教育，我们同样要教育本族青年，我们的产品全部做出来卖给自己人吗？不可能，我们原料也要向外买，产品也要向外卖，不搞好民族团结不行啊，谈不上经济发展。如果没有其他民族卖原料给我们，买我们的产品，就这几亩田地，拿土来吃都不够。1997 年 1 月 7 号、10 号、15 号、20 号左右，召开了各层次若干次党员大会，书记让我讲，我就引用了一首诗：横看成岭侧成峰，远近高低各不同。要识纳古真面目，必须置身此镇中。既要看到纳古的长处也要看到纳古的短处，本身也要反思自己错在哪里。

马恒骧明确地说明纳古镇的经济不是靠纳古镇自己就能完成发展的，而是与周边的其他民族有着密切的关系，他多次向笔者强调民族团结的重要性，他还表示，协调好周围村民和纳古镇的关系，不仅仅是村民和村民之间的自发行为，政府和党组织要进行正确地引导，这也是党政工作的一部分。

不仅要处理好纳古镇与周边村庄的关系，在内部，也要处理好纳家营和古城之间的关系。在这一方面，纳古镇党组织与政府的方法是建立共同体，不仅要有共同的经济，而且还要组织共同的学习，共同举办活动，让古城与纳家营相互交融，以经济带动老百姓的互动，政府协调老百姓的经济利益，用文化活动和宗教活动来增进群众之间的感情。

纳古镇的大部分群众是信仰伊斯兰教的穆斯林，如何处理党政与宗教之间的关系，也是非常重要的，马恒骧说：

我虽然出生在传统的穆斯林家庭,但是我也是新时期的青年了,属于"生在国旗下,长在新时代"了嘛。我们这儿嘛,情况特殊一点,但是也有方便的地方呢,我们借各种大会的机会去工厂里,或者是去清真寺过节的时候,平时礼拜的时候,就回去寺里面去宣传我们的党组织,也会给年轻人和村民普及一些政策和党的知识。

马恒骧一直坚持,党政应该向百姓服务,并且要利用良好的经济发展来增强老百姓对党和政府的信心。

我当人大主席的时候带着一个村民小组,重点联系着17家厂,就和他们讲,帮他们协调和上面的一些关系。比如说有一次,2002年,有一个厂,现在效益的好的××公司,那个时候刚刚成立,他们在山上办,为了租地,古城一组和二组的几个老百姓嫌租金太低,就来反映,我们的书记镇长他们刚来不了解情况,镇长倒是这里的人,他应该知道,但他看不清大的趋势,他们两个就同意那几个老百姓,在六楼会议室班子成员开会,他们两个就表态不能给××公司办厂,我生怕其他人举手同意就完了,就赶紧发言,我就说我们地方政府应该支持企业,企业起来了我们有税收、有就业岗位,老百姓生活就好过了,然后我们应该怎么支持呢? 各方面我们要帮他协调,老百姓的地,环保部门、发改委,这是我们的责任。这个企业起来以后,政府要办什么事我们可以跟他们收税,虽然是国家收税,但是我们也有25%啊,我们把那几家老百姓请来,做他们工作,该付的钱我们让企业付给他们,不要付低了,就这一样,这个工作我来做。我说完以后其他几个党委委员就说同意我的说法。那个时候我才当人大主席几个月,老班子只有我一个。我们帮老百姓协调,解决问题,老百姓才会相信我们政府。

马恒骧在工作的24年间对纳古镇当地的民生、经济发展以及党的政策执行都做出了巨大的贡献。近年来,国家强调在基层党委班子中"领头羊"的作用,在引领纳古镇群众和党员共同发展纳古镇这个方面,马恒骧确实起到了重要的作用,可以称为典范。他牢牢把握住在工作中应该协调的各方关系,摆正自己的位置,坚持以服务人民、结合纳古镇的实际情况开展工作。在现阶段的基层党组织建设中,这是一个值得借鉴的榜样。为建设服务型的党组织,为了基层党组织的蓬勃发展,为了乡村振兴计划的顺利实施,我们应该加大对典型人物的宣传力度。

农家乐与文化传习两不误的曾绍华

李云芬　汪玫珺[*]

一、大糯黑村农家乐的缘起

大糯黑村与外界发生联系最多的地方是村里开设的农家乐,所以也是最有可能性向外人展示撒尼民族文化的地方。自2000年左右以来,村里开设的农家乐有彝王宴(2005年开始建设的尼维罗马憨)、四通园、阿文客栈、玉兰园、青石园、奇石园、李家园等。这些农家乐有的全年持续经营,有的仅仅在外来客人很多的情况下才做短期经营;有的既经营撒尼特色饮食又经营住宿,有的农家乐或者只在某段时间经营饮食,或者只在某段时间经营住宿。促使大糯黑村村民开设农家乐的原因,最先并不是政府的鼓励和倡导,也不是为了满足一般意义上的游客在村里住下来的需求,而是为了满足云南省各大艺术院校美术系的学生到大糯黑村写生的住宿需求。

1978年,毛旭辉等人第一次到糯黑村写生,1982年,毛旭辉和张晓刚、叶永青等人第二次到糯黑村写生,以后就一发不可收拾,越来越多的老师和学生到圭山的大糯黑村写生。云南艺术学院、云南大学艺术与设计学院、曲靖师范学院、红河学院等院校的学生,少则二三十人,多则六七十人,常常在假期或者实习期间到大糯黑村去写生,一待就是十天半月甚至更长的时间。2008年开始,云南大学的硕士研究生一年一度的寒假实习,由云南大学组织的暑期学校的田野实习,云南大学民族学专业一年级本科生的田野实践,以及国内其他高

---

* 李云芬:云南大学2016级民族学专业本科;汪玫珺:云南大学2016级民族学专业本科。

校零星学生的田野考察,成为大糯黑村农家乐迅速发展的另一个促进因素。当时,为了解决这些学生的要求,只需要保证基本的住宿和饮食条件就好。2009 年,人类学民族学联合会第十六届世界大会的代表到大糯黑村进行学术考察,让大糯黑村的知名度不断提高。于是,一些想安静体验撒尼民族文化的人,少量以家庭为单位的游客,也产生了在大糯黑村住下来的需求。这也促使大糯黑村农家乐不断增加食物的种类,增强食物的撒尼特色,改善住宿的基本条件。

农家乐为前来写生和进行田野考察的学生主要提供饮食和住宿,因为学生的经济承受能力相对有限,饮食通常都在保持糯黑本土特色的情况下尽量做得简单一些,既能保证学生吃饱也能节省成本。没有学生到大糯黑村写生和田野调查时,农家乐主要以提供具有撒尼特色的饮食为主要经营方向。2008 年至 2010 年,在石林县政府、圭山镇政府的鼓励和扶持下,村里的农家乐自发成立了农家乐协会。为了保证农家乐的良性运行,保证农家乐的收益平衡,也为了缓解农家乐经营和农活时间之间的冲突,村里的农家乐主人把社长轮流担任的精神发扬起来。这种自从 20 世纪 80 年代兴起的社长轮流担任的习惯,指的是每一个社的每一个社员,都必须按照轮流的顺序,担任 1 个月的社长,以负责组织、处理本社的公共事务,尤其是过世老人的葬礼。如此一来,一旦有客人要来吃饭,农家乐协会的负责人就会按照轮流的顺序,通知轮到的人家准备需要的饭菜,同时,其他农家乐的主人也会去帮忙。只是这样的轮流合作模式未能持续多久,就又回到各家各户自主经营的模式。

二、从尼维罗马憨到彝王宴

本案例选择曾绍华的农家乐"彝王宴"为研究对象,主要出于两个原因。第一,不论是来体验撒尼农家饭菜的客人,还是住下来写生或民族文化调查研究的学生,都更多地到彝王宴吃饭和住宿,所以形成了彝王宴拥有最大客流量的局面。第二,彝王宴的主人曾绍华不仅把撒尼文化融入农家乐饮食,还在撒尼文化的振兴,撒尼文化的保护和传承方面做出了比较突出的成绩。

出生在小糯黑村,曾经参军,后来退伍,退伍之后到石林县风景区从事旅游工作的曾绍华,于2003年辞掉了在风景区里的工作,和妻子王春花一起回到大糯黑村。九—石—阿旅游专线开通,到大糯黑村写生的学生逐渐增多,曾绍华两口子看到了契机,便试着在自己家里开辟一些空间,为学生提供简单的住宿。起初还不能为学生提供饮食。2004年初,大糯黑村成为了云南大学少数民族(彝族撒尼)田野调查基地,曾绍华也被聘为田野调查基地的管理人,负责基地的清洁卫生、水电管理等。随着云南大学到大糯黑村开展田野调查的学生不断增多,曾绍华的农家乐也逐渐作为这些师生住宿的地方。学生要长时间待在村里,尤其是大量的学生要在村里住下来,吃饭也是一个大问题。曾绍华看到这样的契机,他把县城的房子卖出去,用卖房所得的15万元来装修自己的农家乐,并起名为"尼维罗马憨","尼维"是"撒尼人居住的地方"的意思,"罗马憨"是"石头房子"的意思,即撒尼人家居住的一个石头房子。曾绍华经过自己的尝试,率先把过去没人利用的薄石板贴到自家墙上,这种被大家称之为"糯黑瓷砖"的薄石板,不用修整为规则的形状,完全依据其自然的形状,相互组合,用水泥浆贴到墙上,再用黑色的颜料勾缝,石板上各种天然的颜色相映成趣,颇具特色。这种贴石板的方法中,隐含着大糯黑村祖辈使用不规则的石头垒砌房屋墙壁的知识和智慧。与此同时,曾绍华还把一些撒尼文化的元素融进自己的农家乐,比如,在墙壁上书写一些彝族撒尼文字,同时用汉字标注其意思;用各种手工刺绣制品来装饰自己的家;在院子里挂上红辣椒,以及每年收获的金黄色苞谷;还在院中的火塘上挂起烟熏腊肉,既可以作为装饰又能作为桌上的美食。最为重要的是,曾绍华把一些撒尼文化的元素运用到农家乐的经营中。曾绍华用自己经营赚来的钱,经营自己的院子,经营售卖一些土特产和刺绣产品的小店。随着曾绍华农家乐的生意越来越好,他把自己农家乐的名字改为"彝王宴"。

三、彝王宴中的乡村文化元素

曾绍华作为曾经在石林风景区工作的人员,作为云南大学少数民族田野调查基地的管理人,以及糯黑阿诗玛文化课堂的组织者和实施者,这些工作让他对撒尼人的民族文化逐渐有了不断深入的认识。正是这些经历,让曾绍华把这些对于本民族文化的认识融入自己的农家乐发展中。

首先是撒尼人的农家特色饮食。在曾绍华家的农家菜中,烟熏腊肉煮红豆、野蒜洋芋汤、苦荞粑粑、乳饼、油炸核桃、土鸡、清汤羊肉、水煮南瓜、骨头参等,是最常见常吃的,这些菜肴的组合也常常被称为撒尼土八碗。烟熏肉是圭山一带的农家每年杀猪饭之后留下的猪肉,挂在火塘上熏烤而成,一年四季都可食用,或者和晒干的花豆煮在一起吃,或者单独炒来吃。在圭山一带的旱地中,野蒜很多,每年春节前后的几个月是野蒜生长最旺盛的时候,人们把野蒜采挖回来,或者直接用来煮洋芋汤,或者腌成咸菜一年四季食用。大糯黑村所处的海拔高度,很适合种植荞,荞面做成的粑粑或者荞疙瘩饭,都是大糯黑村村民很有特色的农家食物。不管是蒸熟的苦荞粑粑还是在柴火灰中烧熟的苦荞粑粑,蘸着本地产的蜂蜜,都可堪称美味。圭山羊以肉中富含人体所需的氨基酸等营养物质而闻名,清汤羊肉加胡辣椒蘸水,味道也是一绝。而且,山羊的羊奶还能做成乳饼,油煎乳饼足以让客人百吃不厌。曾绍华的彝王宴,把这些农家特色饮食充分发掘出来,用来招待客人。客人吃饭的时候,也常常问及与食物相关的一些知识,曾绍华自然能够对答如流。甚至连苦荞粑粑蘸蜂蜜的来历,也成了餐桌上不可或缺的知识。而且,曾绍华还和另外几个农家乐的主人一起,把撒尼的苞谷酒命名为"阿黑口服液",把青玉米煮的玉米汁命名为"阿诗玛咖啡"。

其次,曾绍华把撒尼的习俗转换成可展演的元素,融入农家乐的发展之中。到彝王宴吃饭,有时还能遇到曾绍华为客人准备的三种筷子,即金筷子、银筷子、铜筷子。客人落座,每人跟前摆上一双长约八九十公分的麻杆,客人只能用这双长长的筷子吃饭。待到时间差不多,农家乐主人就会问,筷子好用吗?客人自然会说筷子太长。于是,主人家又给客人换上不足十公分的短筷子。到了一定的时候,才会给客人用平时吃饭的竹筷。麻杆是为银筷子,最短的是金筷子,中等的是铜筷子。在使用麻杆筷子的时候,农家乐主人会在麻杆的尖部扎一个红红的辣椒。实际上,这三种筷子是圭山一带撒尼人婚礼习俗中的一个部分。新郎的队伍到新娘家迎娶新娘的时候,新娘家的人就用这三种筷子来刁难新郎家的人。而且,有时候曾绍华还把撒尼婚礼中抹黑脸的习俗也挪到饭桌上来,只是把猪油拌的锅底烟灰换成了容易洗掉的口红。关于这样的做法,曾绍华有自己的想法,他说:"作为客栈或者住处并不能让来往的学生或者是游客体验到原生态的东西。让客人品尝当地特色小吃和当地传统文化来融入。在吃饭的时候就让他们感受传统的仪式和场面,用长筷子和短筷子来感受,感觉越来越好,就是文化的不断地扩大和再创造。"

最后,除了这些融入饮食习俗之外,敬酒歌也是农家乐发展中的一个重要产物。彝家人爱好歌舞,吃饭时唱敬酒歌是一直以来的习俗。通过歌曲和舞蹈,来表示主人的热情与好客。这一传统,也逐渐运用到了农家乐中。据曾绍华的回忆,早先来大糯黑村的游客,已不满足于单看风景,提出想要体验更多撒尼文化的要求。于是,穿上民族服装唱敬酒歌,跟着配乐表演简单的舞蹈,成为曾绍华组织的民间文艺队的最初形式。这些敬酒歌有些是从老一辈人那里习得的,也有些是跟着录音带学习而来的。在彝王宴,有游客住宿时,必唱的一首《喊客歌》,歌曲如下:"彝家的朋友啊,走进家里来呦,远方的宾客啊,进来歇一歇呀,走进家里来,大门已敞开,走进家里来,家里有玉米酒,虽说没有什么来招待,酸菜洋芋汤,水煮老南瓜,红豆老腊肉还有骨头参,让你吃个饱。"唱得比较频繁的还有《阿诗玛敬酒歌》,歌词内容为:"美丽的石林,阿诗玛故乡,好地方喽,彝家玉米酒香又甜,饮上一杯喽,都给朋友尝喽,欢欢喜喜、高高兴兴,美酒敬宾客喽,喝下这美酒,心里多欢畅,祝你身体好,赛罗里赛、赛罗里哎。"实际上,曾绍华和前来帮忙的准备饭菜的村里人,能唱数十首敬酒歌。按照彝家的习俗,要给每一桌的客人唱三支敬酒歌,敬三杯苞谷酒。因为他们能唱数十首敬酒歌,所以能够做到一桌接一桌的唱过去,并保证敬酒歌不重复,在场的游客都会为他们敬酒歌之多而惊叹。

四、曾绍华的乡村文化传习实践

曾绍华一直是云南大学少数民族田野调查基地的管理人,还是基地村民影像志的记录员。他不仅负责组织阿诗玛文化课堂,落实糯黑小学学生上课的时间,协调给孩子们讲课的村民,还常常向那些到大糯黑村进行田野调查的学生和老师介绍村寨的历史、撒尼人的文化。由于人力所限,2009 年建成的糯黑彝族文化博物馆并不能随时开放,但是有要求参观的人可以联系大糯黑村村民小组长。曾绍华常常志愿担任糯黑彝族文化博物馆的解说员,年长日久,他对于村寨的历史,密枝祭祀、火把节、撒尼服饰、撒尼饮食等方面都慢慢有了自己的理解。而且,每当曾绍华遇到自己不了解的撒尼文化时,他总是能够挤出时间,去向村里的老人求教。2012 年暑假,他和云南大学田野调查基地负责人一起组织的两期暑假阿诗玛文化课堂,对他触动很大。请老人来教小伙子们弹大三弦,教初中生唱撒尼古调的活动,让曾绍华觉得应该把撒尼的民族文化挖掘出来,进行传承传习。2015 年,在圭山镇领导和糯黑村领导的支持下,曾绍华和喜欢跳舞的妻子打算编排《阿诗玛》歌舞剧,夫妻二人便行动起来,挨家挨户地奔走,请村里精通阿诗玛歌舞剧的老人来担任指导老师,召集村民学习这一传统歌舞剧。2016 年,"阿诗玛文化传承文艺队"成立,曾绍华和妻子王春花开始积极请教老师,组织学员编排舞剧《阿诗玛》,先自己摸索阿诗玛的故事线索,收集到足够的材料后开始编排。用了一年多的时间,阿诗玛歌舞剧编排完成,并在演出时获得了观众的赞赏与认可。阿诗玛文化传承文艺队刚成立时,只有四五个成员,发展到现在一共有了 38 人。为调动成员的积极性,曾绍华自己出钱给文艺队成员发放补贴,每人 40 元。2016 年1 月 23 日,曾绍华家请吃杀猪饭,并借此举行挂牌仪式,自制牌匾"阿诗玛非遗传习所"。文艺队成立之后,根据成员所擅长的技能进行了分工,有了专门弹奏乐器的乐手,以及负责唱歌和跳舞的演员,改变了以往只跟着播放的音乐跳舞的表演形式。比如,过去的大三弦舞蹈,小伙子们就是抱着一把大三弦,装出弹大三弦的样子,一边舞动大三弦一边跳舞。但是现在不同了,他们在跳大三弦的时候,是伴着他们自己弹奏出的旋律。过去的霸王鞭舞蹈,往往要用录好的音乐来伴奏,现在他们主要靠霸王鞭敲打出来的旋律来统一节奏和动作。尤其是《阿诗玛》歌舞剧中,凡是演唱的内容,都由村民文艺队的成员自己完成,而不是听着音箱中播放的声音比划动作。

彝王宴和其他的农家乐,其经营活动还间接地带动了村寨土特产和刺绣制品的销售和生产。村民可以把土鸡蛋、乳饼、洋芋、花豆、荞面等,卖给农家乐的主人,而不必到集市上去售卖。与此同时,曾绍华在自家院子里开了一个小店,里面摆放一些帮村民售卖的土特产的同时,还把村中妇女的刺绣制品也陈列起来,有客人买了之后再把钱给村民。

曾绍华的彝王宴,巧妙地把握了民族文化保护传承实践和农家乐发展之间的相互促进关系。避免了单纯谈论乡村文化振兴而不考虑文化振兴的经济基础,也避免了单方面追求经济利益而忽略乡村文化振兴的片面行为。

柿花箐村能人王生田
带动村子产业振兴案例

郑宇　韩伯宁[*]

　　王生田(化名),男,生于 1979 年,苗族,原柿花箐村组长,在柿花箐村产业振兴的过程中起到了决定性的作用。作为曾经的一村之长,王生田在柿花箐村中有着极高的威望,这种威望来源于他对产业的投入、生产技术的出色,以及将村子从贫困中带领出来的贡献。在乡村振兴的道路上,对于每一个村庄来说,一个好的领路人都是必不可少的。王生田很好地诠释了领路人的重要性,通过对他个人生活史的观察,让我们看到了精英引导对于柿花箐村的重要性。

一、自我寻求产业发展之路

　　王生田的父亲王树民曾做过村民小组组长,因为家中有较多的土地,便很早开始尝试种植烟草,具备了较成熟的烟草种植技术。王生田自幼开始,便帮助父亲打理家中的烟草产业,烟草产业给家中带来了一些经济上的改善。可惜好景不长,王树民在 1995 年前后因病去世,这便导致了还在读书的王生田做出了第一次人生抉择,是否继续完成学业? 当时他以优异的成绩,被县农业中级技术学校录取,有机会接受中专教育,再三思索后他决定咬着牙把中专读完,依靠知识来改变自己的命运。王生田在学校里面学习的是兽医专业,作为

　　* 郑宇,博士,云南大学西南边疆少数民族研究中心教授、博士生导师,主要从事经济民族学研究;韩伯宁,云南大学 2016 级中国少数民族经济专业硕士。

一个苗族学生,他的想法很简单,希望回到村子后利用自己的兽医技术为周围苗族村民的牲畜治病,维持自己的生计。1997年他中专毕业便回到了养育他的故乡柿花箐村。

然而回到家以后他才发觉,他所学的兽医技术并未像他所想象的那样能让他不用再为生计奔波,来找他为牲畜看病的农户寥寥无几。当时村子里的总体经济状况并不是很好,依靠一技之长使自己富裕的目标看似遥遥无期,渴望富足的王生田开始找寻生财之路,他开始动了外出务工的心思。想法很快成为现实,1998年初他先是来到了富民县的一家餐馆帮工,希望学习一些厨师技术。在学习的过程中,他发觉自己并不适合做厨师,随后又到了工地上去帮忙打杂。由于体力的劳累及文化的不适应,在外务工的他感受到了不容易,在外漂泊不足一年时间,他便又回到了自己的家乡。回到家乡以后,他望着一望无际的大山,下定决心要依靠产业致富。

他实际上与村中其他人相比有着一个得天独厚的优势,他是全村拥有土地最多的一个。由于当地苗族特有的土地分配方式,代际间特殊的土地流转使得他的土地规模保证了三代间单向的流入。他的父亲是他爷爷的独儿子,直接从他爷爷那里继承了全部的土地,他的母亲因为是独生女,继承了外祖父的全部土地,作为独子的他自然继承了他父母全部的土地,至此没有代际更替所造成的土地流失,他家成为村中拥有土地最多的一户,有25亩左右,这就使得他有了发展产业的基础。

他的父辈以前尝试的是种植烟草产业,他也跟着学习了一些烟草种植的技术,而在2000年前后正值烟草双控政策的影响,发展烟草业受到了较大的阻力,他不得不重新寻觅新的产业。当时政府正在尝试推行杂交苞谷栽培种植的试点工作,他便主动请缨,在自家的土地上进行试种,试种工作带来了意想不到的成功,在第二年他家获得了一次大丰收。随后他又先后尝试了优质小麦的引入及脱毒洋芋的种植,这几项产业的引入使得他的家庭经济条件有了一定的改善,在2002年他推倒了自己家里面的茅草房,盖起了新的砖瓦房。他也逐渐成为其他人眼中的产业先锋。

二、带动全村复合型产业致富

2003 年对于王生田是一个特殊的年份,在这一年他被村小组选举为村组长。被选为村组长后,王生田倍感压力,在自己致富的同时,带动村民共同致富成了他必须要完成的一个目标。而原有的土豆、玉米、小麦等生计作物的种植只能满足村民基本生活条件的维持,明显无法满足带动所有人致富的需求。

就在这段时期,恰逢东村镇政府找寻新式荷兰豆种植培育的场所。荷兰豆的种植在东村镇并无先例,而在附近的寻甸县及禄劝县汉族村子里已经试种了很长时间。王生田得知这个消息后,主动找到了镇政府,希望将荷兰豆种植的试点工作放在柿花箐村。由于这项技术在柿花箐村并无先例,镇政府便找到了寻甸县的种植荷兰豆大户张学明来教柿花箐村的村民种植荷兰豆。张学明在指导的过程中提供给柿花箐村种植荷兰豆的幼苗,这些幼苗都是要收费的,但并不用立刻付费,可以来年收购荷兰豆的时候将幼苗抵在收购费用里。他会提供种植的技术教授柿花箐村的村民种植荷兰豆,但是他有优先收购荷兰豆、为荷兰豆制定价格的权力。

荷兰豆的种植在柿花箐村获得了极大的成功,由于荷兰豆具备市场价格高且产量大的特点,很快村中大部分农户都将荷兰豆产业变成了家庭核心产业。但是很多农户并未因种植荷兰豆而致富,反而变得愈发的贫穷,在一次聊天时王生田发现了这其中的原因。由于要发展荷兰豆产业,苗族居民家庭内部的资金储备不足,很多家庭必须向杨嘎哩村和鸡街镇的农户借高利贷。这种高利贷一般是六分利,直接就造成了苗族村民背上沉重的债务来发展自己的产业,非但没有带来发展反而成了一种包袱。王生田发觉这样下去是不行的,必须要杜绝这种现象的发生,他决定向镇里寻求解决的方法。

恰逢农村信用社当时也正在开通农村小额信贷业务,但是必须有担保人作保,如借款人未在规定时间范围内还款,担保人将要担负起责任。很多村子的村组长因害怕村子里面的人借款到了规定时间不能还款会连累自己,都不敢进行担保。而王生田与之不同,他大胆地向农村信用社担保了 10 万元的贷款,将这笔钱借给了村子里需要发展产业的几户人家,农村信用社的贷款利率要 6% 左右,这种低利息的借贷逐渐代替了村中原有的高利贷,居民的生活水平有了提高。从 2004 年有了农村小额信贷以后,从 2004 年到 2006 年村中种植荷兰豆的农户增长了十几户。

单一的产业模式始终对于农户来说是高风险和不稳定的,经过王生田的仔细考虑,全村不能单单依靠荷兰豆产业,原有的烟草产业所具备的优势仍应该继续稳固与发展。在 2004 年他又将烟草产业重新在全村扩展开来,与父辈们种植烟草的经历不同,他觉得烟草不能盲目地种植,需要较为先进的科学技术的引入。他将科学种植烟草的理念注入到了柿花箐村的烟草产业之中,经常跑到烟站虚心向指导员及种烟大户们学习种烟技术,在空余时间买了很多关于种植烟草的书籍进行研读,此外,还经常关注中央电视台七套节目关于农业方面的相关知识,很快地他便成为了村中烤烟技术掌握最好的人。在王生田的带领下,全村在 2005 年种植了烤烟 130 多亩,其中王生田家里种植了烤烟 5 亩,获得了 6700 多元的收益。

在养殖业方面,柿花箐村长期以来都是以养猪业为主,村民逢年过节都要杀一头“年猪”,叫上村子里面的人一同享用杀猪饭。以往猪的品种都是本地的品种,猪不够肥,也经常生病。王生田主动探索养猪技术,坚持推行卫生猪圈的建设,从禄劝县引入新型生猪品种,将村中的养猪业推向了新的高度。

三、建设美丽柿花箐村

虽然柿花箐村的农业经济收入有了稳步的提高,但村内基础设施的建设又成了王生田一个比较头痛的问题。作为一个相对资源落后的民族村,要想有发展,最需要解决的问题有两个,一个是路,另一个是水。柿花箐村距离东村镇有 5 公里左右,以往只有一条凹凸不平的路能从柿花箐村通到东村镇,由于道路的不平整,使得村民外出十分不便,道路不通阻碍了柿花箐村与外界的交往,对于经济的发展也造成了恶劣的影响。王生田多次向镇上反应,申请了修路补助金,动员并带领群众出工出力,积极配合施工队,在短短一个月的时间内硬是挖通了一条长800多米的进出山寨的乡村道路,极大地方便了村民的通行。

以前村里人喝水都要到300米外的小箐沟去背回,雨天沟水浑浊,背回的沟水要到第二天才能饮用,人畜饮水极为困难。为了能更好地发展全村的烤烟生产,解决村民生产生活用水问题,2005年,王生田多次向政府及烟草部门反映,争取了烟水配套工程建设资金。在施工中,他带领村民从水源选定到管道安装,亲自参与组织实施,最终把自来水架到各家各户。在小水窖的建设上,为了减少烟农的投资成本,他果断地拒绝了承建商的要求,亲自带领村民自行施工,保质保量地完成了小水窖的建设,这为每户烟农节省了100多元的小水窖建设成本。

在2009年,王生田卸任了柿花箐村的村小组组长,在同一年他被东村镇烟草公司选为了整个村子为数不多的烟草指导员,发展自家的烟草产业及指导村子里的人烟草的种植成了他每日的工作重心。2014年,他重新回到了村组长的岗位上。

从2012年精准扶贫工作开展以后,围绕着村镇建设的工作明显多了起来,在2014年柿花箐村被评选为民族团结示范村,建设时长为三年时间,省民宗委拨款100万元,整合部门资金300万元,村民自筹16万元,一共416万元用于该村整体的建设工作。这笔巨款的拨入使得村组长王生田犯了难,他常常失眠,有了钱如何将村镇建设得更好,他肩上的担子更重了。随后的三年时间里,他也变得更加忙碌,村子里建设工程他需要去找人手,时常需要去村委会及镇上汇报工程开展的情况,他经常是早上六点没到就起来,到了晚上十点多才忙完回到村子。

四、帮扶贫困农户走向富裕

王生田通过烟草产业使得家庭逐渐富裕起来,烟草的深度规模化也成为切实可行的目标。现如今,他家里种植了25亩左右的烤烟,每年通过烟草能收获利润 15 万元左右。随着产业规模不断的扩大化,寻求劳动力的帮助成为发展的必要因素。

村中由于很多年轻人初中都未读完便辍学回家,剩余了大量劳动力人口,由于村子里的年轻人普遍不愿外出务工,造成了村中出现大量剩余劳动力的现象。龙明强便是这些年轻人中的一员,他初中未毕业便辍学回家,他家里很贫穷,只有五亩土地,家中还有一个哥哥,已经 31 岁了仍未结婚。在 2014 年他被王生田选中,到家里面帮工。他们定下的口头约定是,从年初的三月到九月,半年的时间,每天到王生田家里帮忙,王生田每天会付给龙明强 60 元的薪酬,王生田供龙明强的三餐。从 2014 年开始,龙明强便跟随着王生田学习种烟、烤烟技术,随着时间的积累,他熟练地掌握了整个流程。在 2017 年,王生田家里面建成了 5 座现代化烤房以后,龙明强的工资涨到了每日 80 元。

龙明强通过在王生田家帮忙,家里面条件得到了极大的改善。以往家里全部依靠着几亩地的收入,根本无法满足基本的开销,而现在不但基本开销没有问题,还有了结余。此外,龙明强由于长期跟着村中的种烟大户王生田学习种烟和烤烟的技术,在烟草种植技术上学习到了很多,他自己的家中也开始种植了烟草,经常会拿到王生田的现代化烤房中一起烘烤,他自家的产业在此过程中也得到了发展。

除了像龙明强这样长期在家里帮工的年轻人以外,在收烟烤烟的时候,王生田还会叫很多短期来帮忙的年轻人,每日的工钱也是 80 元,帮忙的过程也是一种学习的过程,通过王生田的指导学习,很多以前在村中游手好闲的年轻人都建立起了产业发展的规划,也开始主动地寻求发展。

在产业振兴的过程中,村中个体精英帮扶的力量不容忽视。像王生田这样的精英具有先进的模范带头作用,在自己致富的同时牢记自己作为村干部的职责所在,将先进的经验传播给其他村民,带动大家共同致富,这对于农村经济发展有着深远的意义。从这个案例中不难看出,产业振兴应将精英引领作用大大地发挥出来,特别是少数民族区域,这种示范性的带动作用为脱贫及发展带来了动力。

乡村振兴背景下推进箐口梯田
旅游民俗村旅游文化产业迈向全球
价值链中高端行列的机遇及挑战

罗丹[*]

国家乡村振兴总体战略布局中明确指出,要"提升农业发展质量,培育乡村发展新动能"。乡村振兴发展战略布局在深刻认识到国家乡村振兴产业结构调整与培育过程中存在的问题的基础上,提出了"构建农村一二三产业融合发展体系",其中"三农"问题是乡村振兴中首要关照的问题。少数民族地区在农业以及旅游文化产业资源禀赋独特,开发优势突出的少数民族地区,理应思考如何主动融入和服务国家乡村振兴战略中的产业化发展布局,主动在价值链的市场结构和体系中寻求民族特色产业的科学发展路径。充分发挥少数民族特色农业、旅游文化产业在全球价值链体系中的价值和特色优势,是乡村振兴战略布局下当前中国少数民族地区农村发展的一条可探索的路径。

箐口民俗村,位于世界文化遗产地、联合国粮农组织(FUO)认证的全球重要农业文化遗产地——红河哈尼梯田核心腹地,处于梯田核心区旅游环线的起点,依托梯田文化景观和少数民族、传统民俗特色的旅游文化产业开发,

---

* 罗丹,云南省社会科学院民族学研究所,助理研究员,博士,主要从事民族问题、哈尼族社会文化与发展、哈尼梯田灌溉社会等相关研究。

箐口村于 2009 年就被纳入元阳县地方政府"一镇六村"①发展规划范畴内。箐口是哈尼梯田旅游文化产业集群中较早开发的一批哈尼族特色民俗村,尽管其旅游及民俗文化资源开发处于"探索—兴盛—没落—反思—重构"的低谷期,但是在世界文化遗产地理标志保护范围内,箐口村因其位于梯田旅游环线起点的区位优势、前期开发经验的铺垫、前期投入的基础和公共文化设施、文化底蕴、社会知名度等,本身就具有迈向全球价值链体系的自然和人文优势,开发市场潜能巨大,开发前景广阔。

一、箐口民俗村旅游文化产业开发的 资源和价值禀赋分析

随着哈尼文化旅游热的升温,旅游业逐渐成为箐口村支柱产业,这与箐口村拥有丰富的旅游文化资源密切相关。

(一)历史悠久,传统文化丰富

箐口村建村建寨史达数百年之久,是世界文化遗产哈尼梯田三大核心景观区之一——坝达景观集群的主要构件之一。

箐口村老贝玛李正林(国家级非物质文化遗产代表性传承人)口述了箐口建村建寨史及姓氏构成。

要说哈尼族的先民从哪里来,那就是从遥远的诺玛阿美迁徙而来。我们箐口的哈尼族的老祖辈,也是从诺玛阿美来的祖先经过各种迁徙,最

---

① 2009 年,按照"科学规划、片区示范、整合资金、形成合力、连片开发、重点推进"的思路,围绕"一镇六村"旅游发展规划,连片规划 25 个村建设,突出箐口、普高老寨、大鱼塘 3 个新村建设,以完善基础设施、恢复哈尼蘑菇房作为建设重点,打造基础设施完善、村容村貌整洁、田园风光秀美、民族文化浓厚、人与自然和谐发展的民族文化生态旅游村。项目预计总投资 3814.65 万元,涉及 2 个乡镇 6 个村委会 25 个自然村,直接受益 2497 户 12539 人。同时,与云南世博集团签订了《元阳哈尼梯田项目合作开发框架协议》,共同出资 1200 万元组建了"云南世博元阳哈尼梯田开发有限责任公司",解决就业岗位 40 个,其中元阳籍员工占 87.5%。

后到箐口的。按照我们背诵的父子联名谱系代数记载,箐口建村建寨历史超过380年了。箐口村现在主要有七种姓氏:高姓、杨姓、马姓、卢姓、李姓、张姓、罗姓。其中,高姓和杨姓人口较少,李姓和张姓是人口较多。李姓又按照先民迁入箐口的时间和空间不同分为大李和小李,大李姓的祖先从主要从麻栗寨河对面的麻栗寨村、主鲁村搬来,还有一小部分从箐口村邻近的大鱼塘村搬迁过来,小李姓还有一部分从今天哈尼小镇后面的黄草岭搬来,还有一部分来自主鲁村;张姓是最早搬迁到箐口建村建寨的人家,他们的祖先来自坝达村;罗姓仅有2户,是最后迁入箐口的,解放前来箐口帮工,后逐渐定居于此。

除具有悠久的建村建寨史之外,箐口村的村落布局完整呈现了哈尼族"森林—村寨—梯田—水系"四要素同构的生态筑居格局,20世纪90年代以前,还保留着大量的哈尼族传统建筑形制——蘑菇房,是人与自然和谐相处的活态典范。

箐口村远眺图

箐口片区梯田冬景

掩映在梯田上方水源森林之间的箐口村,在悠久的历史发展过程中,保留着传统的梯田农耕生计方式,尽管随着现代社会的发展发生了变迁,但其与纵向水系自然融合的生态筑居概念、"三犁三耙"的传统农耕技术、"上满下流"的水利灌溉秩序依然得到了传承与继替。

箐口村与毗邻的哈尼族、彝族村寨具有良好的历史互动关系。一般箐口哈尼族过新米节时,土锅寨等彝族寨子的亲戚朋友会过来参加节日。插秧的节令上,以土锅寨河为界,左岸(土锅寨、小水井、三家村等村落)的插秧时间比箐口的稍微晚一点,所以插秧的时候,土锅寨的彝族会过来帮忙。在箐口和大鱼塘(哈尼族)、全福庄(哈尼族)两个寨子的中间,有两眼泉水(龙潭水)长寿泉和白龙泉,箐口村民会到该两眼泉水中取水回来饮用,但其功能主要是灌溉用水。其中,长寿泉主要灌溉大鱼塘的、全福庄的田地,白龙泉主要灌溉箐口的田地。箐口主要的饮用水主要来自哈尼小镇旁边的小村落里的龙潭水。除了劳动力交换、生产生活资料、礼物等交换之外,箐口村也与周边的哈尼族、彝族有着传统的嫁娶姻亲缔结关系。

（二）传统民俗文化资源生动丰富

具有悠久建寨史的箐口村,依旧沿袭着大量的与梯田农耕生计有关的传统民俗活动,箐口村还是国家级非物质文化遗产哈尼族四季生产调、哈尼哈巴的重要传承点。

箐口四季生产调传承学校

箐口传统民俗祭祀活动

箐口展演性的长街宴

箐口村长街宴展演活动

与现代村落社区生活并行不悖的传统民俗活动、盛大节日庆典等在箐口村都得到了保存,在梯田旅游文化开发活动逐渐深入的同时,与传统节庆活动相融合的现代旅游展演活动也日趋增多。

（三）自然和人文景观活态多元

箐口村的自然景观形态也独具特色。箐口村四要素同构的生态筑居布局中，传统蘑菇房已经随着现在建筑材料的取代而日渐淡出公众视线，村寨的民族特色已然失色，但其中最活态的因素——水，依旧点缀着村寨的传统农耕生活。除了寨内日常生活的饮用水井之外，箐口寨子附近的水源林边上，还有两口集灌溉和日常社会用水功能于一身且意寓深远的泉水——白龙泉和长寿泉，两眼泉水终年水流不断，为箐口乃至附近的黄草岭、大鱼塘等哈尼族村寨的梯田提供了大量的灌溉用水，是梯田水系村寨中最具灵性活态景致之一。

箐口村白龙泉　　　　　　　　　箐口村长寿泉

除此之外，箐口梯田作为坝达梯田景观区的有机组成部分之一，在同质的梯田线条观感之余，还有其独具特色的景观形态，例如，可与爱春蓝梯田①相媲美，且还有在观景时遥相呼应的箐口蓝梯田。

---

① 爱春蓝梯田：因位于元阳县新街镇爱春村村委会爱春村而得名。

箐口蓝梯田

箐口梯田景致

箐口蓝梯田与声名远扬的爱春蓝梯田一样,因气候、光照水热情况变化而成型,每年秋收季节过后,梯田保水,到了傍晚五点半左右,箐口寨脚大片梯田在光线折射的条件下,一片湛蓝,令人赏心悦目,叹为观止。因为箐口处在梯田旅游环线的起点(亦是终点)位置上,所以刚好可以在观览者观光完其他梯田景观集群之后,再到箐口观赏蓝梯田收尾。

二、从箐口模式到箐口教训:箐口村旅游文化产业开发过程中存在的问题

(一)箐口教训:衰落的旅游民俗村

永福农家乐老板 LY 回忆了箐口民俗村开发与衰落过程(LY,哈尼族,1987 年生,箐口村村民,从部队退伍后回家经营农家乐——永福农家,该农家乐于 2016 年年初开始经营)。

我们箐口村,也是经历了由盛转衰的历史过程。2002 年开始,政府在箐口打造传统文化旅游民俗村,2004—2005 年左右,是箐口村旅游文化做得最好的时段。民俗村还很火爆的时候,全村老百姓的参与度非常高,每天清晨,家家户户都积极打扫房前屋后的卫生,不往村落

的排水沟里扔垃圾,文艺队也积极热情地参与表演,但是后来,随着梯田遗产区的逐渐开发,景区景点越来越多,游客可以选择的余地越来越大,游客来得少,街面上的铺面都关门了,没什么生意可做,老百姓也不积极了,之前在与顾客合照收费的小孩们,似乎也完全淡忘了寨子曾经的兴盛。

政府后来扶持了公路边上的大鱼塘,又打造了一个民俗村,以前很多外面组团的订单都给了大鱼塘村,现在(2017年),世博集团又在箐口进村的岔路口修建了哀牢小镇,小镇也在搭建观景台,观景视线那些都非常好,里面还有许多中高档的吃住消费地,哈尼小镇开放使用后,本来已经衰落的箐口,游客可能会被进一步截流。现在游客还是会进来,旅游旺季的时候,一天会有三四趟旅游大巴进入,但是进来的游客就是走马观花地从寨头到寨尾过一遍就走了,很少有在箐口消费或者住宿的游客,你看那边寸氏银坊,也基本没有生意。

这两年,箐口村偶尔也会有一些旅行团进来,大致过一遍村内的旅游环线,在村子里基本没有什么消费,村仅有的两家店铺就是寸氏银坊和另一家卖手工艺品店面,而且该店铺所售之物基本都是丽江、大理古城里面常见的东西,与当地民俗基本无关。老百姓对进来的国内外游客表现得很淡漠,没有积极的回应,当然也没有抵触情绪,似乎游客与村民的日常生产生活完全不相关。相比较而言,因为交通区位优势更突出,并且作为政府重点打造的示范民俗村之一的大鱼塘民俗村,村民都呈现出积极参与旅游文化资源开发的状态,相应的村容村貌比较干净整洁,老百姓的积极性、热情度比较高。

笔者于元阳县非物质文化遗产中心的工作人员交流中得知,非遗中心当初是想将民俗村落打造的基地建在箐口,但是箐口村的干部和村民代表在2004—2005年梯田旅游热潮中收益较大,与非遗中心谈开发价格时要价偏高,于是,非遗中心以及相应的旅游开发部门最终选择了与箐口村不远的大鱼塘村,现在的大鱼塘村在旅游淡旺季团客和散客都还较多,传统的祭祀活动也没有中断,接待外来参观考察的团队的活动比较多。2016 年 19 月 24 日,云南省举办的"汉语桥活动",来自 5 个国家的代表到大鱼塘村观光,大鱼塘摆了一次长桌宴,当地的大咪咕①卢文学还象征性地主持了仪式,并接受采访。

箐口民俗村在短短的几年间从兴盛到衰落,是值得反思的。

(二)现代生态环境危机

箐口村比较突出的生态环境问题在于寨脚梯田大量外来物种—— 一种繁殖能力超强的,但是方便梯田环境种养,可以用来做猪食饲养鸡鸭的浮萍生物——满江红及其近似物种——凤眼莲。

箐口梯田遍布的满江红　　　　　　　外来物种——满江红及凤眼莲

这些浮萍生物的危害性在于繁殖能力强且不可控,哈尼梯田阶梯台状由高海拔地区向河谷低海拔区域延伸,且"上满下流"的灌溉水秩序,很容易将满江红之类的浮萍生物扩散开去,该物种一旦在梯田的高海拔区域繁殖扩散,就会随着循环的水体下渗汇聚到红河水系,流入南沙傣族稻作地区,不仅危及低地族群的农业生产和日常生活安全,而且对整个红河水系

---

① "咪古"是哈尼族社会的祭司,主要负责村寨性的祭祀活动;哈尼族村寨一般在五个"咪古",其中 1 人为大咪古,4 人为小咪古。

的流域安全构成潜在威胁。箐口寨脚梯田连接着哈尼梯田核心区内的重要灌溉水系麻栗寨河,麻栗寨河源头最大的支流来自全福庄,左岸和右岸的各个村寨和山涧都有大大小小的山涧支流汇入,麻栗寨河支流与这些村寨所属的梯田相辅相成(麻栗寨河的水灌溉了梯田,而水又经过层层梯田最终汇入麻栗寨河中下游,梯田又成为麻栗寨河的天然蓄水池),麻栗寨河两岸大的村落包括包括左岸的全福庄、大鱼塘、黄草岭、箐口、土锅寨(彝族)、小水井(彝族)、水仆龙(彝族)、新寨(彝族)等,右岸的村落麻栗寨、坝达、上马点、倮马点等。麻栗寨河及其主要支流浇灌了沿岸十数个大大小小村寨的梯田,"山有多高,水有多深",麻栗寨河干流和支流的水系浇灌了蜿蜒而下的梯田,梯田的水流最终按照麻栗寨河的走向自北向南汇入麻栗寨河,而麻栗寨河则是哀牢山麓南沙镇排沙河的重要源流之一,排沙河是元阳县低地干热河谷地区的南沙镇傣民族稻作的主要灌溉河流之一,排沙河与其他高山水系一起最终汇入了红河南岸水系中。一旦麻栗寨河水中上游被外来物种大面积侵袭,那么整个水系上的水生态安全就面临着威胁。

(三)农村发展中的突出人居环境问题

20世纪90年代以来,随着现代生产生活方式大举进入梯田山寨,现代塑料制品等衍生的一系列低降解垃圾随之流入传统村寨,而垃圾分类、生活生产垃圾的现代堆放、回收、处理等意识和相应的技术却还没有建立和推广起来,因而大量的白色污染物、生活垃圾随着灌溉沟网系统经由村落排入了田间,而输送饮用水的自来水管也是随意浸泡在污染的排水沟渠中,梯田灌溉用水和村寨生活用水的卫生与安全问题存在巨大隐患。随着旅游民族村开发活动的衰败,箐口村的公共卫生环境问题也较为突出,生活垃圾污染水源的问题日益严重,与大多数哈尼族传统村落一样,哈尼族限于对垃圾分类和处理的传统地方性知识,不足以支撑他们去处理这些"低降解"的外来白色污染,因此,生活垃圾问题需要得到正视。

箐口村倾倒的生活垃圾

浸泡在垃圾和污水中的饮水管

　　像箐口村一样的少数民族农村饮用水安全问题,与当地农民的生产生活健康密切相关,此外,饮用水污染问题一定程度上会阻碍当地经济社会的发展。红河哈尼梯田农业耕作系统中,这种梯田灌溉用水和村落排水、饮用水系统结合的灌排机制,在传统农业社会时代具有积极的生态意义,但是在现代物质生产生活结构下,则存在巨大的卫生水安全隐患。

深山老林茶厂对曼腊村
茶产业振兴个案分析

张振伟[*]

经历了 40 余年的改革开放之后,西部少数民族取得重大的发展,但仍然面临一些问题。现阶段要实现少数民族的发展,必须探索增强少数民族人民的发展能力,帮助少数民族改善生活,促进少数民族创造生活,给予少数民族更多生存机会与发展权利的基本途径。[①] 谈到民族地区经济发展面临的困境,资金欠缺是一个常见的因素。从一般意义上而言,对于很多民族地区来说,资金供给确实存在内外部环境等一系列的问题,比如,财政转移支付和直接投资有限、金融机构信贷投入有限、吸引外资能力有限、民间资金转化为资本意愿不高、市场融资渠道狭窄等。[②] 此外,对于多数农村地区来说,限制他们经济发展的因素还包括产品转化效率不高,导致产品价格长期陷入低价徘徊,成为"富饶的贫困"[③]。对于曼腊傣族人来说,贫困已经成为一个过去式,有车有房、温饱有余是他们生活的常态。但要想真正实现经济收入的进一步增长,进入富裕阶段,获得更多的发展权利与机会,依靠他们现在的资源掌握水平和经济社会生活方式,还远远不够。按照平均数字计算,曼腊村每户家庭

* 张振伟,云南大学西南边疆少数民族研究中心副教授,《思想战线》编辑部编辑,主要从事南传佛教及相关民族研究。

① 温军:《民族与发展:新的现代化追赶战略》,清华大学博士后出站报告,2001 年,第 1—3 页。

② 李昌南、魏润卿:《西部少数民族地区经济发展的资金瓶颈及资本形成的途径》,《延边大学学报(社会科学版)》2005 年第 3 期。

③ 丁如曦、赵曦:《中国西部民族地区经济发展方式的主要缺陷与新时期战略转型》,《云南民族大学学报(哲学社会科学版)》2005 年第 3 期。

5 口人（其中 4 个劳动力）、水田 5 亩、旱地 7 亩、茶叶 36 亩、甘蔗 10 亩（甘蔗面积与水田和旱地部分重合）、林地若干，还养猪养鸡，一年从头忙到尾，农闲还要想方设法外出打工。即使如此，从公布数字来看，每户家庭的年总收入也仅有 5 万余元。所占有资源、付出劳动时间与劳动强度和最终所获得收入之间，很难画上等号，更不要奢谈高效。

问题在于，曼腊傣族如今的经济社会结构和生活方式，在强大外力持续介入以前，很难发生明显转变。曼腊村现在的经济社会结构，已经是政府和外来资本介入下经过一次转型（引入甘蔗）的结果。这种转型一方面加深了村民嵌入更大范围经济活动链条的程度，另一方面也巩固了种植业在曼腊村产业结构中的优势地位。在种植业占据优势、劳动力流动性弱、强大的横向社会网络这几个因素之间，我们很难说是哪一个因素占据先手并对其余因素产生了支配效用，但确实是几个因素之间的结合，使得曼腊傣族形成了一个稳定但相对低效的经济—社会格局。需要指出的是，在这个经济—社会格局内部，各个家庭和个体都是一个相对均质化的单元。这种格局的问题在于，由于惯性和相对优势的存在，在强大的外力持续性介入以前，这种格局很难被打破。

深山老林茶厂的建成及持续运作，为打破曼腊村这种稳定但相对低效的经济—社会格局提供了一个契机。首先，深山老林茶厂是外来资本、傣族商人和村民合力的结果。其次，茶厂新的茶叶收购要求和运作，一定程度上改变了曼腊村的茶叶种植方式和年轻人的经济生活方式。深山老林茶厂是曼腊村投资规模、年产值最大的茶厂。茶厂由两位商人共同投资建设，分别是浙江商人林利斌和与曼腊村相邻的曼鲁村商人岩光。茶厂修建在租用的曼腊村村民岩传的茶叶地上。茶厂虽然在 2014 才开始兴建并运作，但在此之前，林利斌和岩光合作经营茶叶生意已有近十年的时间。岩光和岩传的亲属关系，为茶厂最终落户在曼腊村岩传的茶叶地上提供了机缘。

林利斌和岩光的茶叶经营之路都各有一段故事。林利斌，男，汉族，35 岁，浙江乐清人。本科就读于云南大学民族学专业，从 2005 年临近毕业之际，开始接触茶叶行业。之所以接触这个行业，他坦言，主要是因为当时就业形势不好，工作不好找，而且中间发生了很多曲折，就去卖茶叶了。在卖茶叶之前，他还做过两份工作。第一份是 2005 年的时候,在一二一大街那边给人家修电脑,当时一个月工资 330 元。修了 3 个月的电脑后,他就辞了这份工作,和朋友合开家教公司,这是他的第二份工作。当时开家教公司并不是临时性的决定,因为朋友和他说这个很赚钱,于是他就给家里借钱开公司,但是差不多半年就亏了。人生一下子就陷入了迷茫,家教公司不但亏了钱,还浪费了时间。除去没有工作而导致的经济压力外,来自家里人的反对也给他带来了巨大的精神压力。家里人认为一个上了大学的人,应该找一份光鲜体面的工作,过着安逸的日子,家里人对他很失望,他成了家里亲戚的反面典型。

2006 年,林利斌开始做茶叶生意。然而在接触这个行业之前,他对茶叶一点了解都没有,也不喝茶,甚至喝了还会睡不着觉。当时大学同学的一个老乡告诉他茶叶生意很好做,于是他就跟着去广州进行考察。广州那边有普洱茶的集散地,是中国茶叶品种最齐全的地方,几乎 70% 的茶叶都在那边。考察了一段时间后,感觉很好,有钻研的空间,于是他就决定要做茶叶生意了。他当时就想,一定要好好干,要是混不出点名堂来,以后都没脸回去了。

刚开始做茶叶生意的时候(2006 年下半年),当时他连生活费都没有,廉租房的租金都付不起。那时候租房子在昆明张官营是 100 元钱一个月,没有厕所,就是城中村(在江岸前面一点,现在被拆掉了,原来是最热闹的二手市场)。后来去张官营摆地摊卖茶叶,摊位费一天三元,铺一块布可以放 9 片茶叶(一片 357 克)。摆到后来,他们(他和他女朋友)和在那里做生意的小商小贩关系比较好,经常在一起吃饭。有一天,一个小贩和他们说自己又在淘宝上卖了一个镜头,赚了多少钱。当时的林利斌正好也闲着,就想着去试试淘宝上卖茶叶,没想到生意居然很好,第一年就赚了几万元,虽然不算多,但对当时的他们来说还是很惊喜。那个时候他几乎每天都工作 14 个小时,骑着单车去茶叶市场倒茶过来卖,不怎么休息。他说除了自己够勤奋以外,也是自己运气好,正好那个时候(2007 年下半年)普洱茶已经崩盘了,做实体茶叶的已经做不了了,淘宝上卖普洱茶开始兴起。再后来经济条件有所改善,他们搬到了昆明烟厂附近去住,那个地方很偏僻,房租 300 元一个月。他们住在 5 楼,他每天去茶叶市场买茶,然后拿回来就把它包装起来卖掉,到后面就慢慢地做顺了。再后来有点积蓄了,就搬到一个茶叶市场去做,那时第一个小孩出生了,后来生意就一直好,一直到现在。"生意都是一开始难做,做顺了之后锦上添花的人很多,但是雪中送炭的人很少。人生就像股票,涨 3% 的时候,就有人追涨,动都不动的时候,人家也不愿意追。"在访谈的过程中,他还提起诸如人生轨迹、命运这类的话题。

2006—2009 年,林利斌一直在昆明做茶叶生意。

2009 年的时候,很多人都抛弃昆明市场,来到了勐海。当时他在昆明的生意发展也遇到了瓶颈。所以林利斌也决定来勐海发展,毕竟勐海是一个众商云集的普洱茶基地,于是他举家搬到勐海,开始经营这里的生意。虽然是 2009 年才搬过来,但是对于林利斌来说,勐海一点都不陌生。早在昆明做生意的时候,他就经常出差到勐海,在这边租了一个门面当作销售门市,而且还在这里认识了一些生意上的合作伙伴,积累了一定的人脉。岩光(厂长)就是在一个做茶叶生意的傣族姑娘——玉光的的介绍下认识的。

深山老林茶厂

岩光(厂长),男,傣族,勐海曼鲁村人。16 岁就和岩罕(后来深山老林茶厂的重要员工,与厂长同村)、岩传(厂长表姐的丈夫,岩光称呼他为"姐夫")

一起倒卖木料,后来因为倒木料犯法就没有再倒,然后就开始倒卖茶。虽然曼腊这边的茶叶价格不高,但好处是占用资金不多。原来他经常上山去村子里收茶叶卖藏砖。那个时候没有茶厂,他就去曼腊把碎茶收过来,然后把毛料卖给其他厂,加工成茶砖,1公斤赚0.3元或0.5元,一天就可以收到五六吨茶。2001年的时候,一年可以卖100多吨,100多吨可以赚三五万元,当时就觉得这个生意还不错,就一直做倒茶。后来在认识林利斌以后,因为两人都是倒毛料的,而且经常一起上山,所以关系比较好。后来两人就开始合作在山上建立初制所,但因为初制所是在山上,每天上山下山很累。于是林利斌就建议岩光建一个茶厂安定下来。

选择在曼腊村建厂,并不是林利斌和岩光一时的决定,而是水到渠成的结果。林利斌在跑遍4个茶产地后的决定将厂建在这里,是因为这几年他走过很多的地方,但从来没有见过一块地方像这个地方这么漂亮,因为它前有镜(鱼塘),后有靠(山),比较像江浙一带山水相伴的景色。而且这块茶叶地,刚好是岩光表姐夫岩传的。经过协商,林利斌和岩光从岩传手中租用了这块茶叶地,租期30年。两个人共同投资,在这块茶叶地上建立了深山老林茶厂。厂所有权林利斌和岩光一人一半。

茶厂建成之后,从村民手中承包了几十亩树龄较长的茶园,成为深山老林茶厂的专属"生态"茶园。此外,还与二十多户村民签订了茶叶专供协议。深山老林专属"生态"茶园里的茶树,停止剪枝,任由茶树自由生产,同时停止施用化肥农药。签订了专供协议的村民,也要停止在自家茶园里施用化肥农药,达到"生态"茶的标准。

深山老林茶厂的主流产品定位为中端,同时也生产一定的高端产品。在茶叶原料收购上,从布朗山、勐宋等茶山的指定村寨收购的高价原料用于加工制作高端产品,在曼腊村收购的茶叶作为主料,用于加工主流产品。茶厂在曼腊村收购的茶叶仅限于春茶和秋茶,品质较差的雨水茶禁止收购。相对于曼腊村原有的几家茶叶初制所,深山老林茶厂收购春茶和秋茶的价格会略微高出一些。

在每年四五月和八九月收购加工春茶和秋茶期间,深山老林茶厂会雇佣数十名村民收茶、炒茶、晒茶。炒茶工作最为辛苦,一般由年轻男性来完成。按照炒一锅10元计算,每人每天收入普遍在100元以上。晒茶之类的工作略微轻松,可以由中老年人完成,每天收入在100元左右。在比较了距离、收入之后,大多数村民愿意来深山老林茶厂务工。

按照深山老林茶厂的茶叶价格定位,结合茶厂每年收购的茶叶原料数量,可以粗略估算出茶厂的年产值大概在千万元左右。由于深山老林茶厂并不归属曼腊村,因此茶厂的产值并不会计算在曼腊村的年生产值中。尽管如此,深山老林茶厂通过构建完整的茶叶加工链条和精品化产品销售渠道,也在一定程度上提高了曼腊村的茶叶收购价格。这是在此之前曼腊村已有的四五家茶叶加工作坊无法实现的。仅此一项,就将曼腊村的年茶叶总收入在近三年的时间实现了翻倍,由2014年的不足100万元到了2017年的接近200万元。

深山老林茶厂的建立及"生态"茶理念,虽然对曼腊村来说并不是全新的,但它对曼腊村茶叶种植方式和年轻人生活方式的影响,是持续性的,并且直接提高了曼腊村的整体茶叶收入水平。在未来几年,这种良性刺激除了会继续提升曼腊村茶叶的价值之外,也会影响到曼腊村越来越多的年轻人到深山老林茶厂和附近工业园区的茶厂工作,进而撬动曼腊村种植业占据绝对优势、劳动力流动缓慢的经济—社会格局。

深山老林茶厂在曼腊村的发展经验,也为其他民族地区的经济社会发展提供借鉴,即外来资本和本土精英的有效结合,加上当地人的深度参与,能为地方社会经济的进一步发展提供有效帮助。这其中,外来资本、本土精英、当地人的深度参与三种因素都不可或缺。外来资本或者外来资本与本土精英的有效结合,能有效解决民族发展面临的资金困局,同时也能改变当地社会习以为常的生产方式和经营理念。而当地人的深入参与,保证了外来资本与本土精英在民族地方社会的长期稳定发展,也为增强地方社会的发展能力和机会提供了基础。

V 大事记

（2013—2019）

赤恒底村大事记

1. 2013 年寒、暑假,举办民族文化进课堂活动。

2. 2013 年,赤恒底村傈僳族歌手此里参加"2013 年上海嘉定音乐节民族歌曲大赛",荣获金奖。

3. 2014 年,赤恒底村被列入怒江州重点扶持的 4 个少数民族特色村寨之一,赤恒底村同时是福贡县三农资金整合项目示范村。

4. 2014 年 8 月,怒江州副州长袁丽辉一行到赤恒底养猪场考察。

5. 2015 年 2 月,张晓丽到赤恒底村担任新农村指导员、驻村第一书记。

6. 2015 年,赤恒底村村委会亚朵、王咀、念坪、密丁戈等自然村通乡村公路,实现了全村通公路。

7. 2015 年,由怒江广播电视台张晓翔导演,根据赤恒底村农民红歌合唱团团长此路恒创业的故事,拍摄纪录片《歌声飞出心窝窝》,拍摄地点在赤恒底。

8. 2015 年 12 月,怒江州委老干局在赤恒底村开展核桃种植管理培训。

9. 2016 年 11 月 16 日,怒江州委副书记卢文祥到赤恒底调研基层党建、民族宗教和脱贫攻坚工作情况。

10. 2016 年,赤恒底村傈僳族歌手此里出版发行首张个人民族音乐作品专辑。

11. 2016 年 12 月,怒江州委老干局在赤恒底村开展畜禽养殖培训。

12. 2017 年 3 月,赤恒底村娃底自然村作为"第二批中国少数民族特色村寨"予以命名挂牌。

13. 2017 年 5 月,乌拉圭执政党广泛阵线主席米兰达一行走访赤恒底村,了解当地传统民族服装制作技艺。

14. 2017 年 6 月份至今,有州、县、乡工作组入驻赤恒底村,开展精准扶贫工作。

15. 2018 年 3 月,赤恒底村被确定为云南省深度贫困地区旅游规划扶贫 50 个重点村之一。

16. 2018 年 4 月 22 日,赤恒底驻村扶贫工作队、村委会干部、村里致富带头人、老党员及老干部共同参加了新时代农民讲习所培训会。

17. 2018 年 5 月,赤恒底村民阿称恒被评选为第五批国家级非物质文化遗产代表性项目代表性传承人。

18. 2018 年 6 月,赤恒底村被列入云南省民族民间工艺品示范村。

19. 2018 年 10 月 21 日,怒江州常委、纪委书记、州监察委主任师逸到赤恒底娃底组调研。考察当地资源特点和文化特色。

20. 2019 年 1 月 2 日,福贡县第一个乡村旅游农民专业合作社在赤恒底村正式挂牌成立。

21. 2019 年 2 月 8 日,在赤恒底沙滩举办了首届"赤恒底赤傈然沙滩音乐会"。

22. 2018 年 6 月 30 日,赤恒底村开展纪念建党 97 周年系列活动。

23. 2006 年至 2019 年,赤恒底村以村、小组、教堂为单位庆祝傈僳阔时节、元旦节,举办联欢晚会,并组织射弩、剥玉米等体育竞技。

24. 2019 年 3 月 12 日,赤恒底村召开驻村工作交接会议,新、老驻村工作队、乡驻村工作组以及村三委班子成员参加了此次会议。

迪政当村大事记

1. 2015 年 1 月 20 日,正在云南省考察的中共中央总书记、国家主席、中央军委主席习近平傍晚在驻地宾馆亲切会见了包括原贡山县县长高德荣在内的怒江州贡山独龙族怒族自治县干部群众代表。①

2. 2015 年 2 月初,云南大学少数民族调查研究基地独龙江调查研究基地在怒江州贡山县独龙江乡迪政当村挂牌成立,并于 2015 年 3 月 1 日签订协议,正式启动独龙江调查研究基地工作。

3. 2015 年 11 月 15 日,云南省首个乡镇级"互联网+"办公室在独龙江乡揭牌,中国移动云南公司为当地的独龙族提供手机,并开辟了独龙江"宽带乡村"新试点。目前,独龙江乡下辖的 6 个行政村已经全部覆盖了 4G 网络,同时实现光纤通达行政村。②

4. 2015 年 11 月 15 日上午,云南省人社厅就业局局长石丽康在州人社局局长和颂平在贡山县县乡相关人员的陪同下,到迪政当村开展调研。③

5. 2015 年 11 月 17 日开始,贡山县检察院副检察长李仕忠受检察长夏付和指派,带领干警到达迪政当村村委会就当地群众的生产生活情况开展调研活动,两天时间里贡山县院检察干警走访了熊当、向红小组及村委会周边了解民情,并组织召开民情恳谈会,收集了关于"三严三实"和"忠诚干净担当"专题教育民主生活会群众反馈意见。④

---

① http://cpc.people.com.cn/n/2015/0123/c64094-26435524.html.

② http://special.yunnan.cn/feature13/html/2016-04/23/content_4303140.htm.

③ https://mp.weixin.qq.com/s/Gozq7zDnV8fWPeVjMrG1sQ.

④ https://mp.weixin.qq.com/s/pLiJPbzRu5B0Z7Y7Df94-A.

6. 2015 年 12 月 4 日至 5 日,时任云南省委书记李纪恒来到独龙江乡,宣讲党的十八届五中全会和中央扶贫工作会议精神,与当地干部群众共商脱贫致富奔小康的好思路、好办法。①

7. 2016 年 10 月 1 日,贡山独龙族怒族自治县成立 60 周年庆祝大会在贡山县城举行。全国人大民族委员会、国家民族事务委员会,省委、省人大常委会、省政府、省政协发来贺电贺信表示祝贺。中央祝贺团团长、国家民委办公厅巡视员、副主任普永生,省祝贺团团长、省民族宗教委副主任马开能,怒江州祝贺团团长、州委书记童志云出席大会并讲话。庆祝大会结束后举行了大型文艺演出。②

8. 2016 年 12 月 16 日上午,作为独龙江乡迪政当村帮扶对象的贡山县检察院、贡山县国税局、贡山县文联三家单位的相关工作人员,将已经打包好的爱心人士募捐的衣物装车完毕之后,从贡山县城出发,去往迪政当。经过近 5 个小时的车程,工作人员到达迪政当村村委会。③

9. 2017 年 1 月 15 日上午,贡山独龙族怒族自治县第十五届人民代表大会第一次会议举行第三次全体会议,马正山当选为贡山独龙族怒族自治县第十五届人民代表大会常务委员会主任。④

10. 2017 年 6 月 22 日,按照《云南省扶贫开发领导小组办公室关于做好贫困对象动态管理工作有关要求的通知(讨论稿)》要求,为确保无错评、漏评、错退贫困对象的目标,怒江州贡山县独龙江乡迪政当村及时召开贫困对象动态管理工作动员部署会议。⑤

11. 2017 年 8 月 9 日至 10 日,云南省委书记陈豪率调研组赴怒江傈僳族自治州调研深度贫困地区脱贫攻坚工作。调研组走访贡山独龙族怒族自治县独龙江乡独龙族群众家庭,与基层干部群众交流座谈。⑥

---

①　http://cpc.people.com.cn/n/2015/1206/c117005-27894115.html.

②　http://www.nujiang.cn/html/2016/nujiang_1001_49631.html.

③　https://mp.weixin.qq.com/s/vcwwqcxmEAsDJVwdxEE3vA.

④　http://www.nujiang.cn/html/2017/gongshan_0115_54964.html.

⑤　https://mp.weixin.qq.com/s/B40ghhIXkevyTJEUrmFECQ.

⑥　http://cpc.people.com.cn/n1/2017/0811/c64102-29465624.html.

12. 2017 年 11 月 9 日,贡山县普惠金融服务站在独龙江乡龙元村和迪政当村顺利建成,人行贡山县支行、贡山县联社相关领导和工作人员参加了验收。①

13. 2017 年 12 月 20 日,贡山县政府在独龙江乡迪政当村召开产业扶贫现场办公会议。县委副书记、独龙江乡党委书记杨秀兴就独龙江乡产业发展情况做了介绍,县委常委、县人民政府常务副县长杨吉文主持会议,副县长和晓宝出席会议。按照州委、州政府贫困村脱贫出列的总体安排,独龙江乡迪政当村将于 2018 年脱贫出列。②

14. 2018 年 9 月 20 日,云南省贡山县独龙江乡青年江豪,告别父老乡亲踏上从军路。十里八乡的乡亲像过卡雀哇节一样,披上独龙毯、敲起铓锣、载歌载舞一路欢送。江豪,是近年来独龙江乡走出的首位士兵。③

15. 2019 年 3 月 8 日下午,十三届全国人大二次会议第二次全体会议前,全国人大代表、贡山独龙族怒族自治县人大常委会主任马正山亮相"代表通道",向中外媒体宣布:独龙族从整体贫困实现了整族脱贫。④

---

① https://mp.weixin.qq.com/s/GBtVW7dahLsPU-anfGUYQg.

② https://mp.weixin.qq.com/s/NWXdrLIndQrxWhpkwy6dug.

③ https://mp.weixin.qq.com/s/yF8JO7bbBtLXj7UifEPDwQ.

④ http://www.mzhb.com/zhuanti/from=groupmessage.

南溪村大事记

1. 2013 年,南溪村"两委"(党总支委员会、村民委员会)换届选举,并且新增设村务监督委员会,和国亮当选为村务监督委员会主任,并下设村民小组村委监督员。村民小组党小组长、村民小组组长、副组长同时换届。

2. 2014 年,经村委会多年争取,建设从村委会到鹿子村民小组的 5.7 公里的通组柏油路,由玉龙县移民局资助该项目所需资金。满下、旦前、旦后、鹿子四个村民小组受益。

3. 2014 年 9 月 10 日,玉龙县黄山镇南溪有机玛咖种植技术经济合作协会成立,旨在开展玛咖种植方面新技术和新品种的引进、试验、示范及推广培训工作。

4. 2015 年,南溪村种植玛咖 50 亩以上的大户有 15 家,一般农户每家种植 3 亩至 5 亩,全村总种植面积 3000 多亩。

5. 2015 年,持续实施危房改造工程,主要涉及全村内住房使用期过长、需要修缮的部分村民。该项目由玉龙县城建局扶持资金。该项目在当年已收尾。

6. 2015 年 10 月 30 日,南溪村村规民约制定完成,11 月 1 日起正式生效实施。

7. 2016 年,南溪村鹿子村民小组进行人畜饮水工程建设,从离村约 5000 米、靠近后山木梳村民小组的山上引水到村里,资金由脱贫攻坚项目扶持资金支出。

8. 2016 年 4 月底起,南溪村陆续开始了土地确权登记工作,配合黄山镇土地确权工作组,将每家每户的实际情况进行了统计归档。

9. 2016 年,旦前、旦后、满上、满中、文坪 5 个村民小组的蓄水池建设工程完工,保证了村民的饮水安全以及牲畜、农业用水。

10. 2016 年,旦后和金龙 2 个村民小组建设了活动中心。

11. 2016 年,在黄山镇党委政府的关心支持下,南溪村建档立卡贫困户 11 户积极发展土鸡养殖、生猪养殖等产业发展经济;同时,全村有 9 户贫困户实施了异地搬迁,有 54 户农户进行了危房改造。

12. 2017 年 2 月 6 日,玉龙县岩攀排药材种植专业合作社成立大会在南溪村村委会召开。该合作社由和继武、和国高、和丽军、和志强、和秀英 5 人发起,出资总额 10 万元。

13. 2017 年 2 月 22 日,玉龙县岩攀排药材种植专业合作社召开成员大会,通过《玉龙县岩攀排药材种植专业合作社章程》,并同意和桂华等 17 人以投入土地的方式加入合作社。

14. 2017 年 3 月 10 日,玉龙县岩攀排药材种植专业合作社与丽江得一生物药业有限公司签订《当归种植供苗及产品回收管理合同》。

15. 2017 年,在玉龙县总工会的极力相助下,南溪村各村民小组活动中心添置了部分物资,方便村民组织各类文化体育活动。

16. 2017 年始,8 个村民小组分别修缮或新建马铃薯上车台,资金投入 20 余万元,给村民售卖马铃薯提供了极大方便。

纳古镇大事记

1. 2017 年 1 月 12 日,纳古镇圆满完成镇人大、政府换届工作。

2. 2017 年春节,纳古镇党委走访慰问贫困党员。

3. 2017 年 2 月 23 日,通海县农村劳动力转移就业暨"春风行动"现场招聘会举行。

4. 2017 年 3 月 2 日,纳家营村三组党支部开展解读《中国共产党党内监督条例》五大特点。

5. 2017 年 4 月 1 日,中共纳古镇通海县纳古镇委员会制定纳古镇机关工作纪律和会议记录管理办法。

6. 2017 年 5 月 8 日,通过了纳古镇党委书记杨堂聪申办通海县基层党建工作创新项目。

7. 2017 年 6 月 20 日开展 2017 年党建党风廉政建设工作会议。

8. 2017 年 6 月 29 日,共青团纳古镇委员会第十届代表大会顺利召开。

9. 2017 年 7 月 14 日,纳古镇开展"七一"系列活动庆祝建党 96 周年。

10. 2017 年 7 月 21 日,纳古镇 2017 年优秀学生表彰奖励大会召开。

11. 2017 年 8 月 3 日,传承好家风、凝聚正能量——通海县第十一届"红土地之歌"演讲比赛纳古赛区开赛。

12. 2017 年 8 月 7 日,纳古镇备战 2017"云舞飞扬"首届云南 IPTV 广场舞大赛动员会。

13. 2017 年 9 月 23 日,纳古镇通过了《关于中共纳古镇非公企业联合支部委员会党员大会选举结果》的批复。

14. 2017 年 10 月 10 日,纳古镇组织开展社会主义核心价值观主题歌曲传唱活动。

15. 2017 年 10 月 30 日,开展以"树立良好家风　弘扬廉洁齐家"为主题的会议。

16. 2017 年 11 月 13 日,纳古镇党委副书记、镇长纳鸿翔解读"十九大报告十大关键词"。

17. 2017 年 12 月 5 日,纳古镇老体协举行"欢庆十九大"老年人健步走大联动。

18. 2017 年 12 月 15 日,纳古镇召开今冬明春消防安全火灾防控工作会。

19. 2017 年 12 月 28 日,纳古镇 2017 年认真组织开展农产品产地快速检测工作。

大黑糯村大事记

1. 2013 年,大糯黑村被列入昆明市首批外事接待点名单。

2. 2013 年 9 月,糯黑村被住建部、文化部、财政部联合公布为第二批中国传统村落名单。

3. 2015 年,糯黑村被云南省科技厅命名为第十批"云南省科普教育基地"。

4. 2016 年,大糯黑推行种植经济作物小米辣;承包糯黑村民土地种植花卉的花卉公司改为多肉种植基地。

5. 2017 年,修缮彝族文化博物馆,进行土地确权,修筑民族团结大道。

6. 2018 年,通过省级文明村的复审,并实施乡村振兴战略。

柿花箐村大事记

1.2014年4月,柿花箐村被评为"市级民族团结示范村",给予建设经费20万元,主要用于柿花箐村通往外部的主路修建及村内设施的优化。

2.2014年6月,县政府出资5万元,将原"民乐小学"旧址改造为"柿花箐村苗族私塾文史陈列室"。

3.2014年底,经过村民委员会选举王光泽重新担任柿花箐村小组组长,一个月后,原柿花箐村小教师王继全当选为柿花箐村村委员会主任。

4.2017年4月,由柿花箐村村民王宏道收集整理的苗族爱情故事为题材的叙事长诗《红昭和饶觉席娜》被列为省级非物质文化遗产。

5.2017年7月,柿花箐村被列为"省级民族示范村",该项目为柿花箐村投入416万元,资金主要用于整治村貌,建设文体设施和促进产业发展。

6.2017年9月,由于原云南大学西南边疆少数民族研究中心芭蕉箐基地受高速路修建影响,原基地旧址拆除,基地迁往柿花箐村。

7.2018年3月,省烟草公司下拨专项经费90万元,用于柿花箐村烟草灌溉和居民用水蓄水池的修建。

箐口村大事记

1.2013 年 6 月 22 日,红河哈尼梯田文化景观在第 37 届世界遗产大会上通过审议,正式列入世界遗产名录。

2.2013 年,哈尼梯田于成功入选第七批全国重点文物保护单位。

3.2013 年,哈尼梯田列入第一批中国重要农业遗产。

4.2014 年,元阳梯田景区被评定为国家级 AAAA 景区。

5.2015 年 3 月,哈尼梯田文化旅游区正式获国家质检总局批准筹建,成为"全国知名品牌创建示范区"。

6.2015 年 6 月,元阳县被授予"中国红米之乡"称号。

7.2016 年,元阳红河哈尼梯田进入 2016 年区域品牌价值百强榜,品牌价值达 26.09 亿元。

8.2017 年 6 月,哈尼梯田入选云南省公布的 105 个特色小镇创建名单,属第一层次(即创建国际水平特色小镇)中的五个小镇之一。

曼腊村大事记

1. 2015 年 1 月 20 日,云南大学西南边疆少数民族研究中心勐海县傣族调查研究基地在深山老林茶厂挂牌。

2. 2015 年 1 月,曼腊村自来水改造工程开始并竣工。

3. 2015 年 3 月 19 日,政府补助石灰,村民出劳动力,修补了进曼腊的碎石路。

4. 2015 年 10 月 19 日—12 月 1 日,勐海县林业局多次到曼腊村处理国有林和集体林的边界纠纷。

5. 2016 月 2 月 18 日,甘蔗地失火,烧毁甘蔗约 50 吨。

6. 2016 年 3 月 20 日,甘蔗地失火,损失甘蔗约 18 吨。

7. 2016 年 4 月 28 日,广电公司来村里安装开通数字电视。

8. 2016 年 5 月 23 日,曼腊村换届选接,岩说当选为新任村组长。

9. 2016 年 8 月 19 日,遭遇雷雨暴风天气,电路中断,水稻大面积倒伏。

10. 2017 年 3 月 5 日,甘蔗地失火,烧毁甘蔗约 50 吨。

参 考 文 献

一、中文文献

［1］陈庆德:《清代云南矿冶业与民族经济的开发》,《中国经济史研究》1994 年第 3 期。

［2］陈德友、梁德阔:《西部大开发与云南民族经济发展》,《学术探索》2001 年第 5 期。

［3］郭亚非:《近代云南开放与少数民族经济》,《云南师范大学学报》1998 年第 3 期。

［4］宋媛:《云南省扶贫开发报告》,《新西部》2018 年第 2—3 期上旬刊。

［5］云南省人民政府扶贫开发领导小组办公室编:《云南省扶贫开发志(1984—2005)》,云南民族出版社 2007 年版。

［6］云南省人民政府:《云南脱贫攻坚规划(2016—2020 年)》2017 年 7 月 26 日。

［7］国家民族事务委员会经济发展司、国家统计局国民经济综合统计司编:《中国民族统计年鉴 2017》,中国统计年鉴出版社 2017 年版。

［8］云南省统计局:《云南统计年鉴 2018》,中国统计年鉴出版社 2018 年版。

［9］云南省编辑组:《中央访问团第二分团云南民族情况汇集》,云南民族出版社 1986 年版。

［10］陈瑞金:《纂修云南上帕沿边志》,《怒江旧志》,怒江州民族印刷厂 1998 年版。

［11］《福贡县地方志编纂委员会编.福贡县志》,云南民族出版社 1999 年版。

［12］《傈僳族简史》编写组,《傈僳族简史》修订本编写组:《傈僳族简史》,民族出版社 2008 年版。

［13］"民族问题五种丛书"云南省编辑委员会,《中国少数民族社会历史调查资料丛刊》修订编辑委员会:《傈僳族社会历史调查》,民族出版社 2009 年版。

［14］云南省编辑组编:《独龙族社会历史调查》,云南民族出版社 1985 年版。

［15］何大明主编:《高山峡谷人地复合系统的演进——独龙族近期社会、经济和环境的综合调查及协调发展研究》,云南民族出版社 1995 年版。

[16]方国瑜主编:《云南史料丛刊》(第十二卷),徐文德、木芹、郑志惠纂录校订,云南大学出版社2001年版。

[17]格桑顿珠、纳麒主编:《云南民族地区发展报告(2003—2004)》,云南大学出版社2004年版。

[18]尹绍亭:《远去的山火——人类学视野中的刀割火种》,云南人民出版社2008年版。

[19]高志英:《独龙族社会文化变迁与观念嬗变研究》,云南人民出版社2010年版。

[20]郭建斌:《边缘的游弋:一个边疆少数民族村庄近60年变迁》,云南人民出版社2010年版。

[21]贡山县统计局:《2018年贡山独龙族怒族自治县领导干部工作手册》2018年3月。

[22]陈燕:《乡村振兴战略视野下对农村基层组织现状的调查与思考》,《农村经济与科技》2018年第15期。

[23]娄海波:《推进组织振兴以基层党建促进乡村振兴》,《光明日报》2018年8月23日。

[24]马世强、梁巍:《以"党建+经济实体"模式促进乡村组织振》,《新疆日报(汉)》2018年12月7日。

[25]张瑜、倪素香:《乡村振兴中农村基层党组织的组织力提升路径研究》,《学习与实践》2018年7月15日。

[26][法]费尔南·布罗代尔:《十五至十八世纪的物质文明、经济和资本主义》,顾良,施康强译,生活·读书·新知三联书店2002年版。

[27][德]海德格尔:《林中路》,孙周兴译,商务印书馆2015年版。

[28]何明:《中国少数民族农村的社会文化变迁综论》,《思想战线》2009年第1期。

[29]何文光:《回忆元阳的抗日救亡宣传活动》,参见中国人民政治协商会议元阳县委员会学习文史委员会《元阳文史资料选辑》(第五辑),内部资料2005年。

[30][英]罗素:《西方哲学史》,何兆武,李约瑟译,商务印书馆2015年版。

[31]马翀炜:《民族文化资本化的运用》,《民族研究》2001年第1期。

[32]马翀炜:《云海梯田里的寨子》,民族出版社2009年版。

[33]马翀炜:《梯田搭起的舞台——元阳县箐口村哈尼族歌舞展演的人类学观察》,何明《走向市场的民族艺术》,社会科学文献出版社2011年版。

[34]马翀炜:《中国民族地区经济社会调查报告——元阳县卷》,中国社会科学出版社2015年版。

[35]马翀炜:《村寨主义的实证及意义——哈尼族的个案研究》,《开放时代》2016年

第 1 期。

[36]《马克思恩格斯选集》(第一卷),人民出版社 2012 年版。

[37][美]詹姆士·斯科特:《逃避统治的艺术》,王晓毅译,生活·读书·新知三联书店 2016 年版。

[38]杨天宇:《礼记译注(下)》,上海古籍出版社 2004 年版。

[39]于建嵘:《乡村产业振兴要因地制宜》,《人民论坛》2018 年第 6 期。

[40]元阳县地方志编纂委员会:《元阳县志(1978—2005)》,云南民族出版社 2009 年版。

[41]赵承华:《我国乡村旅游产业链整合研究》,《农业经济》2007 年第 5 期。

[42]中共红河州委党史研究室:《红河历史大事记》,中共党史出版社 2013 年版。

[43][美]流心:《自我的他性》,常姝译,上海人民出版社 2005 年版。

[44]陈荟:《西双版纳傣族寺庙教育与学校教育冲突现状及归因分析》,《教育学报》2011 年第 2 期。

[45]欧阳询撰:《艺文类聚》卷八十七,汪绍楹校,《果部下·甘蔗》,上海古籍出版社 1982 年版。

[46]《新唐书》卷二〇二下,《南蛮下》,中华书局 2011 年版。

[47]李防等编纂:《太平御览》卷七八九,《果部一一·引·甘蔗》,中华书局 1960 年版。

[48]陈文修、李春龙、刘景毛校注:《景泰云南图经志书校注》卷 2 二,《和曲州·井泉·香泉》,云南民族出版社 2002 年版。

[49]周季凤纂修:《云南志》卷一四,《芒市长官司·土产》明嘉靖三十二年刻本影印本。

[50]温军:《民族与发展:新的现代化追赶战略》清华大学博士后出站报告 2001 年。

[51]李昌南、魏润卿:《西部少数民族地区经济发展的资金瓶颈及资本形成的途径》,《延边大学学报(社会科学版)》2005 年第 3 期。

[52]王立胜、刘岳:《新时代乡村工作的总纲目总遵循》,中国社会科学网 2018 年 3 月 10 日。

[53]丁如曦、赵曦:《中国西部民族地区经济发展方式的主要缺陷与新时期战略转型》,《云南民族大学学报(哲学社会科学版)》2015 年第 3 期。

二、英文文献

[1]Charles Morris.Signs, *Language and Behavior*, New York:Prentice-hall,1946:1-16.

[2] Dean MacCannell. *Empty Meeting Grounds: The Tourist Papers*, London: Routledge, 1992:1.

[3] Scoones Ian. *Sustainable rural livelihoods: a framework for analysis (No. IDS Working Paper 72)*, Brighton: IDS, 1998.

责任编辑:武丛伟

图书在版编目(CIP)数据

云南少数民族乡村振兴调查研究. 2017-2018/何明,郑宇主编. —北京:
　人民出版社,2021.9
　ISBN 978-7-01-023577-6

Ⅰ. ①云… Ⅱ. ①何…②郑… Ⅲ. ①少数民族-民族地区-农村-社会主义建设-
　研究-云南-2017-2018 Ⅳ. ①F327.74

中国版本图书馆 CIP 数据核字(2021)第 136883 号

云南少数民族乡村振兴调查研究 2017—2018
YUNNAN SHAOSHU MINZU XIANGCUN ZHENXING DIAOCHA YANJIU2017-2018

何明　郑宇　主编

人民出版社 出版发行
(100706　北京市东城区隆福寺街 99 号)

北京汇林印务有限公司印刷　新华书店经销

2021 年 9 月第 1 版　2021 年 9 月北京第 1 次印刷
开本:710 毫米×1000 毫米 1/16　印张:21.25
字数:335 千字

ISBN 978-7-01-023577-6　定价:88.00 元

邮购地址 100706　北京市东城区隆福寺街 99 号
人民东方图书销售中心　电话 (010)65250042　65289539